통합과학
30일 달성
학습 계획표

학습 계획표

학습 계획표를 따라 차근차근 독해 공부를 시작해 보세요.
빠작과 함께라면 통합과학 독해, 어렵지 않습니다.

영역	지문명	교재 쪽수	학습한 날		
물질	과학의 역사 속 우연한 발견	016~019쪽	1일차	월	일
	하늘에서 산성 물질이 내린다고?	020~023쪽	2일차	월	일
	생활의 재주꾼, 염기성 물질	024~027쪽	3일차	월	일
	인체의 중화 반응	028~031쪽	4일차	월	일
	불의 정체를 찾아서	032~035쪽	5일차	월	일
	리튬 이온 전지의 위험성	036~039쪽	6일차	월	일
생명	식물 세포의 특징	042~045쪽	7일차	월	일
	뿌리의 종류	046~049쪽	8일차	월	일
	괴력의 곤충, 거품벌레	050~053쪽	9일차	월	일
	자연의 기본 원리, 삼투 현상	054~057쪽	10일차	월	일
	인공 광합성 기술	058~061쪽	11일차	월	일
	진달래와 철쭉의 차이점	062~065쪽	12일차	월	일
	신기한 유전의 법칙	066~069쪽	13일차	월	일
운동과 에너지	휴대 전화의 위치를 찾는 방법	072~075쪽	14일차	월	일
	파리와 데카르트 좌표	076~079쪽	15일차	월	일

빠작

『빠작 초등 비문학 독해 통합사회·통합과학』을 추천합니다

66『빠작 초등 비문학 독해 통합사회·통합과학』은 교과서 중심의 비문학 학습이 어떠해야 하는지를 아주 쉽게, 효과적으로 제시하고 있습니다.99

흔히 교과서를 읽는 것이 중요하다고 말합니다. 그런데 교과서를 어떻게 읽고 학습해야 하는지 올바로 가르치는 경우는 적습니다.

이번 『빠작 초등 비문학 독해 통합사회·통합과학』은 교과서 중심의 비문학 학습이 어떠해야 하는지를 아주 쉽게, 효과적으로 제시하고 있습니다. 특히 지문을 읽고 내용을 독해한 뒤 이어지는 교과 개념 학습이 아이들에게는 교과 개념을 반복 학습시키는 데 매우 도움이 될 것으로 기대됩니다. 그뿐만 아니라 기존의 독해 파트 역시 내용 이해, 추론, 적용의 단계를 구분하여 체계적으로 독해력을 훈련 시키고 있어 학습 효과 향상이 기대됩니다.

최성호
에이프로 아카데미

66비문학은 단계별 독법이 중요한데, 내용 독해에서 이해, 적용, 추론으로 진행되는 배움의 과정이 매우 체계적입니다.99

저는 비문학 교재를 볼 때 스스로 몇 가지 질문을 던지곤 합니다. '좋은 제시문을 선정했는가?' '학생들의 배경지식을 활성화하고 의미 있는 지식과 정보를 제공하는가?', '비문학을 읽어내는 독법, 즉 읽는 역량을 키워 주는가?'

『빠작 초등 비문학 독해 통합사회·통합과학』은 이러한 저의 질문에 고개를 끄덕이게 해 주었습니다. 사회, 과학의 세부 영역에서 좋은 제시문을 선정했을 뿐 아니라 내용 독해에서도 이해, 추론, 적용으로 진행되는 탄탄한 구성과 글에 블록 조각이 결합되는 것처럼 깔끔하게 구성된 어휘, 표현과 해제까지도 모두 체계적입니다.

무엇보다 구조 분석을 통해 단락에서 전체 글을 한눈에 보게 하는 과정이 좋았습니다. 이 교재를 한번 공부한 학생들이 나중에 각각의 글을 '한 판 구조도'로 다시 만들어 복습한다면, 더욱 큰 효과가 있을 것으로 예상합니다.

비문학 공부는 때로 인내심과 끈기가 필요합니다. 하지만 그만큼 배움의 효과를 크게 돌려주는 공부라는 점을 잊지 말았으면 합니다.

강용철
EBS 국어 대표 강사

66독해력은 교과 내용을 이해하는 데 필수적이고, 배경지식은 이해를 돕고 학습의 흥미를 높이는 데 결정적인 역할을 합니다.99

초등학교 6학년부터는 사회, 과학 교과 공부가 시작됩니다. 그런데 생각보다 많은 아이들이 사회, 과학 교과를 어려워합니다. 이야기책보다 흥미 요소가 적고 내용이 어렵기 때문입니다. 학년이 올라갈수록 어려워지는 교과 내용을 이해하려면 두 가지가 필요합니다. 바로 독해력과 배경지식입니다. 독해력은 교과 내용을 이해하는 데 필수적이고, 배경지식은 이해를 돕고 학습의 흥미를 높이는 데 결정적인 역할을 합니다. '아는 만큼 보인다'고 하듯이 배경지식이 풍부한 아이일수록 사회, 과학 과목을 더 재미있게 받아들일 수 있습니다.

이번에 출간된 『빠작 초등 비문학 독해 통합사회·통합과학』은 양질의 비문학 지문을 통해 국어 독해력을 향상 시키는 것은 물론이고 사회, 과학 공부에 필요한 배경지식을 쌓아갈 수 있도록 구성되었습니다. 이렇게 국어 독해력과 교과 배경지식 두 마리 토끼를 잡은 책이 출시되어 반갑습니다. 각 학년 별, 과목 별 교육과정이 체계적이고 충실하게 반영된 것도 눈에 띕니다. 매일 일정 분량을 학습하며 교과 개념 지식과 배경지식을 쌓아 나간다면 어느새 사회, 과학이 재미있게 느껴질 것입니다.

최선민
초등교사, 『오늘부터 초등 어휘왕』 저자

고등학생들을 지도하고 수능 대비를 하면서 가장 크게 절감하는 것이 학생들의 비문학 독해 능력 격차입니다. 단기간의 학습으로 극복이 어려운 비문학 독해 및 문제 풀이 능력은 학생들의 개인적 역량에 의존하는 경향이 크기 때문입니다.

그리고 정말 불편한 진실은, 비문학 독해의 성패는 국어 능력에 의해서라기보다는 여러 과목 공부를 잘하는 학생인가 그렇지 않은가에 따라 좌우된다는 점입니다. 특히 '과학'과 '사회' 과목 학습이 탄탄한 학생이 비문학 독해에 강하다는 것은 누구도 부정할 수 없는 현실입니다. 그러나 지금은 독해법으로 문제를 푸는 시대가 아닙니다. 어찌 보면 수능의 취지에 가장 부합한, 충실한 범교과적 학습이 필요한 시대입니다.

그래서 초등학교 때부터 미리 '과학'과 '사회' 과목의 배경지식을 기르고, 교과 개념과 연계된 문제 풀이를 통해 수능과 고등 교과 학습의 기초를 다지는 것이 중요합니다.

『빠작 초등 비문학 독해 통합사회·통합과학』은 그런 길을 열어가는 기준이 될 학습서입니다. 교과 개념을 충실하게 반영하면서도 우리 아이들이 흥미를 갖고 도전하고 싶은 지문들로 구성되어 있기 때문입니다. 아이들뿐만 아니라 학부모님들도 지문을 함께 읽다 보면, 배경지식이 쌓이는 느낌을 받을 수 있을 것입니다.

이석호
이석호국어학원 원장

『빠작 초등 비문학 독해 통합사회·통합과학』은 모든 초등학생에게 권하고 싶을 정도로 꼭 필요한 것과 심화 내용이 흥미롭게 구성되어 있습니다. 교과 연계 개념이기 때문에 친숙하면서도 깊이가 있고, 내용이 재미있어 지식을 확장하는 데에도 크게 도움이 될 듯합니다.

국어의 독서 과목에도 사회, 과학 지문이 어려운 난이도로 출제되어 힘들어하는 고등학생들이 많은데, 초등학생 때부터 이렇게 공부하면 중고등 내신과 수능까지 매우 든든할 것입니다.

중·고등과 수능까지 2022개정 교육 과정을 배우게 되어 시험을 치르게 될 초등학생들에게는 통합사회, 통합과학이 사·과탐 영역에서 최대 비중이 됩니다. 국어 또한 난도가 계속 올라가고 있으며, 여러 분야의 텍스트 독해력이 미치는 영향이 절대적입니다.

『빠작 초등 비문학 독해 통합사회·통합과학』을 통해 최신 사회 현상과 과학 원리를 공부해 추론하고 적용하는 힘을 기르면 국어, 사회, 과학은 물론이고 범교과적인 성적과 사고력 향상을 기대할 수 있을 것입니다.

김소희
한올국어학원 원장

사회와 과학을 암기 과목이라고 생각하고 달달 외우는 경우가 많습니다. 하지만 그 많은 개념을 외우기란 쉬운 일이 아닐뿐더러 재미없는 과목으로 인식하게 되는 지름길이 됩니다. 사회와 과학 교과서를 제대로 읽고 이해하지 못하는 학생들의 어려움은 결국 '어휘'에 있습니다. 낯선 어휘를 익숙하게 만들면 교과 개념을 쉽게 이해할 수 있습니다.

『빠작 초등 비문학 독해 통합사회·통합과학』은 최신 사회 현상과 과학 원리를 접목한 교과 연계 독해 학습으로 학생들에게 흥미를 더해 줍니다.

'다음에는 또 어떤 이야기가 나올까?'라는 생각이 들며 궁금해지는 지문과 문제, 비주얼 개념이 한데 어우러져 '어휘–개념–독해'를 한 번에 해결할 수 있도록 돕습니다. 문항 구성에 있어 내용 이해에만 국한하지 않고 목적, 추론, 어휘·어법, 요약, 적용 등 다양한 문제를 접할 수 있게 만들어 폭넓은 독해 능력 향상에도 도움을 줍니다. 초등학생의 사회와 과학 공부에 도움을 줄만한 학습서를 찾기 어려웠는데 좋은 교재가 나와 기쁜 마음입니다.

정예슬
교육인플루언서, 전직 초등 교사

『빠작』을 소개합니다

독해

초등 국어 문학 독해

- 지문 독해–지문 분석–어휘 학습 3단계로 학습하는 초등 독해 기본서
- 소설, 시, 수필 등 문학 작품의 갈래별 지문 감상 훈련으로 바른 독해 학습

초등 국어 비문학 독해

- 지문 독해–지문 분석–어휘 학습 3단계로 학습하는 초등 독해 기본서
- 언어, 역사, 사회, 문화, 경제, 과학, 기술, 예술, 인물, 환경 등 10개 영역별 지문으로 배경지식 습득 및 어휘력 향상

초등 비문학 독해 통합사회

- 사회 현상과 관련 있는 비문학 지문 독해 훈련
- 3~6학년이 꼭 알아야 하는 사회 교과 개념 연계

초등 비문학 독해 통합과학

- 과학 원리와 관련 있는 비문학 지문 독해 훈련
- 3~6학년이 꼭 알아야 하는 과학 교과 개념 연계

어휘

초등 국어 어휘X독해

- 독해 학습을 통해 학년별 필수 어휘 이해
- 핵심어 중심의 비문학 지문 독해 학습
- 핵심어의 뜻과 주제로 어휘 확장 학습

문법

초등 국어 문법

- 문법의 기초 개념을 탄탄하게 학습
- 풍부한 예시로 정확하게 문법 이해
- 다양한 문제로 폭넓게 적용하여 문법 학습

다음 내용을 보고 우리 아이에게 어떤 학습 순서가 알맞을지 살펴보세요.

A타입   기본부터 차근차근 공부하고 싶어요!

기초부터 천천히 학습하여 문해력을 키우고 싶은 친구, 적은 분량이라도 매일 꾸준히 독해 공부를 해서 실력을 탄탄하게 다지고 싶은 친구는 A타입의 순서로 학습하는 것을 추천합니다. 매일 정한 분량을 꾸준히 학습하고 마지막으로 문해력을 완성하는 문법까지 전 권을 학습하고 나면 국어 실력이 한층 향상됩니다.

추천 학습

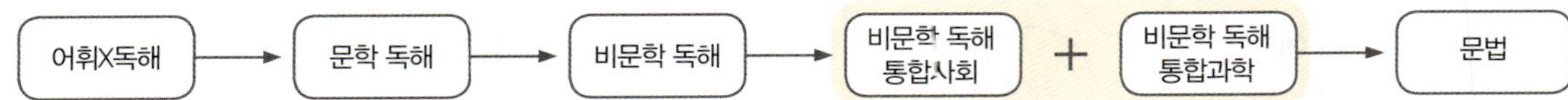

B타입   비문학보다 문학이 어려워요!

비문학 글의 핵심 주제 파악이나 글쓴이의 관점을 파악하는 것은 쉽지만 문학 작품에서 숨겨진 작가의 의도를 파악하고, 작품의 중요 내용을 정리하는 것이 어려운 친구에게는 B타입을 추천합니다. 빠작 문학은 문학 작품의 갈래별 지문 감상 훈련 위주로 구성되어 있어서 문학 독해가 쉬워집니다.

추천 학습

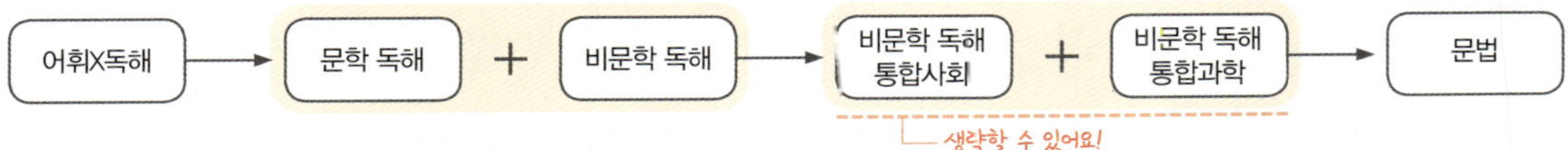

C타입   문학보다 비문학이 어려워요!

문학 작품을 읽으며 작가의 의도를 파악하는 것은 쉽지만, 비문학의 핵심 주제 파악이나 글쓴이의 관점 이해가 어려운 친구에게는 C타입을 추천합니다. 어휘로 기본을 다진 뒤, 비문학으로 세부화된 지문을 공부하고, 특화된 통합사회·통합과학 지문을 이어서 차례대로 학습하면 글의 중심 내용을 파악하고, 글쓴이의 생각을 이해하는 것이 쉬워집니다.

추천 학습

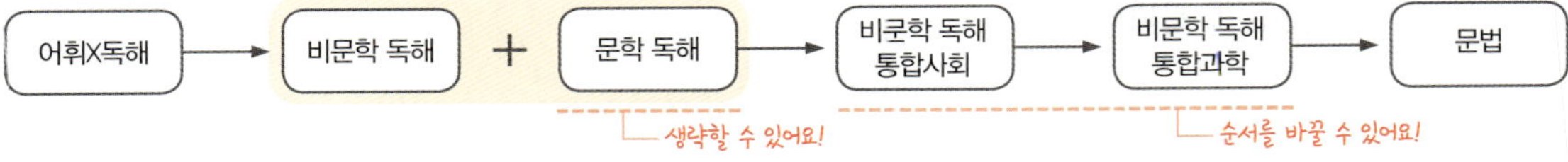

D타입   좋아하는 영역만 집중해서 공부해요!

지문을 독해하는 데는 문제가 없지만 사회나 과학 중 자신이 좋아하는 한 영역만 집중해서 책을 읽는 친구나, 교과와 관련 있는 지문이 어렵게 느껴지는 친구에게는 D타입을 추천합니다. 빠작 비문학 독해를 공부하며 먼저 비문학 전 영역을 두루 살펴보고, 비문학 독해 통합사회와 통합과학을 함께 공부하면 특정한 영역에 치우치지 않고 학습하며 교과 배경지식도 쌓을 수 있습니다.

추천 학습

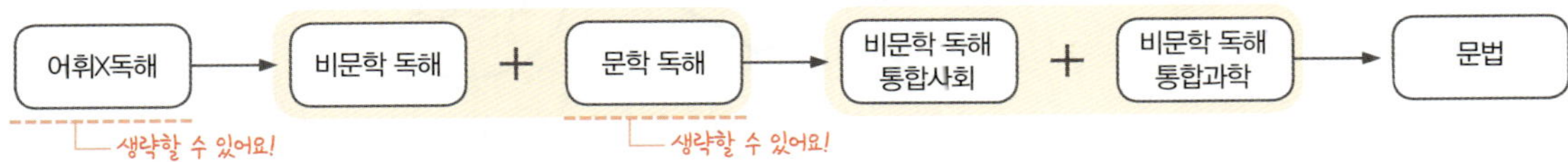

독해력 형성, 수월한 교과 학습의 지름길입니다.

교과 지식은 글을 통해 전달됩니다. 지식을 전달하는 글은 핵심 개념과 그에 대한 부연 설명을 압축적으로 제시하기 때문에 글의 수준이 높습니다. 또한 이해를 돕는 예시들이 한데 모여 있지 않고 다양한 활동이나 문제들 곳곳에 흩어져 있기도 합니다. 따라서 글을 정확하고 바르게 읽어내는 능력, 즉 독해력이 형성되어 있어야 수월한 교과 학습이 가능해집니다.

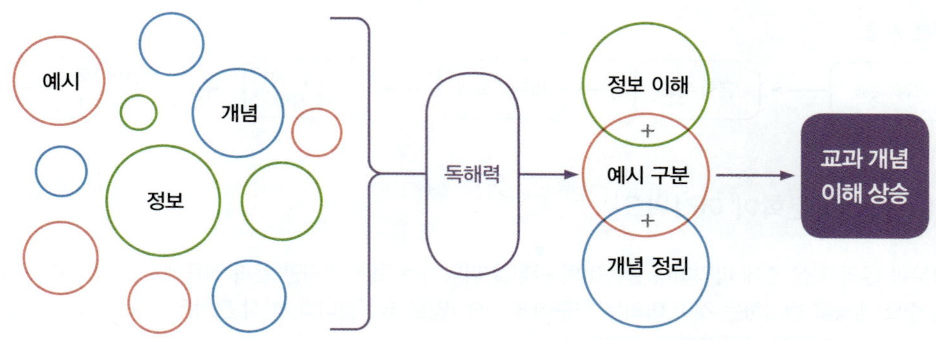

교과 학습에 대비하는 바른 독해 훈련이 필요합니다

01 교과와 관련된 글을 독해하며 배경지식을 쌓습니다

교과와 관련된 글을 읽는 것만으로도 교과 학습을 돕는 배경지식을 자연스럽게 쌓을 수 있습니다. 교과 지식은 관련 맥락을 풀어 쓴 글을 읽으면 보다 쉽고 흥미있게 학습할 수 있기 때문입니다. 그리고 글을 읽는 것에서 그치지 않고 문제를 통해 내용을 정확하게 이해하고, 드러나지 않은 정보를 찾아낸 뒤, 글의 주제와 관련하여 사고를 확장시키는 단계까지 가야 합니다. 이러한 과정을 거치고 나면 비로소 글을 바르고 정확하게 소화하는 능력을 갖추게 됩니다.

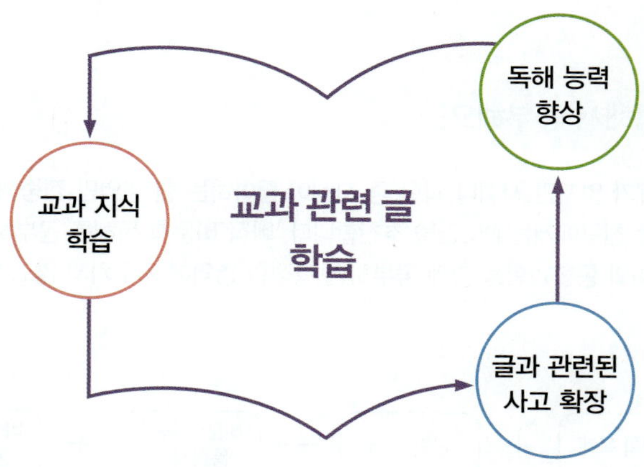

02 학습 도구어가 되는 어휘를 익힙니다

　교과 학습을 어렵게 하는 가장 큰 원인은 어려운 어휘입니다. 개념을 설명하는 어휘는 주로 추상적인 뜻을 나타내는 한자어로 이루어져 있지만, 개념어로 사용될 때에는 구체적이고 명확한 뜻으로 한정하여 쓰입니다. 따라서 독해하며 글에 나온 어휘의 뜻을 정확하게 확인하고, 다시 다른 맥락에서 그 어휘를 활용해 볼 수 있어야 합니다.

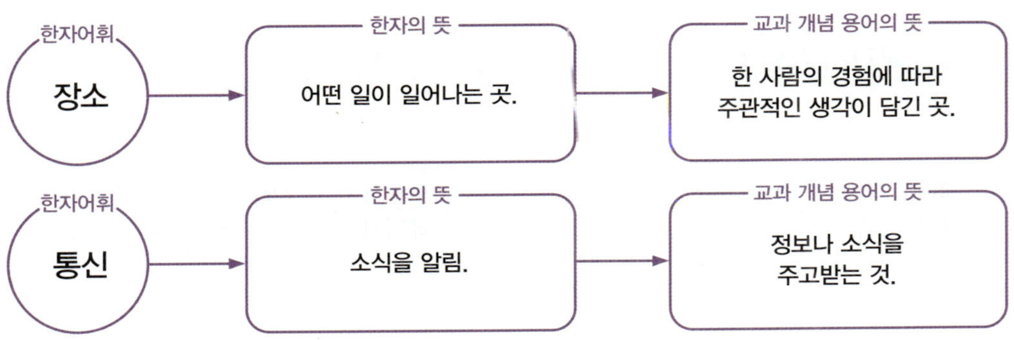

03 글과 교과 개념을 연결하여 이해의 폭을 넓힙니다

　글을 독해한 뒤에는 글에 담긴 교과 핵심 용어를 확인하고, 그 속에 담긴 개념을 정리해야 합니다. 글의 내용과 교과 개념을 유기적으로 연결하여 이해해야 교과 학습을 할 때 학습한 배경지식을 활성화하여 떠올릴 수 있습니다.

　이렇게 글 속에 숨어 있던 교과 개념을 확인하고, 글과 교과 개념을 연결하여 쉽고 자연스럽게 익히는 것은 교과 개념에 대한 이해도와 글에 대한 이해도를 동시에 높이는 길입니다.

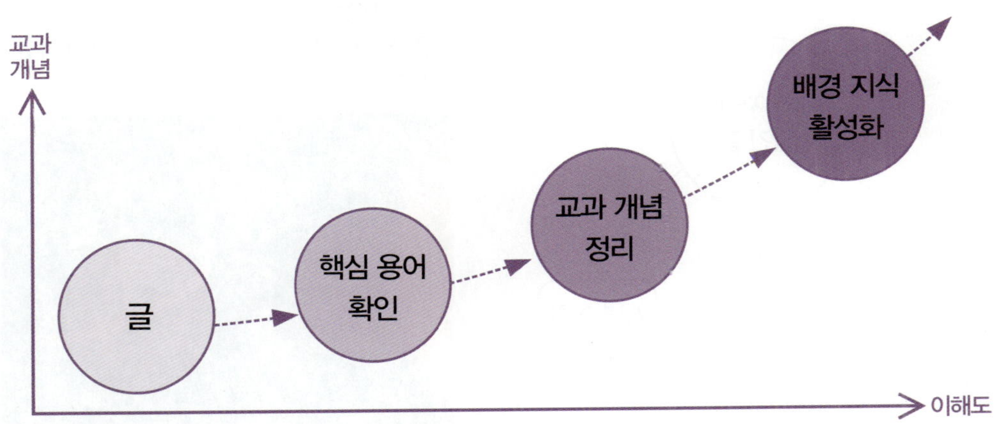

『초등 비문학 독해 **통합과학 6학년**』 구성과 특징

빠작 초등 비문학 독해 통합과학은 초등 6학년 학생들이 비문학 과학 지문을 읽고 내용을 이해한 뒤, 연결된 교과 개념을 파악하는 훈련 중심으로 구성하였습니다. 설명문, 논설문 등 정보 글의 구조 분석 훈련을 통해 글에 담긴 배경지식을 이해하고, 그 내용이 교과 개념과 어떻게 연결되는지 파악하며 깊이 있는 독해 학습이 가능하도록 구성하였습니다.

1 교과서 개념 바탕의 과학 독해 지문

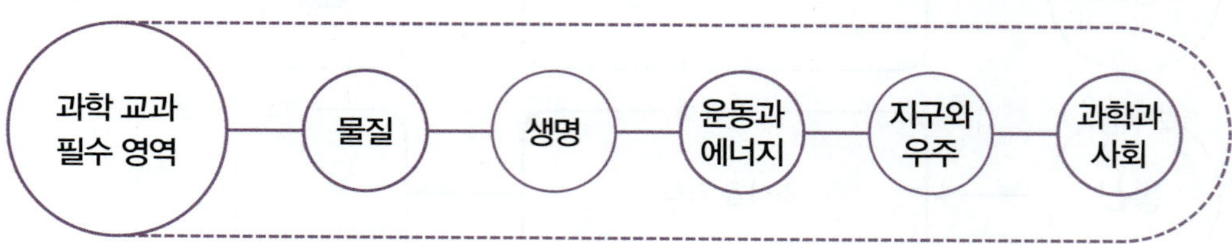

2 유기적으로 연결된 학습 구성

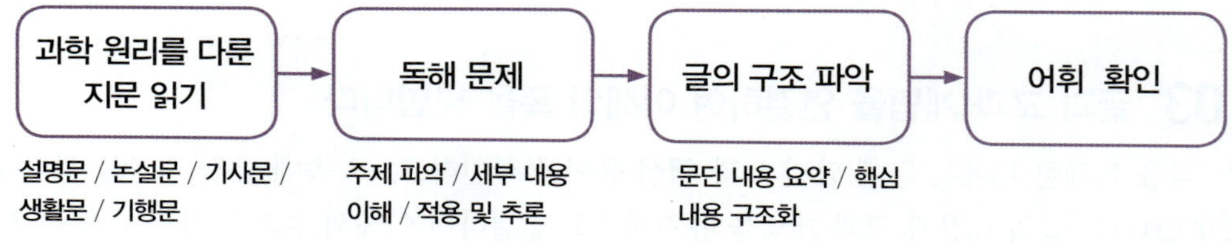

설명문 / 논설문 / 기사문 / 생활문 / 기행문

주제 파악 / 세부 내용 이해 / 적용 및 추론

문단 내용 요약 / 핵심 내용 구조화

3 교과 배경지식 확대

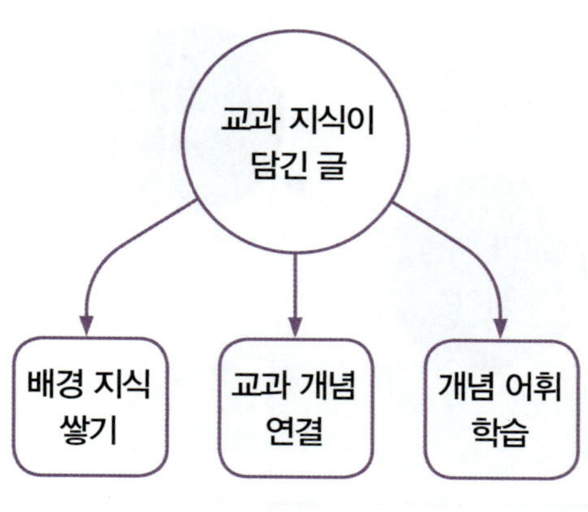

4 이미지로 교과 개념 학습

교과 내용을 그림에 압축적으로 담아 지문과 관련된 내용을 효과적으로 이해하고 학습하도록 구성

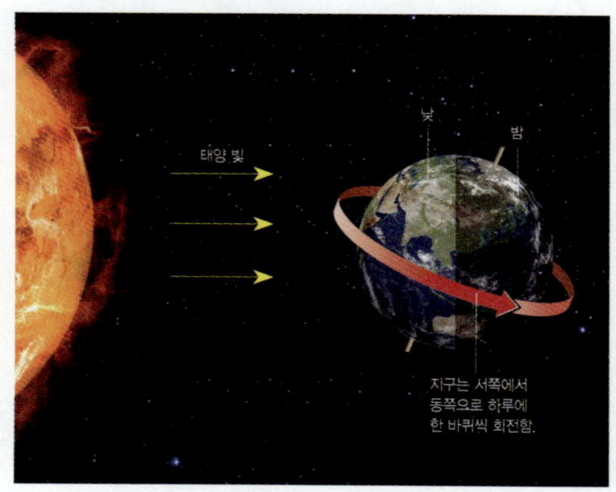

영역별 구성

지문 분석 강의 제공

중심 주제 파악

세부 내용 이해

추론, 적용

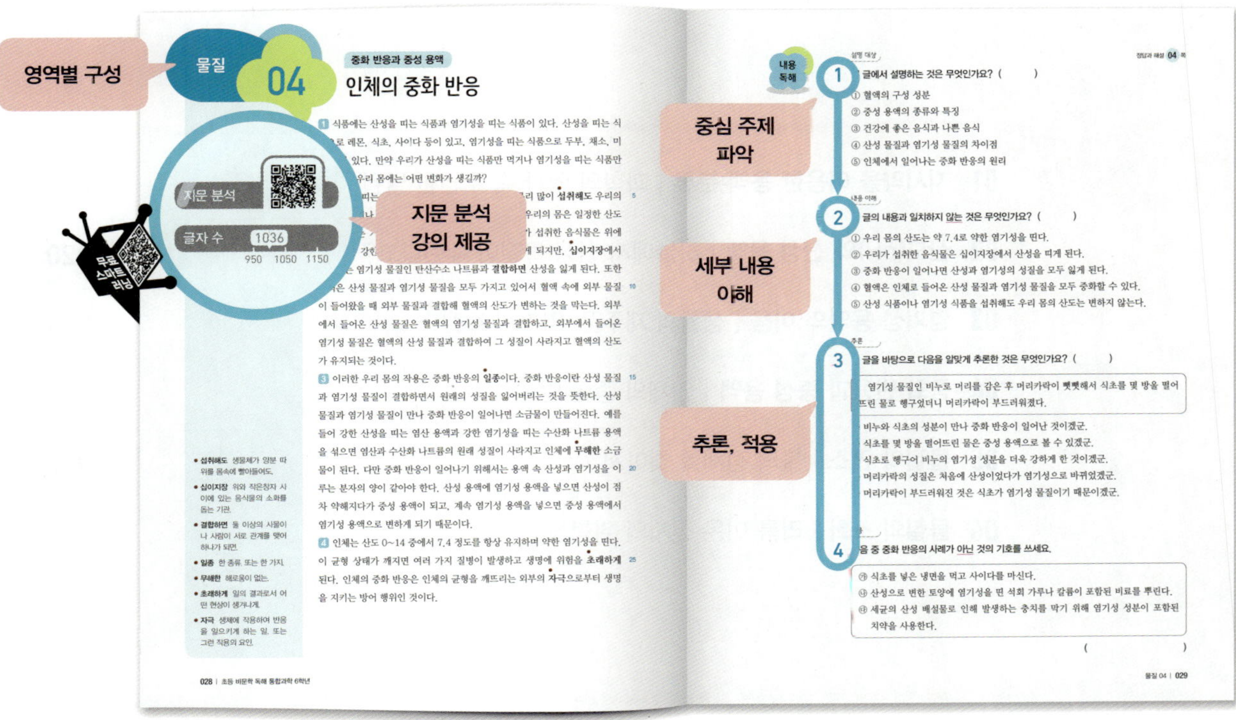

▼ 지문 구조 분석과 어휘

▼ 교과 개념 배경지식

문단 요약하기

글의 핵심 내용 정리하기

어휘의 쓰임 알기

교과 개념 이해하기

교과 주제 이해하기

교과 핵심 용어 확인하기

이미지로 이해하기

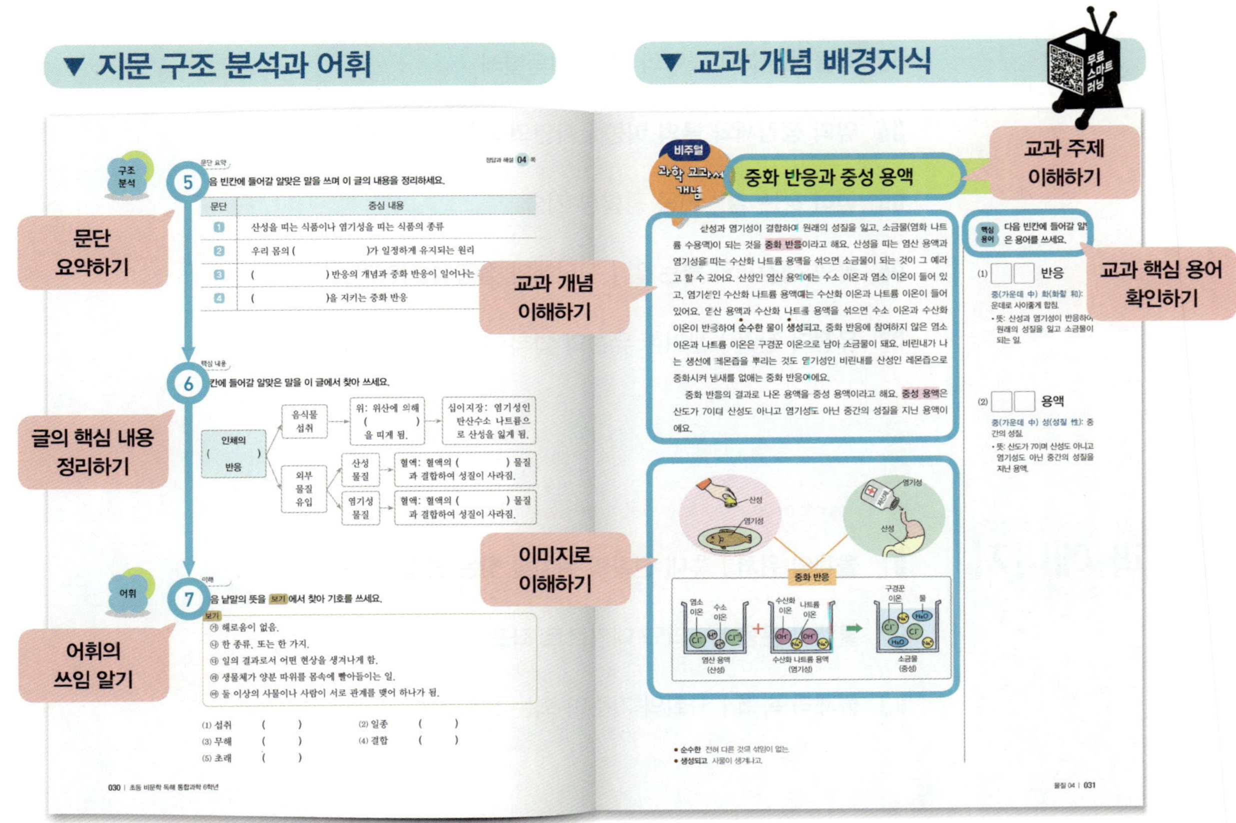

『초등 비문학 독해 통합과학 6학년』 **차례**

『통합사회』와 『통합과학』의 3~6학년 전체 구성

『빠작 초등 비문학 독해 통합사회』는 3~6학년 사회 교과서 짜임에 따라 지리, 역사, 일반사회(사회·문화, 법·정치, 경제)의 세 영역으로 구분되어 있습니다. 학년별로 교과서에서 배우는 내용에 따라 영역을 나누고, 영역별로 필요한 내용을 학습할 수 있도록 구성하였습니다.

영역	3학년	4학년	5학년	6학년
지리	• 독립운동의 역사를 간직한 고장, 천안 • '대전역'의 역사 • 혼일강리역대국도지도 • 바다로 돌아간 바다거북 • 대한민국 여러 지역의 랜드마크	• 방향을 알 수 있는 방법 • 지도 그리기 • 땅의 높낮이 나타내기 • 할머니 댁을 찾아가요 • 디지털 영상 지도의 기능 • 다양한 지역 축제 • 거제와 부산을 연결하는 거가대교 • 단양이 좋아요 • 화려한 도시의 그늘 • 사람들이 모이는 곳 • 조선 팔도 • 지역 불균형 문제	• 한반도는 토끼인가, 호랑이인가? • 갯벌 개발의 미래 • 독도의 주인을 증명하는 기록 • 사계절의 균형이 무너진다면 • 봄철의 불청객들 • 농어촌을 구할 빈집 정비 사업 • 수도권 집중에서 더불어 잘 사는 국토로	• 경도의 기준, 그리니치 천문대 • 대륙과 섬을 구분하는 기준 • 튀르키예는 아시아일까, 유럽일까? • 신비로운 고대 도시, 마추픽추 • 아프리카의 국경선 • 북극과 남극은 어떻게 다를까? • 히말라야산맥의 형성 • 기후에 따라 다른 세계의 집 • 아마존 열대 우림 보호의 필요성 • 온대 기후의 다양한 특징 • 백야와 극야
역사	• 연표에서 사라진 고구려와 발해 • 조선 시대를 대표하는 화가, 신윤복 • 잃어버린 가족을 찾아서 • 지금은 사라진 추억 속 물건들 • 지명으로 알 수 있는 지역의 특징 • 자연의 시간표, 절기 • 윷놀이, 국가무형유산 되다 • 로마 제국을 키운 도로 • 진도로 떠나는 여행 • 미래의 교통수단, 상상에서 현실로 • 횃불과 연기로 전한 조상들의 지혜 • 뇌를 망가뜨리는 스마트폰	• 유네스코가 정한 세계 유산 목록 • 박물관의 역사 • 도산 안창호 선생의 정신 • 고구려의 흔적 • 강진 답사기	• 구석기 유물을 발굴한 손보기 • 8조법에 나타난 불평등 사회 • 의자왕과 삼천 궁녀는 가짜 뉴스? • 위대한 정복자, 광개토 대왕 • 김춘추와 토끼의 간 이야기 • 사라진 철의 나라 • 비운의 천재, 최치원 • 빼앗길 수 없는 발해의 역사 • 고려 멸망의 촉매, 권문세족 • 지폐를 차지한 조선의 인물들 • 조정을 둘로 나눈 전쟁 • 종교에서 저항 운동으로 • 광화문의 수난 • 독립운동을 한 어린 영웅들 • 다시 찾은 빛, 그러나 분단 • 6·25 전쟁과 이산가족	• 왜 남북이 통일되어야 하는가 • 대통령 직선제를 이룬 6월 민주 항쟁
일반사회	• 4차 산업혁명으로 변하는 일상 • 저출산이 가져온 학교의 변화 • 키오스크가 만든 디지털 격차 • 노인을 돕는 인공 지능 스피커 • 알파 세대 • 늘어나는 1인 가구 • 물물 교환에서 화폐까지 • 지폐에 숨겨진 비밀 • 놀이공원 우선 탑승권은 정당한가 • 민주 정치의 시작, 그리스 아테네 • 바다로 돌아간 돌고래 • 세계의 다양한 선거 방법 • 은행나무 열매 제거 작전	• 빅터와 사회화 • '다름'을 바라보는 태도 • 보호해야 하는 저작권 • 경제 활동으로 굴러가는 생활 • 인구 문제를 해결하기 위한 노력 • 기회비용을 고려한 선택 • 우리를 유혹하는 묶음 판매 • 우리나라의 산업 발전 • 식탁에서 만나는 지역 간 교류 • 국가의 주인 • 학급 회의로 자리를 정해요 • 주민 참여 제도 • 폐기물 매립장 설치 반대	• 국경일은 모두 공휴일인가? • 종교의 자유가 보장된 우리나라 • 사라지는 은행 점포 • 세금을 내지 않으면? • 헌법 소원을 남용하는 사람들 • 편견에 맞선 어기의 성장 일기 • 유네스코 세계 문화유산이 된다는 것	• 세계 인구 1위는 중국이 아닌 인도 • 한 나라였던 인도와 파키스탄, 방글라데시 • 팔레스타인의 눈물 • 지구 온난화에 대한 경고 • 공정거래위원회는 무슨 일을 할까? • 기업의 사회적 책임 • 탄소세 도입에 대한 논쟁 • 노동자의 권리를 외치다 • 세계 무역의 파수꾼, 세계 무역 기구 • 미래 산업 박람회를 다녀와서 • 다수결의 원칙은 늘 옳은가 • 공정한 선거를 책임지는 국가 기관 • 법이 만들어지는 과정 • 대통령제란 무엇일까? • 우리나라의 심급제도, 3심제 • 삼권분립의 중요성 • 미디어의 사회적 기능

통합과학

『빠작 초등 비문학 독해 통합과학』은 3~6학년 과학 교과서 짜임에 따라 물질, 생명, 운동과 에너지, 지구와 우주, 과학과 사회의 다섯 영역으로 구분되어 있습니다. 학년별로 교과서에서 배우는 내용에 따라 영역을 나누고, 영역별로 필요한 내용을 학습할 수 있도록 구성하였습니다.

영역	3학년	4학년	5학년	6학년
물질	• 상상을 이루어 주는 물질 • 환경을 살리는 플라스틱 • 불의 상태는 무엇일까? • 언 호수에서 물고기가 살 수 있는 까닭	• 돌고 도는 물 • 얼음으로 만든 집, 이글루 • 겨울철 강이나 호수, 바다의 변화 • 짠 바닷물의 변신 • 구름을 둘러싼 과학적 원리 • 하늘에서 본 튀르키예 • 최초의 화학자, 보일 • 수소의 특성	• 생명을 살리는 빨대 • 맛보기 전에는 모른다 • 손난로가 열을 내는 원리 • 붉은 바다 • 대서양에 큰일이 났다고?	• 과학의 역사 속 우연한 발견 • 하늘에서 산성 물질이 내린다고? • 생활의 재주꾼, 염기성 물질 • 인체의 중화 반응 • 불의 정체를 찾아서 • 리튬 이온 전지의 위험성
생명	• 비슷하지만 다른 동물들 • 심해 생물의 특징 • 세상에서 가장 큰 꽃 • 사막에서 살아가는 식물 • 여왕벌의 일생 • 오리너구리의 한살이 • 씨앗 속의 온도계 • 미래 먹거리 문제를 해결하는 스마트팜 • 가장 오래 사는 나무	• 버섯의 정체 • 쓸모 있는 미세 조류 • 손 씻기의 중요성 • 우리와 함께 살아가는 미생물 • 생태계의 지킴이, 꿀벌 • 생태계 평형의 중요성을 깨닫다 • 플라스틱 쓰레기의 심각성 • 곰팡이에서 발견한 페니실린	• 우리 몸의 뼈 • '간'에 기별도 안 가는 이유 • 혈관의 종류와 기능 • 사레가 들리는 이유 • 오줌의 재발견 • 티라노사우루스의 감각 기관 • 왜 헛스윙을 하게 될까?	• 식물 세포의 특징 • 뿌리의 종류 • 괴력의 곤충, 거품벌레 • 자연의 기본 원리, 삼투 현상 • 인공 광합성 기술 • 진달래와 철쭉의 차이점 • 신기한 유전의 법칙
운동과 에너지	• 우주에 일어나는 몸의 변화 • 자동차 범퍼의 비밀 • 지레의 원리 • 저울의 역사 • 기계저울과 전자저울 • 목소리의 과학 • 고대 그리스의 원형 극장 • 들을 수 없는 소리, 초음파 • 우주에서 소리를 들을 수 있을까? • 우리에게 도움이 되는 백색 소음	• '이그노벨상'은 어떤 상일까? • 배를 끌어당기는 섬의 비밀 • 비행기보다 빠른 자기 부상 열차 • 지구 자기장을 이용해 길을 찾는 연어	• 그림자의 원리 • 거울의 원리 • 별은 거기에 없다 • 적외선 열화상 카메라 • 온도계의 변천 • 물을 시원하게 만들려면 • 과학적인 난방 장치 '온돌' • 지구 온난화 현상 • 우즈에서 어떻게 살 수 있을까?	• 휴대 전화의 위치를 찾는 방법 • 파리와 데카르트 좌표 • 사회의 기준이 되는 도량형 • 번개 잡은 사나이의 성공 비결 • 진화하는 배터리 • 멀티탭의 연결 구조 • 무선 충전 기술 • 스마트 그리드가 필요하다
지구와 우주	• 대기가 우주로 흩어지지 않는 까닭 • 지구 온난화로 높아지는 해수면 • 바닷물은 왜 짤까? • 프랑스 에트르타의 절벽과 해변 • 밀물과 썰물을 이용한 조력 발전소 • 소중한 갯벌을 지키자	• 강이 만든 터전, 메콩강 삼각주 • 한강의 시작점은 어떤 모습일까? • 화산 활동으로 만들어진 섬, 하와이 • 폼페이가 갑자기 사라진 이유 • 제주도의 돌하르방과 현무암 • 일본에서 왜 지진이 자주 일어날까? • 작품에 나타난 달의 독특한 모양 • 망원경으로 발견한 천왕성 • 밤하늘의 나침반, 북극성 • 제2의 코로나를 부르는 기후 변화	• 어떤 지층이 먼저일까 • 퇴적암의 특징 • 화석의 가치 • 번개가 생기는 원리 • 안개와 스모그 • 어린이 날부터 강한 비 예상 • 태풍	• 천구란 무엇인가 • 싼샤 댐이 지구에 미치는 영향 • 천동설과 지동설 • 천상열차분야지도 • 경주 첨성대의 정체 • 한옥의 지붕에 숨어 있는 과학 • 지구는 살아 있다
과학과 사회	• 감염병 위험을 높이는 폭염		• 에너지의 날 • 에너지를 만드는 바람개비	• 생명을 살리는 프린터 • 과학 기술의 양면성

물질

01

과학의 역사 속 우연한 발견

지문 분석

글자 수 1055
950 1050 1150

1 오늘날 우리가 편리하고 **풍요한** 생활을 누리는 것은 과학적 발견 덕분이다. 그렇다면 과학적 발견은 어떻게 이루어진 것일까? 과학적 발견은 대부분 오랜 연구의 결과이지만 우연한 사건을 통해 이루어지기도 한다.

2 1928년, 세균학자 플레밍은 상처 **감염**을 일으키는 포도상 구균 연구를 위해 페트리 접시에 포도상 구균을 **배양하고** 있었다. 어느 날 플레밍은 실수로 페트리 접시에 푸른곰팡이가 생긴 것을 발견하였다. 그런데 신기하게도 페트리 접시 속의 포도상 구균이 모두 죽어 있었다. 플레밍은 푸른곰팡이에 세균을 죽이는 성질이 있다고 생각하여 푸른곰팡이를 연구하였다. 그리고 마침내 푸른곰팡이가 만들어 내는 물질이 세균을 죽이거나 세균의 성장을 **억제한다는** 사실을 **증명하였다.** 플레밍은 자신이 발견한 물질에 '페니실린'이라는 이름을 붙였다. 그리고 9년 후 과학자 플로리와 체인이 플레밍의 연구에 관심을 갖고 페니실린을 배양하여 **항생제** 페니실린을 개발하였다. 이후 항생제 페니실린은 20세기에 인류의 생명을 가장 많이 구한 약이 되었다.

3 17세기의 과학자 보일은 실험을 하던 중 황산 수용액이 보라색 제비꽃에 떨어지자 보라색 제비꽃이 붉게 변하는 것을 발견하였다. 이를 본 보일은 산성 용액이 식물의 색을 변하게 한다는 **가설**을 세웠다. 보일은 당시 프랑스의 염색공들이 리트머스이끼로 만든 **염료**인 리트머스 색소를 여러 용액에 넣어 보는 실험을 하였다. 그리고 용액에 푸른 리트머스 색소를 넣었을 때 푸른 리트머스 색소가 붉게 변하는 경우와 용액이 푸르게 변하는 경우가 있다는 사실을 발견하였다. 보일은 푸른 리트머스 색소를 붉게 변화시키는 용액을 산으로 분류하고, 리트머스 색소에 반응해 푸르게 변하는 용액을 염기로 분류하였다. 그 결과 용액의 성질을 손쉽게 확인하는 리트머스 종이가 발명되었다.

4 이처럼 과학의 역사에는 ㉠우연한 사건이 중요한 과학적 발견으로 이어진 경우가 있다. 그러나 과학적 발견이 아무런 **대가** 없이 이루어진 것은 아니다. 과학자들이 우연한 사건을 통해 과학적 발견을 이루어 낼 수 있었던 것은 사소한 현상이라도 의문을 품고, 그 의문을 해결하려는 노력을 했기 때문이다.

- **풍요한** 흠뻑 많아서 넉넉함이 있는.
- **감염** 병균이 몸에 옮아서 병에 걸리는 것.
- **배양하고** 인공적인 환경을 만들어 동식물 세포와 조직의 일부나 미생물 따위를 가꾸어 기르고.
- **억제한다는** 정도나 한도를 넘어서 나아가려는 것을 억눌러 그치게 한다는.
- **증명하였다** 어떤 사항이나 판단 따위에 대하여 그것이 진실인지 아닌지 증거를 들어서 밝혔다.
- **항생제** 몸에 들어오는 세균이나 미생물의 번식을 막는 약물.
- **가설** 어떤 사실을 설명하기 위하여 설정한 가정.
- **염료** 옷감 따위에 빛깔을 들이는 물질.
- **대가**(代 대신할 대, 價 값 가) 일정한 결과를 얻기 위하여 하는 노력이나 희생.

**내용
독해**

1 이 글의 설명 방법으로 알맞은 것은 무엇인가요? (   )

① 어떤 일을 시간의 순서에 따라 설명하고 있다.

② 구체적인 예를 들어 내용의 이해를 돕고 있다.

③ 전문가의 말을 인용하여 내용을 뒷받침하고 있다.

④ 대상을 일정한 기준에 따라 나누어 설명하고 있다.

⑤ 문제가 되는 현상을 제시하고 발생 원인을 분석하고 있다.

2 이 글의 내용과 일치하는 것은 무엇인가요? (   )

① 푸른곰팡이는 세균의 성장을 도와주는 역할을 한다.

② 과학적 발견은 대부분 우연한 사건을 통해 이루어진다.

③ 산성 용액과 염기성 용액을 구별할 수 있는 식물이 있다.

④ 플레밍은 푸른곰팡이가 만들어 내는 용액을 바로 약으로 만들었다.

⑤ 보라색 제비꽃에 산성 물질을 접촉하면 꽃잎의 색이 푸르게 변한다.

3 이 글을 통해 답을 알 수 있는 질문은 무엇인가요? (   )

① 푸른곰팡이는 어떤 성질을 가지고 있나요?

② 리트머스 종이를 사용할 때 장점과 단점은 무엇인가요?

③ 오랜 연구를 통해 과학적 발견을 이룬 사례에는 무엇이 있나요?

④ 플레밍이 항생제 페니실린을 개발하지 못한 까닭은 무엇인가요?

⑤ 산성 용액에 푸른 리트머스 색소를 넣으면 산성 용액이 푸르게 변하는 까닭은 무엇
인가요?

4 ㉠의 사례로 볼 수 <u>없는</u> 것은 무엇인가요? (   )

① 가설을 확인하기 위해 만든 기계를 통해 존재가 증명된 힉스 입자

② 음극선의 성질을 알아보기 위한 실험에서 음극선 대신 발견된 X선

③ 산책 후 개의 털에 붙어 있는 도꼬마리 열매를 보고 만든 벨크로 테이프

④ 속이 빈 막대기를 서로의 귀에 대고 재잘대는 아이들을 보고 만든 청진기

⑤ 레이더 장비를 연구하다가 주머니 속에서 녹아 있는 초콜릿을 발견하고 그 원인을
연구해 만든 전자레인지

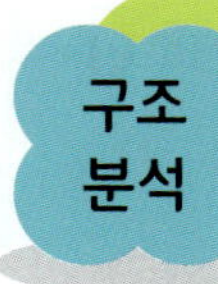

구조 분석

문단 요약

5 각 문단의 중심 내용을 찾아 선으로 알맞게 이으세요.

1문단 •　　　• 오랜 연구나 우연한 사건을 통해 이루어지는 과학적 발견

2문단 •　　　• 페트리 접시에 생긴 푸른곰팡이를 통해 발견한 페니실린

3문단 •　　　• 현상에 대한 의문을 해결하려는 노력을 통해 이루어진 우연한 발견

4문단 •　　　• 황산 수용액이 떨어진 제비꽃의 색이 변하는 것을 보고 만든 리트머스 종이

핵심 내용

6 빈칸에 들어갈 알맞은 말을 이 글에서 찾아 쓰세요.

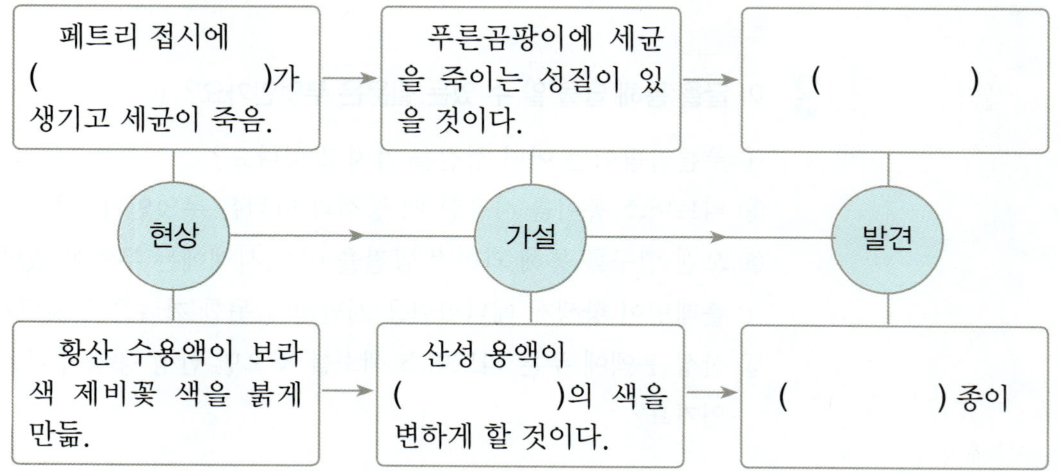

어휘

적용

7 다음 문장에 들어갈 알맞은 낱말에 ◯표 하세요.

⑴ 세포에 세균을 (배양, 양성)하는 일은 쉽지 않다.

⑵ 변호사는 그의 무죄를 (보호, 증명)하기 위해 노력했다.

⑶ 끊임없는 노력의 (대가, 동기)로 그는 유명한 화가가 되었다.

⑷ 할머니께서는 어려운 사람을 도우며 마음이 (한적, 풍요)한 삶을 사셨다.

⑸ 중국은 출산율을 줄이기 위해 인구 증가를 (억제, 지원)하는 정책을 펼쳤다.

지시약을 이용한 용액 분류

두 가지 이상의 물질이 **고르게** 섞여 있는 액체를 **용액**이라고 해요. 소금이 물에 녹아 있는 소금물이나, 설탕과 탄산 가스 등 여러 **원료**를 섞어서 만든 콜라나 사이다도 용액이에요. 용액은 색깔, 투명한 정도, 냄새, **점적병**을 흔든 뒤 발생하는 거품이 3초 이상 유지되는지 등의 기준에 따라 분류할 수 있어요.

어떤 용액에 넣었을 때 그 용액의 성질에 따라 색깔 변화가 나타나는 물질을 **지시약**이라고 해요. 주로 사용하는 지시약에는 리트머스 종이, 페놀프탈레인 용액 등이 있어요. 푸른색 리트머스 종이는 산성 용액과 만나면 붉은색으로 변하고, 붉은색 리트머스 종이는 염기성 용액과 만나면 푸른색으로 변해요. 페놀프탈레인 용액은 산성 용액과 만나면 변화가 없고, 염기성 용액과 만났을 때에만 붉은색으로 변해요. 지시약을 사용하면 안전하고 편리하게 용액을 분류할 수 있어요.

핵심 용어 다음 빈칸에 들어갈 알맞은 용어를 쓰세요.

(1) ☐☐

용(녹을 溶) 액(진 液): 무엇이 녹아 있는 액체.
- 뜻: 두 가지 이상의 물질이 고르게 섞여 있는 액체.

(2) ☐☐☐

지(가리킬 指) 시(보일 示) 약(약 藥): 성질을 가리켜 보여 주는 약.
- 뜻: 어떤 용액에 넣었을 때 그 용액의 성질에 따라 색깔 변화가 나타나는 물질.

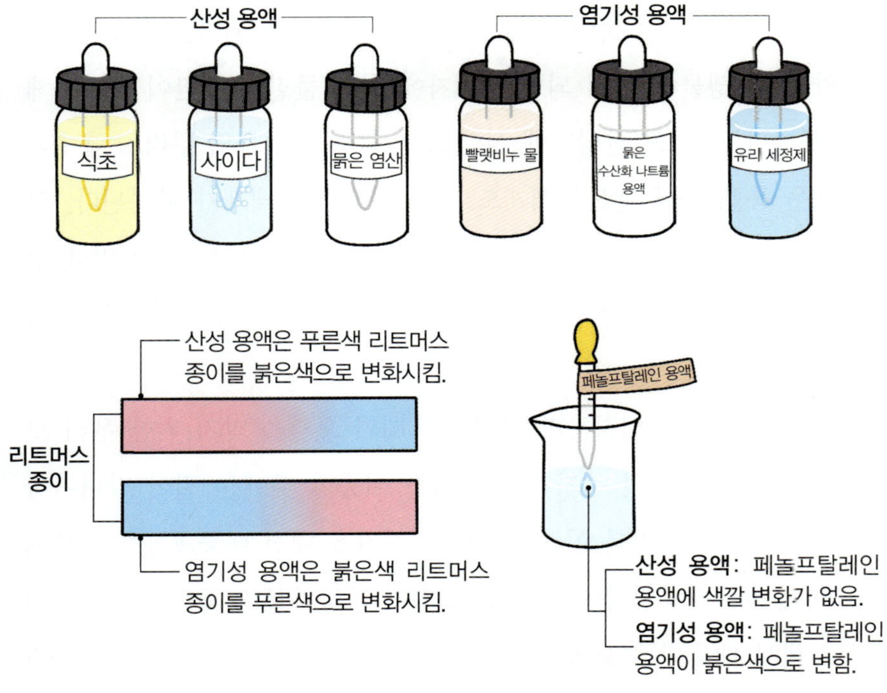

- **고르게** 여럿이 다 높낮이, 크기, 양 따위가 차이가 없이 한결같게.
- **원료** 어떤 물건을 만드는 데 들어가는 재료.
- **점적병** 용액 따위의 양을 한 방울씩 떨어뜨려서 헤아리는 기구.

산도(pH)와 산성 용액

하늘에서 산성 물질이 내린다고?

지문 분석

글자 수 1034
950 1050 1150

1 드라마나 영화를 보면 빗속을 우산 없이 달리는 모습이 종종 등장한다. 그러나 요즘 내리는 비는 산성비이므로 우산 없이 비를 맞으면 건강에 해롭다. 보통의 비는 **수소 이온 농도 지수**가 5.6~7 정도의 약산성이다. 산성비는 수소 이온 농도 지수가 5.6 미만인 경우이며, 일부 국가에서는 수소 이온 농도 지수가 5 이하일 때 산성비라고 정의하기도 한다. 　　5

2 산성비는 대기 중의 산성 물질이 비에 흡수되어 만들어진다. 산성 물질은 화산이나 번개와 같은 자연적 요인에 의해 만들어지기도 하지만 대부분은 사람이 **배출하는** 오염 물질에 의해 만들어진다. 특히 공장이나 자동차에서 나오는 매연에 포함된 화학 물질이 대기 중의 수증기와 만나 황산이나 질산처럼 강한 산성 물질을 만들어 낸다. 대기 오염이 심해질수록 산성비의 수소 이온 　10 농도 지수는 더욱 낮아져 산성이 강해진다.

3 산성비는 생태계에 여러 가지 문제를 일으킨다. 산성비가 내리면 호수나 하천이 **산성화**되어 어류를 비롯한 수중 생물이 살기 어려워진다. 그 결과 수중 생물의 종류와 수가 감소하여 생태계의 균형이 깨지게 된다. 또한 산성비로 인해 토양 속 미생물이 죽게 되면 **분해자**에 의한 물질의 **순환**이 원활하게 　15 이루어지지 못한다. 그리고 산성비에 섞인 오염 물질이 식물의 뿌리로 흡수되면 **먹이 사슬**을 통해 다른 생물들에게도 영향을 미쳐 생태계가 파괴된다. 그뿐만 아니라 산성비는 인체에도 나쁜 영향을 미친다. 산성비를 직접 맞을 경우 머리카락이 손상되고, 눈과 피부에 염증이 발생하는 등 각종 질병이 **유발될** 수 있다. 　20

4 산성비로 인한 문제를 해결하기 위해서는 대기 오염을 막기 위한 우리 모두의 노력이 필요하다. 우선 ㉠가까운 거리를 이동할 때에는 걸어 다니거나 자전거를 이용하고, 먼 거리를 이동할 때에는 자가용 대신 대중교통을 이용해야 한다. 정부에서는 태양열 등을 이용한 **친환경** 자동차를 적극적으로 개발해야 하며 공장에서 배출되는 오염 물질을 줄이기 위해 화석 에너지를 친환경 　25 에너지로 대체해야 한다. 세계적으로는 대기 오염을 줄이기 위한 국제 협약을 **체결하고** 적극적으로 실천하는 자세가 필요하다.

- **수소 이온 농도 지수** 수소 이온이 들어 있는 정도를 나타내는 수치.
- **배출하는** 안에서 밖으로 밀어 내보내는.
- **산성화** 산성으로 변함. 또는 산성으로 변화시킴.
- **분해자** 생태계에서 죽은 생물체나 동물의 배설물 또는 그 분해물을 분해하는 미생물.
- **순환** 주기적으로 자꾸 되풀이하여 돎. 또는 그런 과정.
- **먹이 사슬** 생태계에서 먹이를 중심으로 이어진 생물 간의 관계.
- **유발될** 어떤 것에 이끌려 다른 일이 일어날.
- **친환경** 자연환경을 오염하지 않고 자연 그대로의 환경과 잘 어울리는 일.
- **체결하고** 계약이나 조약 따위를 공식적으로 맺고.

내용 독해

1 이 글의 설명 방법으로 알맞은 것은 무엇인가요? (   )

① 대상을 부분으로 나누어 설명하였다.
② 두 대상의 차이점을 드러내어 설명하였다.
③ 어려운 개념을 다른 대상에 빗대어 제시하였다.
④ 시간의 흐름에 따라 대상의 변화를 설명하였다.
⑤ 문제가 발생한 원인과 그 해결 방안을 제시하였다.

2 이 글의 내용과 일치하지 <u>않는</u> 것은 무엇인가요? (   )

① 산성비는 인체에 나쁜 영향을 끼친다.
② 대기 오염이 심해질수록 빗물의 산성이 강해진다.
③ 대기 중의 산성 물질은 주로 자연적 요인에 의해 만들어진다.
④ 호수나 하천의 물이 산성을 띠면 수중 생물이 살기 어려워진다.
⑤ 대부분의 국가는 수소 이온 농도 지수가 5.6보다 낮은 비를 산성비라고 한다.

3 ㉠의 까닭을 추론하여 다음 빈칸에 들어갈 두 글자의 낱말을 이 글에서 찾아 쓰세요.

> 자동차에서 나오는 [   ]에 포함된 화학 물질로 인해 대기 중에 산성 물질이 만들어지고, 그것이 비에 흡수되어 산성비가 만들어지기 때문이다.

(   )

4 이 글의 이해를 돕기 위해 활용하면 좋은 자료로 가장 알맞은 것은 무엇인가요? (   )

① 비가 내리고 있는 모습을 찍은 사진
② 우리나라 연간 강수량을 나타낸 그래프
③ 호수나 하천의 물이 바다로 흘러가는 과정을 보여 주는 그림
④ 우리나라 바다에서 일어난 기름 유출 사고의 수를 나타낸 그래프
⑤ 공장이 적은 지역과 공장이 많은 지역의 토양의 산성화 정도를 비교하여 나타낸 표

구조 분석

5 다음은 이 글에 나타난 각 문단의 중심 내용입니다. 글의 내용에 맞게 순서대로 기호를 쓰세요.

> ㉮ 산성비를 줄이기 위한 해결 방안
> ㉯ 산성비가 생태계와 인체에 주는 피해
> ㉰ 산성비로 분류되는 수소 이온 농도 지수의 기준
> ㉱ 사람이 배출하는 오염 물질에 의해 만들어지는 산성비

( ) → ( ) → ( ) → ( )

6 빈칸에 들어갈 알맞은 말을 이 글에서 찾아 쓰세요.

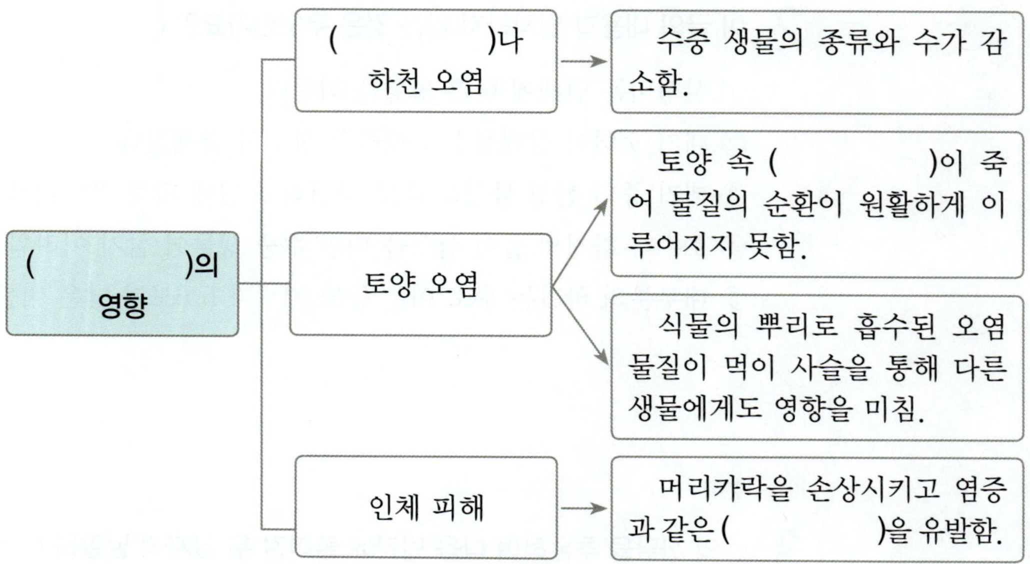

어휘

7 다음 낱말의 뜻을 찾아 선으로 알맞게 이으세요.

(1) 순환 • • ㉮ 안에서 밖으로 밀어 내보냄.

(2) 체결 • • ㉯ 어떤 것이 다른 일을 일어나게 함.

(3) 배출 • • ㉰ 계약이나 조약 따위를 공식적으로 맺음.

(4) 유발 • • ㉱ 주기적으로 자꾸 되풀이하여 돎. 또는 그런 과정.

(5) 친환경 • • ㉲ 자연환경을 오염하지 않고 자연 그대로의 환경과 잘 어울리는 일.

산도(pH)와 산성 용액

　　물질에서 산성의 세기를 나타내는 정도를 **산도**(pH)라고 해요. 산도는 수소 이온 농도 지수로 나타내며, 0에서 14까지로 구분해요. 산도가 7보다 작으면 산성, 산도가 7이면 **중성**, 산도가 7보다 크면 염기성으로 분류하지요.

　　산성 용액은 산도가 7보다 작고 신맛이 나며, 물에 녹았을 때 수소 이온을 내놓는 용액이에요. 레몬즙이나 식초, 탄산 음료, 묽은 염산 등이 산성 용액에 해당해요. 산성 용액은 푸른색 리트머스 종이를 붉은색으로 변화시키지만, 붉은색 리트머스 종이에는 아무 변화를 일으키지 않아요. 또한 산성 용액은 페놀프탈레인 용액에도 색깔 변화가 일어나지 않아요. 산성 용액에 삶은 달걀흰자와 두부를 넣으면 아무 변화가 없지만, **대리암** 조각과 달걀 껍데기를 넣으면 **기포**가 발생하며 대리암 조각과 달걀 껍데기가 녹게 돼요.

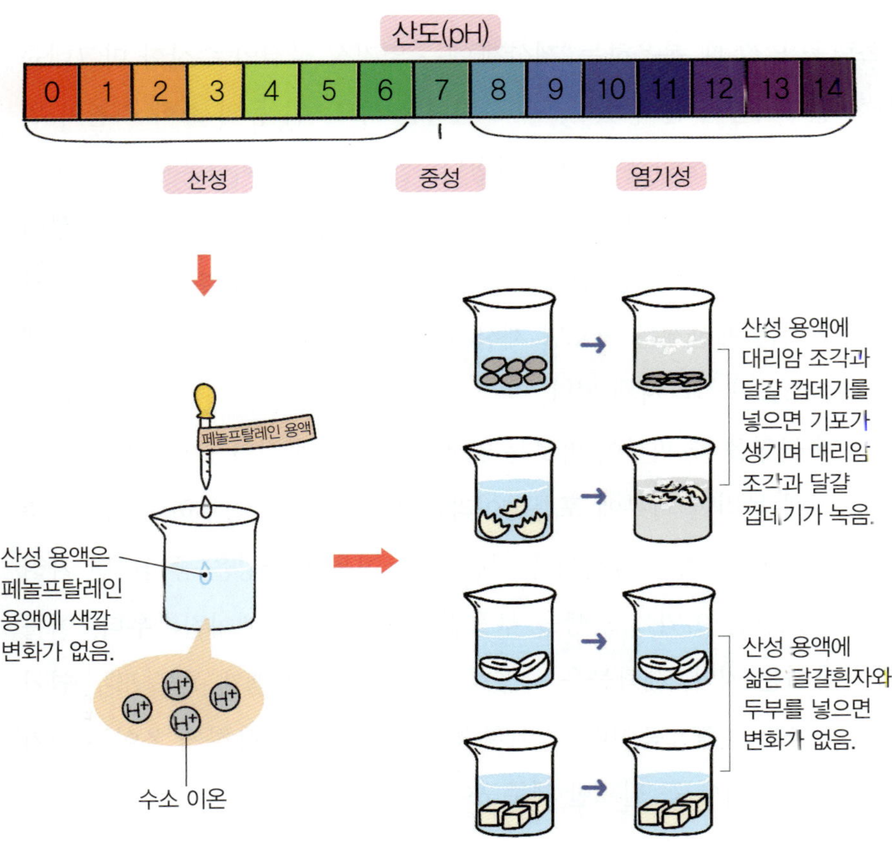

- **중성** 산성도 염기성도 아닌 중간의 성질.
- **대리암** 석회암이 높은 온도와 센 압력을 받아 성질이 변한 돌.
- **기포** 액체나 고체 속에 기체가 들어가 거품처럼 둥그렇게 부풀어 있는 것.

핵심 용어 다음 빈칸에 들어갈 알맞은 용어를 쓰세요.

(1) ☐☐

산(신 酸) 도(정도 度): 신 정도.
- 뜻: 산성의 세기를 나타내는 정도.

(2) ☐☐ **용액**

산(신 酸) 성(성질 性): 신맛이 나는 성질.
- 뜻: 산도가 7보다 작고 신맛이 나는 용액.

지문 분석

글자 수 1013
950 1050 1150

염기성 용액의 이용

생활의 재주꾼, 염기성 물질

1 염기성 물질은 산성 물질과 반대되는 성질을 가진 산도가 7보다 큰 물질로, 대체로 쓴맛이 나고 피부에 닿으면 미끌거린다. 염기성 물질은 단백질과 지방을 **분해하고** 산성 물질을 **중화하는** 성질이 있어서 이러한 특성을 이용하여 여러 가지 생활용품을 만들고 있다.

2 염기성 물질을 이용하는 대표적인 사례가 동물성 기름이나 식물성 기름에 염기성 물질인 수산화 나트륨을 넣고 가열해 만든 '비누'이다. 비누의 **세정** 원리는 계면 활성제라는 성분이 단백질과 지방으로 이루어진 때를 없애는 것이다. 염기성 물질은 단백질과 지방을 녹이는 성질을 가지고 있으므로 염기성 물질을 이용해 계면 활성제를 만든다. 그래서 우리가 옷 위에 비누칠을 하면 염기성인 비누 **분자**가 때에 달라붙어 때를 분해한다. 게다가 염기성 물질은 물에 잘 녹는 성질도 가지고 있어서 비누 거품을 물로 헹굴 때 비누 분자와 때가 함께 물에 씻겨 내려가면서 때가 제거된다.

3 속 쓰림을 느낄 때 **복용하는** '제산제'에는 염기성 물질인 수산화 마그네슘과 수산화 알루미늄이 들어 있다. 속 쓰림이란 식도, 위 등의 소화 기관이 위산의 자극을 받아 배가 아픈 상태를 말한다. 산성을 띠는 위산은 위에 들어온 음식물을 분해하고 음식물에 있는 세균을 죽이는 역할을 한다. 그런데 위산이 지나치게 많이 **분비되면** 위를 **헐게** 만들어 속 쓰림을 느끼게 된다. 이때 약간의 염기성을 띠는 제산제를 먹으면 제산제의 염기성과 위산의 산성이 결합해 중화되어 속 쓰림이 사라지게 된다.

4 모기에게 물렸을 때 피부에 바르는 약에도 염기성 물질인 암모니아수가 쓰인다. 모기에게 물리면 피부에 포름산이라는 산성 물질이 **침투하여** 가려움증이 발생한다. 이때 염기성 물질이 들어간 약을 이용해 산성을 중화하면 가려움증이 가라앉는다. 이외에도 빵을 부풀릴 때 사용하는 베이킹파우더, 이를 닦을 때 사용하는 치약, 세탁물을 하얗게 만들어 주는 표백제 등도 모두 염기성 물질을 이용한 생활용품이다. ㉠이처럼 다양한 곳에 유용하게 쓰이는 염기성 물질은 우리 생활에 꼭 필요한 재주꾼이라고 할 수 있다.

5

10

15

20

25

- **분해하고** 여러 부분이 결합되어 이루어진 것을 그 낱낱으로 나누고.
- **중화하는** 산과 염기가 반응하여 서로의 성질을 잃는.
- **세정** 씻어서 깨끗이 함.
- **분자**(分 나눌 분, 子 아들 자) 고유한 화학적 성질을 지니고 있는 가장 작은 물질의 알갱이.
- **복용하는** 약을 먹는.
- **분비되면** 몸속에서 어떤 작용을 일으키는 물질을 만들어 몸에서 퍼지거나 나오면.
- **헐게** 몸에 부스럼이나 상처 따위가 나서 짓무르게.
- **침투하여** 세균이나 병균 따위가 몸속에 들어와.

내용 독해

1 이 글에서 설명하는 것은 무엇인가요? (   )

① 염기성 물질의 종류
② 염기성 물질의 위험성
③ 염기성 물질을 만드는 방법
④ 산성 물질과 염기성 물질의 차이점
⑤ 염기성 물질로 만든 다양한 생활용품

내용 이해

2 이 글의 내용과 일치하지 <u>않는</u> 것은 무엇인가요? (   )

① 염기성 물질은 대체로 쓴맛이 난다.
② 염기성 물질은 산성 물질과 반대되는 성질을 지녔다.
③ 산성 물질에 염기성 물질을 넣으면 산성 물질의 산도가 약해진다.
④ 비누는 단백질과 지방을 뭉치게 하는 염기성 물질의 성질을 이용한 것이다.
⑤ 모기에게 물렸을 때는 염기성 물질을 이용한 약을 바르면 가려움증이 가라앉는다.

적용

3 이 글을 읽고 제산제에 대해 알맞게 말한 친구는 누구인지 쓰세요.

> 하진: 제산제는 위산이 음식물을 더 빨리 분해할 수 있게 돕는 역할을 하는군.
> 소은: 제산제는 산성을 띠어 위를 헐게 만들 수 있으니 복용할 때 주의해야겠군.
> 정우: 제산제의 작용 원리와 모기에게 물렸을 때 피부에 바르는 약의 작용 원리가
>   비슷하겠군.

(   )

어휘·어법

4 ㉠에 어울리는 한자 성어는 무엇인가요? (   )

① 유비무환: 미리 준비가 되어 있으면 걱정할 것이 없음.
② 감언이설: 귀가 솔깃하도록 남의 비위를 맞추거나 이로운 조건을 내세워 꾀는 말.
③ 과유불급: 정도를 지나침은 미치지 못함과 같다는 뜻으로, 중용이 중요함을 이르는 말.
④ 고진감래: 쓴 것이 다하면 단 것이 온다는 뜻으로, 고생 끝에 즐거움이 옴을 이르
       는 말.
⑤ 십맹일장: 열 맹인에 한 개의 지팡이라는 뜻으로, 여러 곳에 중요하게 쓰이는 물건
       을 이르는 말.

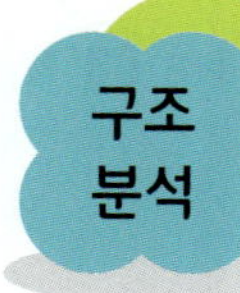

구조 분석

문단 요약

5 다음 빈칸에 들어갈 알맞은 말을 쓰며 이 글의 내용을 정리하세요.

문단	중심 내용
1	( ) 물질의 개념과 성질
2	염기성 물질을 이용하여 만든 ( )
3	염기성 물질을 이용하여 만든 ( )
4	염기성 물질을 이용하여 만든 다양한 생활용품

핵심 내용

6 빈칸에 들어갈 알맞은 말을 이 글에서 찾아 쓰세요.

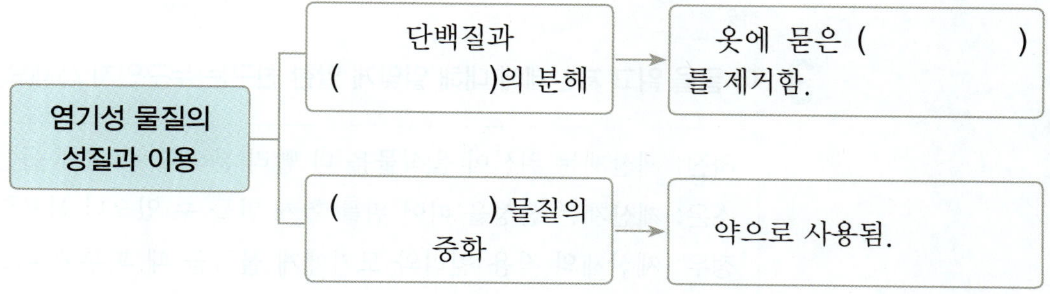

어휘

적용

7 다음 문장에 들어갈 알맞은 낱말에 ◯표 하세요.

⑴ 형은 로봇을 (분류, 분해)하여 다시 조립하였다.

⑵ 동물은 음식을 보면 침이 더 많이 (분비, 분사)된다.

⑶ 속이 더부룩해서 소화제 한 알을 (복용, 남용)하였다.

⑷ 세균의 (침투, 침수)를 막기 위해서는 손을 자주 씻어야 한다.

⑸ 이 샴푸는 (세탁, 세정) 효과가 뛰어나면서도 피부에 자극이 적다.

염기성 용액의 이용

염기성 용액은 산도가 7보다 크고 쓴맛이 나는 용액이에요. 염기성 용액은 산성 용액과 성질이 반대되며 물에 녹았을 때 수산화 이온을 내놓아요. 빨랫비누 물, 석회수, 수산화 나트륨 용액 등이 염기성 용액에 해당해요. 염기성 용액은 붉은색 리트머스 종이를 푸른색으로 변화시키지만, 푸른색 리트머스 종이에는 색깔 변화를 일으키지 않아요. 또한 염기성 용액은 투명한 페놀프탈레인 용액을 붉은색으로 변화시켜요.

염기성 용액은 단백질과 지방을 녹이고 산성을 약하게 하는 성질을 가지고 있어요. 염기성 용액에 대리암 조각과 달걀 껍데기를 넣으면 아무런 반응이 일어나지 않지만, 단백질로 이루어진 삶은 달걀흰자와 두부를 넣으면 삶은 달걀흰자와 두부가 녹아 흐물흐물해지고 염기성 용액이 뿌옇게 변해요.

속 쓰림이 있을 때 먹는 **제산제**에는 염기성 물질이 포함되어 있어서 위산의 산성을 **억제해** 속 쓰림을 낮게 해 줘요.

핵심 용어 다음 빈칸에 들어갈 알맞은 용어를 쓰세요.

(1) ☐ ☐ ☐ **용액**

염(소금 鹽) 기(기초 基) 성(성질 性): 산성과 반응하여 소금과 같은 것을 만들어 내는 성질.
• 뜻: 산도가 7보다 크고 쓴맛이 나는 용액.

(2) ☐ ☐ ☐

제(억제할 制) 산(신 酸) 제(약 劑): 신맛이 나는 산의 성질을 억제하는 약.
• 뜻: 위산을 중화해 속 쓰림을 치료하는 약.

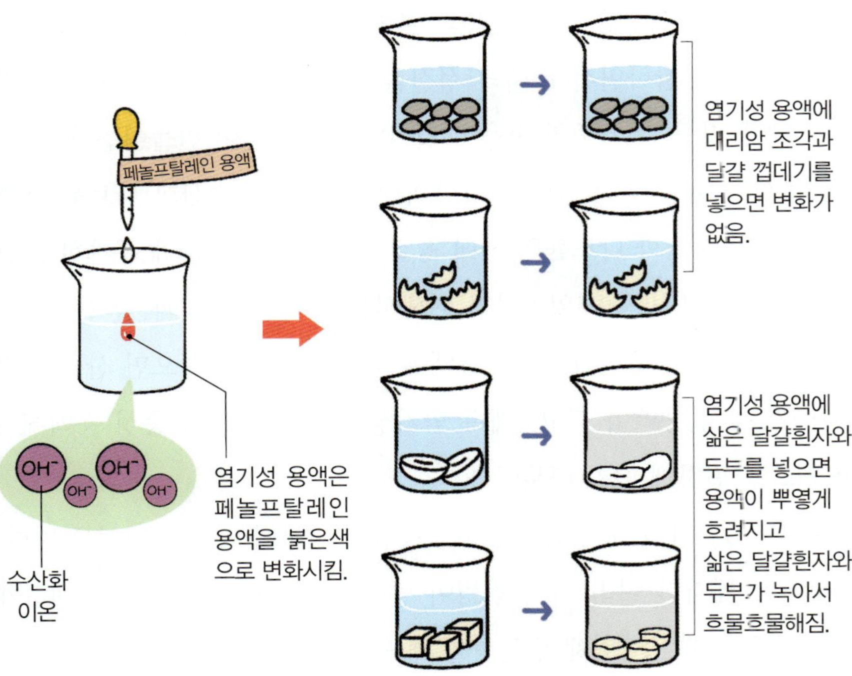

● **억제해** 정도나 한도를 넘어서 나아가려는 것을 억눌러 그치게 해.

중화 반응과 중성 용액

인체의 중화 반응

1 식품에는 산성을 띠는 식품과 염기성을 띠는 식품이 있다. 산성을 띠는 식품으로 레몬, 식초, 사이다 등이 있고, 염기성을 띠는 식품으로 두부, 채소, 미역 등이 있다. 만약 우리가 산성을 띠는 식품만 먹거나 염기성을 띠는 식품만 먹는다면 우리 몸에는 어떤 변화가 생길까?

2 산성을 띠는 식품이나 염기성을 띠는 식품을 아무리 많이 **섭취해도** 우리의 몸은 산성이나 염기성으로 바뀌지 않는다. 왜냐하면 우리의 몸은 일정한 산도를 유지하는 기능이 있기 때문이다. 예를 들어 우리가 섭취한 음식물은 위에서 나오는 강한 산성 물질인 위산에 의해 산성을 띠게 되지만, **십이지장**에서 분비하는 염기성 물질인 탄산수소 나트륨과 **결합하면** 산성을 잃게 된다. 또한 혈액은 산성 물질과 염기성 물질을 모두 가지고 있어서 혈액 속에 외부 물질이 들어왔을 때 외부 물질과 결합해 혈액의 산도가 변하는 것을 막는다. 외부에서 들어온 산성 물질은 혈액의 염기성 물질과 결합하고, 외부에서 들어온 염기성 물질은 혈액의 산성 물질과 결합하여 그 성질이 사라지고 혈액의 산도가 유지되는 것이다.

3 이러한 우리 몸의 작용은 중화 반응의 **일종**이다. 중화 반응이란 산성 물질과 염기성 물질이 결합하면서 원래의 성질을 잃어버리는 것을 뜻한다. 산성 물질과 염기성 물질이 만나 중화 반응이 일어나면 소금물이 만들어진다. 예를 들어 강한 산성을 띠는 염산 용액과 강한 염기성을 띠는 수산화 나트륨 용액을 섞으면 염산과 수산화 나트륨의 원래 성질이 사라지고 인체에 **무해한** 소금물이 된다. 다만 중화 반응이 일어나기 위해서는 용액 속 산성과 염기성을 이루는 분자의 양이 같아야 한다. 산성 용액에 염기성 용액을 넣으면 산성이 점차 약해지다가 중성 용액이 되고, 계속 염기성 용액을 넣으면 중성 용액에서 염기성 용액으로 변하게 되기 때문이다.

4 인체는 산도 0~14 중에서 7.4 정도를 항상 유지하며 약한 염기성을 띤다. 이 균형 상태가 깨지면 여러 가지 질병이 발생하고 생명에 위험을 **초래하게** 된다. 인체의 중화 반응은 인체의 균형을 깨뜨리는 외부의 **자극**으로부터 생명을 지키는 방어 행위인 것이다.

* **섭취해도** 생물체가 양분 따위를 몸속에 빨아들여도.
* **십이지장** 위와 작은창자 사이에 있는 음식물의 소화를 돕는 기관.
* **결합하면** 둘 이상의 사물이나 사람이 서로 관계를 맺어 하나가 되면.
* **일종** 한 종류. 또는 한 가지.
* **무해한** 해로움이 없는.
* **초래하게** 일의 결과로서 어떤 현상이 생겨나게.
* **자극** 생체에 작용하여 반응을 일으키게 하는 일. 또는 그런 작용의 요인.

**내용
독해**

1 이 글에서 설명하는 것은 무엇인가요? (   )

① 혈액의 구성 성분
② 중성 용액의 종류와 특징
③ 건강에 좋은 음식과 나쁜 음식
④ 산성 물질과 염기성 물질의 차이점
⑤ 인체에서 일어나는 중화 반응의 원리

2 이 글의 내용과 일치하지 <u>않는</u> 것은 무엇인가요? (   )

① 우리 몸의 산도는 약 7.4로 약한 염기성을 띤다.
② 중화 반응이 일어나면 산성과 염기성을 모두 잃게 된다.
③ 우리가 섭취한 음식물은 십이지장에서 산성을 띠게 된다.
④ 혈액은 인체로 들어온 산성 물질과 염기성 물질을 모두 중화할 수 있다.
⑤ 산성 식품이나 염기성 식품을 섭취해도 우리 몸의 산도는 변하지 않는다.

3 이 글을 바탕으로 다음을 알맞게 추론한 것은 무엇인가요? (   )

> 염기성 물질인 비누로 머리를 감은 후 머리카락이 뻣뻣해서 식초를 몇 방울 떨어뜨린 물로 헹구었더니 머리카락이 부드러워졌다.

① 비누와 식초의 성분이 만나 중화 반응이 일어난 것이겠군.
② 식초를 몇 방울 떨어뜨린 물은 중성 용액으로 볼 수 있겠군.
③ 식초로 헹구어 비누의 염기성 성분을 더욱 강하게 한 것이겠군.
④ 머리카락의 성질은 처음에 산성이었다가 염기성으로 바뀌었겠군.
⑤ 머리카락이 부드러워진 것은 식초가 염기성 물질이기 때문이겠군.

4 다음 중 중화 반응의 사례가 <u>아닌</u> 것의 기호를 쓰세요.

> ㉮ 식초를 넣은 냉면을 먹고 사이다를 마신다.
> ㉯ 산성으로 변한 토양에 염기성을 띤 석회 가루나 칼륨이 포함된 비료를 뿌린다.
> ㉰ 세균의 산성 배설물로 인해 발생하는 충치를 막기 위해 염기성 성분이 포함된 치약을 사용한다.

(   )

문단 요약

5 다음 빈칸에 들어갈 알맞은 말을 쓰며 이 글의 내용을 정리하세요.

문단	중심 내용
1	산성을 띠는 식품이나 염기성을 띠는 식품의 종류
2	우리 몸의 (　　　　　　　　)가 일정하게 유지되는 원리
3	(　　　　　　) 반응의 개념과 중화 반응이 일어나는 조건
4	(　　　　　　)을 지키는 중화 반응

핵심 내용

6 빈칸에 들어갈 알맞은 말을 이 글에서 찾아 쓰세요.

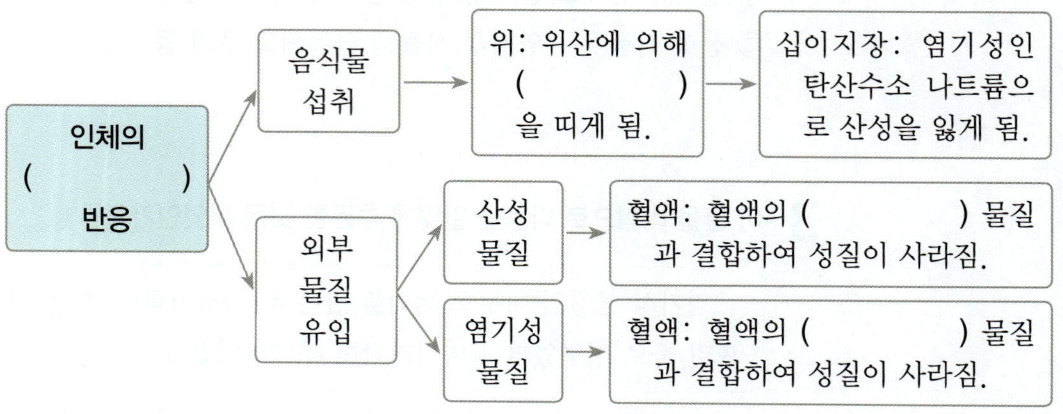

이해

7 다음 낱말의 뜻을 보기 에서 찾아 기호를 쓰세요.

보기
㉮ 해로움이 없음.
㉯ 한 종류. 또는 한 가지.
㉰ 일의 결과로서 어떤 현상을 생겨나게 함.
㉱ 생물체가 양분 따위를 몸속에 빨아들이는 일.
㉲ 둘 이상의 사물이나 사람이 서로 관계를 맺어 하나가 됨.

(1) 섭취 　(　　　)　　　　(2) 일종 　(　　　)
(3) 무해 　(　　　)　　　　(4) 결합 　(　　　)
(5) 초래 　(　　　)

비주얼 과학 교과서 개념

중화 반응과 중성 용액

산성과 염기성이 결합하여 원래의 성질을 잃고, 소금물(염화 나트륨 수용액)이 되는 것을 **중화 반응**이라고 해요. 산성을 띠는 염산 용액과 염기성을 띠는 수산화 나트륨 용액을 섞으면 소금물이 되는 것이 그 예라고 할 수 있어요. 산성을 띠는 염산 용액에는 수소 이온과 염소 이온이 들어 있고, 염기성을 띠는 수산화 나트륨 용액에는 수산화 이온과 나트륨 이온이 들어 있어요. 염산 용액과 수산화 나트륨 용액을 섞으면 수소 이온과 수산화 이온이 반응하여 **순수한** 물이 **생성되고**, 중화 반응에 참여하지 않은 염소 이온과 나트륨 이온은 구경꾼 이온으로 남아 소금물이 돼요. 비린내가 나는 생선에 레몬즙을 뿌리는 것도 염기성인 비린내를 산성인 레몬즙으로 중화시켜 냄새를 없애는 중화 반응이에요.

중화 반응의 결과로 나온 용액을 중성 용액이라고 해요. **중성 용액**은 산도가 7이며 산성도 아니고 염기성도 아닌 중간의 성질을 지닌 용액이에요.

핵심 용어 다음 빈칸에 들어갈 알맞은 용어를 쓰세요.

(1) ☐☐ **반응**

중(가운데 中) 화(화할 和): 가운데로 사이좋게 합침.
- 뜻: 산성과 염기성이 반응하여 원래의 성질을 잃고 소금물이 되는 일.

(2) ☐☐ **용액**

중(가운데 中) 성(성질 性): 중간의 성질.
- 뜻: 산도가 7이며 산성도 아니고 염기성도 아닌 중간의 성질을 지닌 용액.

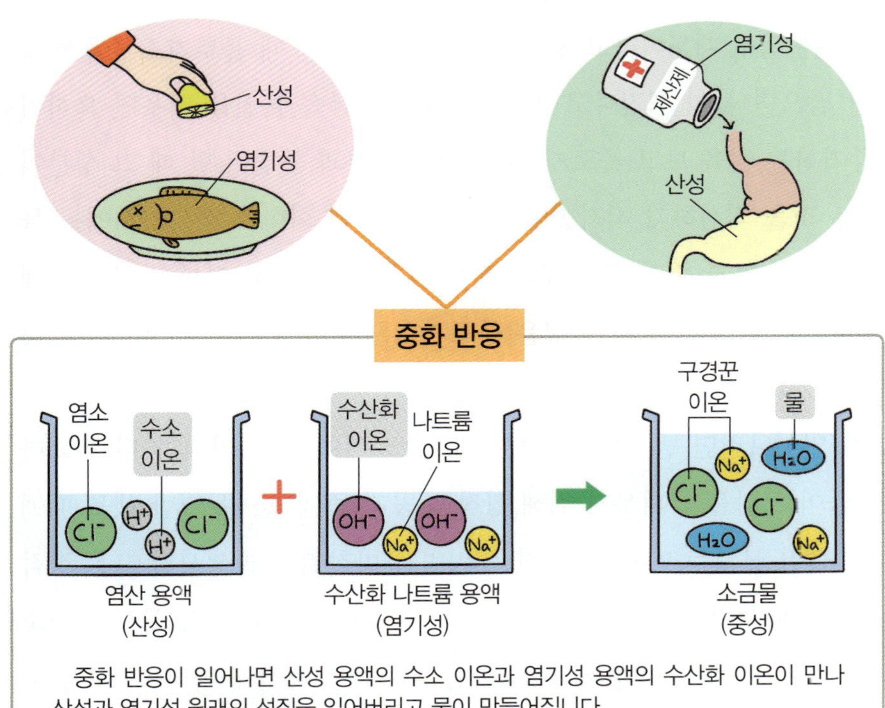

중화 반응이 일어나면 산성 용액의 수소 이온과 염기성 용액의 수산화 이온이 만나 산성과 염기성 원래의 성질을 잃어버리고 물이 만들어집니다.

- **순수한** 전혀 다른 것의 섞임이 없는.
- **생성되고** 사물이 생겨나고.

물질의 연소

불의 정체를 찾아서

지문 분석

글자 수   1052
950   1050   1150

1 그리스 신화에서 프로메테우스가 신의 불을 훔친 뒤에 인류의 **문명**은 시작되었다고 했을 정도로 인간의 삶에서 불은 중요하다. 인간은 불을 사용하면서 어둠을 몰아내고 추위를 **극복할** 수 있었으며, 사나운 야생 동물의 위협으로부터 자신들을 지키며 안전하게 살아가게 되었다. 그렇다면 불의 정체는 과연 무엇일까?

2 물질의 상태는 고체, 액체, 기체로 나눌 수 있다. 고체는 일정한 모양과 **부피**를 가지고 있고, 액체는 담는 그릇에 따라 모양이 바뀌지만 부피는 일정하다. 그리고 기체는 담는 그릇에 따라 모양도 부피도 모두 변한다. 불이 타는 모습을 관찰하면 모양과 부피가 변하는 것으로 보이지만, 기체처럼 담는 그릇에 따라 모양이 변하지도 않으며 일정한 공간을 차지하지도 못한다. 불은 고체, 액체, 기체 모두 해당하지 않는다. 불은 물질이 아닌 물질이 타면서 빛과 열을 **생성하는** 현상이기 때문이다. 이처럼 물질이 산소와 반응해 빛과 열을 내는 현상을 '연소'라고 한다.

3 중세의 과학자들은 물질이 불에 타는 까닭은 모든 물질에 들어 있는 '플로지스톤'이라는 성분 때문이라고 생각하였다. 물질이 탈 때 플로지스톤이 빠져나가 **재**만 남으면 불이 꺼진다고 믿었다. 그러나 금속 물질을 태우면 오히려 무게가 증가하는 것을 보고 플로지스톤이라는 성분과 물질이 탈 때 그 성분이 빠져나가는 것을 의심하기 시작했다. 이후 프랑스의 화학자 라부아지에는 물질이 탈 때 불이 공기 중의 한 성분과 결합한다고 생각하고 이를 밝히기 위해 연구했다. 그 결과 물질이 타는 것은 플로지스톤이 아닌 산소 때문이라는 것을 밝혀냈다.

4 연소가 일어나려면 탈 수 있는 물질과 산소 외에도 한 가지가 더 필요하다. 예를 들어 모닥불을 피우기 위해 **장작**을 공기 중에 놓아두기만 했을 때에는 장작에 불이 붙지는 않는다. 장작을 비벼서 **마찰열**을 발생시키거나, 장작이 탈 수 있을 때까지 온도를 높여야만 장작에 불이 붙는다. 이때 물질이 연소하기 시작하는 온도를 발화점이라고 하며, 발화점은 물질에 따라 다르다. 따라서 불을 피우려면 불에 탈 물질, 산소, 그리고 발화점 이상의 온도 이렇게 세 가지 연소의 조건을 갖추어야 한다.

- **문명**(文 글월 문, 明 밝을 명) 사람의 사회적·기술적·정신적 생활이 발전한 상태.
- **극복할** 나쁜 조건이나 고생 따위를 이겨 냄.
- **부피** 넓이와 높이를 가진 물건이 공간에서 차지하는 크기.
- **생성하는** 사물이 생겨나는. 또는 사물이 생겨 이루어지게 하는.
- **재** 불에 타고 남는 가루 모양의 물질.
- **장작** 통나무를 길쭉하게 잘라서 쪼갠 땔감이 되는 나무.
- **마찰열** 서로 맞닿아 있는 두 물체가 비벼질 때 생기는 열.

내용 독해

1 이 글에서 가장 중심이 되는 말은 무엇인가요? (   )

① 문명
② 연소
③ 플로지스톤
④ 물질의 상태
⑤ 그리스 신화

내용 이해

2 중세의 과학자들에 대한 설명으로 알맞은 것은 무엇인가요? (   )

① 플로지스톤이 없는 물질만 불에 탄다고 생각하였다.
② 신화의 영향을 받아 과학적인 사고를 하지 못하였다.
③ 라부아지에의 영향을 받아 플로지스톤 이론을 주장하였다.
④ 플로지스톤이 모두 빠져나가면 불이 꺼진다고 생각하였다.
⑤ 물질이 불에 타고 남은 재를 플로지스톤이라고 생각하였다.

추론

3 이 글을 통해 답을 알 수 있는 질문이 아닌 것은 무엇인가요? (   )

① 물질이 탈 때 생성되는 것은 무엇인가요?
② 금속이 탈 때 무게의 변화는 어떻게 되나요?
③ 플로지스톤을 최초로 발견한 사람은 누구인가요?
④ 라부아지에는 연소의 조건 중 무엇을 찾아냈나요?
⑤ 불을 사용하면서 인간은 어떤 어려움을 극복했나요?

적용

4 다음 빈칸에 들어갈 말을 이 글에서 찾아 세 글자로 쓰세요.

> 검은색 종이 위에 돋보기를 대고 햇빛을 모아 비추면 검은 종이에서 연기가 피어 오른다. 이는 돋보기를 통해 빛을 모아 검은색 종이에 열을 가했기 때문이다. 빛을 받은 검은색 종이는 온도가 점점 높아지다가 [   ]에 다다르면 불이 붙게 된다.

(   )

구조 분석

5 다음 질문의 답을 찾을 수 있는 문단을 찾아 선으로 이으세요.

연소의 개념은 무엇인가요?	**1** 문단
연소가 일어나는 조건은 무엇인가요?	**2** 문단
불이 인간의 삶에 미친 영향은 무엇인가요?	**3** 문단
중세의 과학자들은 물질이 타는 것을 무엇 때문이라고 생각했나요?	**4** 문단

6 빈칸에 들어갈 알맞은 말을 이 글에서 찾아 쓰세요.

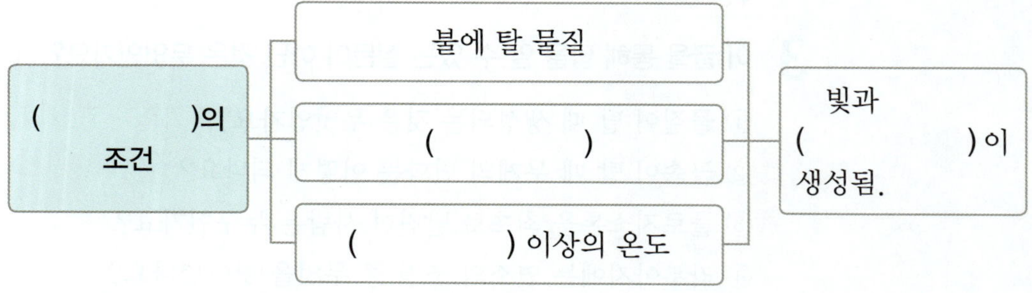

어휘

7 다음 문장에 들어갈 알맞은 낱말에 ◯표 하세요.

⑴ 고대 인류의 (수명, 문명)은 강가에서 시작되었다.

⑵ 이 상자들은 차에 싣기에 (부피, 수효)가 너무 크다.

⑶ 양 손바닥을 빠르게 비비면 (균열, 마찰열)이 발생한다.

⑷ 그는 신체적 어려움을 (극복, 굴복)하고 과학자가 되었다.

⑸ 바람으로 전기 에너지를 (생성, 구성)하면 환경 파괴를 막을 수 있다.

물질의 연소

물질이 탈 때에는 빛과 열이 발생해서 주변이 밝아지고 온도가 높아져요. 이처럼 물질이 산소와 반응하여 빛과 열을 내는 현상을 **연소**라고 해요.

연소가 일어나기 위해서는 불에 탈 물질과 산소가 있어야 하고, 발화점 이상의 온도가 되어야 해요. **발화점**은 물질이 **가열되어** 타기 시작하는 온도를 뜻해요. 발화점은 물질마다 다르기 때문에 발화점이 낮은 물질은 낮은 온도에서도 쉽게 불이 붙고, 발화점이 높은 물질은 쉽게 불이 붙지 않아요.

연소가 일어나면 연소 전에는 없던 다른 물질이 생성돼요. 초나 알코올을 연소하며 물과 이산화 탄소가 발생해요. 그리고 철을 연소하면 철과 산소가 결합해 산화 철로 변해요. 이처럼 물질을 구성하는 **원소**에 따라 연소 후에 생성되는 물질이 달라져요.

• 연소의 조건

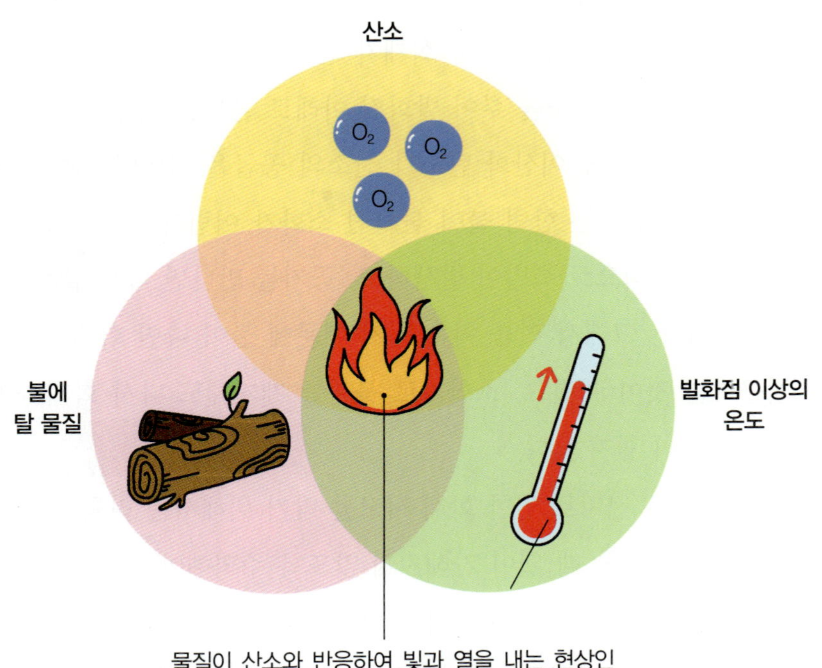

물질이 산소와 반응하여 빛과 열을 내는 현상인 연소는 불에 탈 물질과 산소가 있고, 발화점 이상의 온도일 때 일어납니다.

● **가열되어** 어떤 물질에 열이 가해져.
● **원소** 모든 물질을 구성하는 기본적 요소.

 다음 빈칸에 들어갈 알맞은 용어를 쓰세요.

(1) ☐ ☐

연(불탈 燃) 소(불태울 燒): 무언가가 불타는 것.
• 뜻: 물질이 산소와 반응하여 빛과 열을 내는 현상.

(2) ☐ ☐ ☐

발(일어날 發) 화(불 火) 점(점 點): 불이 일어나는 지점.
• 뜻: 물질이 가열되어 타기 시작하는 온도.

물질의 소화

리튬 이온 전지의 위험성

지문 분석

글자 수 1055

950 1050 1150

1 리튬 이온 **전지**는 금속을 이루는 물질 중 하나인 리튬을 이용하여 만든 전지이다. 리튬 이온 전지는 전기 에너지를 **공급한다는** 점에서 우리가 일반적으로 사용하는 1차 전지인 건전지와 같다. 그러나 충전하여 반복적으로 사용할 수 있다는 점이 건전지와 다르므로 2차 전지라고 부른다. 리튬 이온 전지는 2차 전지 중에서도 가볍고 충전이 빠르며, 담을 수 있는 전기 에너지의 양이 5 많아서 휴대 전화, 컴퓨터, 전기 자동차 등에 사용되고 있다.

2 그런데 리튬 이온 전지가 널리 사용되면서 화재 사고가 ㉠자주 발생하고 있다. 이러한 사고는 리튬 이온 전지가 온도 변화에 **민감하기** 때문에 발생한다. 리튬 이온 전지는 더운 날씨나 충전할 때 발생하는 열 때문에 온도가 올라가면 내부의 압력이 커져 풍선처럼 부풀어 오른다. 이 과정에서 두 **전극** 사이 10 의 막이 녹게 되면 분리되어 있어야 할 전극이 만나 불이 붙는다. 여기에 리튬 이온 전지 속의 전기 에너지를 옮겨 주는 용액이 섞여 순식간에 온도가 1000도 이상으로 올라가 폭발하며 화재가 일어난다.

3 불을 끄려면 불이 **확산되지** 않도록 화재가 난 곳 주변에 불이 붙기 쉬운 물질을 제거해야 한다. 또한 물을 부어 발화점 아래로 온도를 낮추거나, 소화 15 기를 화재가 난 곳에 분사해 이산화 탄소가 산소의 공급을 막아야 불이 꺼진다. 그런데 리튬 이온 전지는 한번 불이 붙으면 **소화**가 어렵다. 리튬 이온 전지에 불이 붙으면 연속적으로 폭발이 발생하고, 공기를 만나면 다시 **발화하는** 특성이 있기 때문이다. 그래서 리튬 이온 전지 때문에 불이 나면 화재를 **진압하기** 위해 접근하는 것이 어렵고, 소화기로 불씨를 제거해도 다시 화재가 발 20 생해서 불을 끄는 것이 쉽지 않다.

4 그러므로 리튬 이온 전지로 인한 화재 사고를 막기 위해서는 리튬 이온 전지가 들어간 물건을 사용할 때 열이 가해지지 않도록 주의해야 한다. 우선 리튬 이온 전지가 완전히 충전되면 충전기를 바로 분리하여 리튬 이온 전지가 지나치게 뜨거워지지 않도록 해야 한다. 그리고 리튬 이온 전지를 고온이나 25 저온의 장소에 보관해서는 안 되며, 리튬 이온 전지가 외부의 충격으로 **손상되지** 않도록 주의해야 한다.

- **전지** 물질이 변화할 때 나오는 에너지를 전기 에너지로 바꾸는 장치.
- **공급한다는** 요구나 필요에 따라 물품 따위를 준다는.
- **민감하기** 자극에 빠르게 반응을 보이거나 쉽게 영향을 받는 데가 있기.
- **전극** 전기에서 전기가 드나드는 양쪽 끝.
- **확산되지** 흩어져 널리 퍼지게 되지.
- **소화**(消 사라질 소, 火 불 화) 연소가 일어날 때 한 가지 이상의 연소 조건을 없애 불을 끄는 것.
- **발화하는** 불이 일어나거나 타기 시작하는.
- **진압하기** 강한 힘으로 억눌러 진정시키기.
- **손상되지** 물체가 깨지거나 상하게 되지.

내용 독해

목적

1 글쓴이가 이 글을 쓴 목적은 무엇인가요? (　　　)

① 리튬 이온 전지의 쓰임을 알리기 위해

② 리튬 이온 전지의 편리성을 알리기 위해

③ 리튬 이온 전지의 구조를 소개하기 위해

④ 리튬 이온 전지와 건전지의 차이점을 비교하기 위해

⑤ 리튬 이온 전지의 위험성과 사용할 때의 주의 사항을 알리기 위해

내용 이해

2 리튬 이온 전지에 대한 설명으로 알맞지 <u>않은</u> 것은 무엇인가요? (　　　)

① 너무 오래 충전하면 폭발할 수 있다.

② 화재가 발생할 경우 진압이 매우 어렵다.

③ 고온의 상태보다 저온의 상태가 안전하다.

④ 다른 2차 전지보다 많은 에너지를 저장할 수 있다.

⑤ 1차 전지와 달리 여러 번 충전해서 사용할 수 있다.

어휘·어법

3 ㉠과 바꾸어 쓸 수 <u>없는</u> 낱말은 무엇인가요? (　　　)

① 흔히　　　　　② 으레　　　　　③ 곧잘

④ 잦게　　　　　⑤ 빈번히

추론

4 이 글을 통해 답을 알 수 있는 질문은 무엇인가요? (　　　)

① 리튬 이온 전지 외에 2차 전지에는 무엇이 있나요?

② 불이 났을 때 소화기를 사용하는 방법은 무엇인가요?

③ 리튬 이온 전지가 폭발할 때의 힘은 어느 정도인가요?

④ 금속 물질이 불에 탈 때에는 무엇을 이용해서 불을 꺼야 하나요?

⑤ 날씨가 더울 때 리튬 이온 전지가 부풀어 오르는 까닭은 무엇인가요?

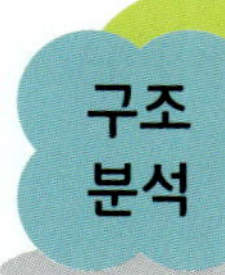

5 다음 빈칸에 들어갈 알맞은 말을 쓰며 이 글의 내용을 정리하세요.

문단	중심 내용
1	(　　　　　　　) 이온 전지의 특성
2	리튬 이온 전지가 일으키는 (　　　　　　　)의 발생 과정
3	(　　　　　　　)가 어려운 리튬 이온 전지로 인한 화재
4	리튬 이온 전지를 사용할 때 주의할 점

6 빈칸에 들어갈 알맞은 말을 이 글에서 찾아 쓰세요.

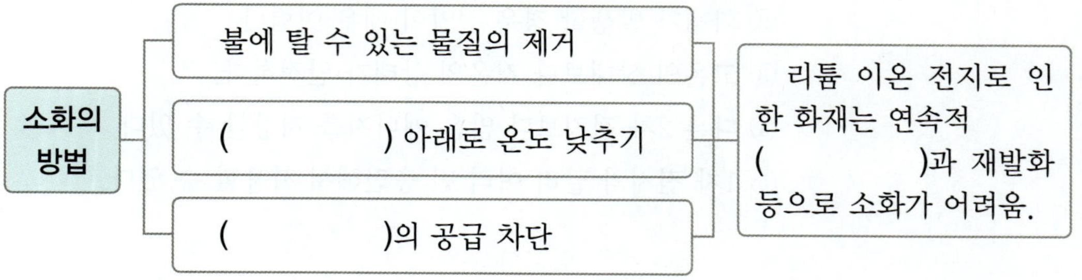

7 다음 낱말이 들어갈 문장을 찾아 선으로 알맞게 이으세요.

(1) 확산　•　　　•　㉮　전염병이 전국으로 (　　　)되고 있다.

(2) 공급　•　　　•　㉯　화재 (　　　)은 이틀 동안이나 계속되었다.

(3) 민감　•　　　•　㉰　우리 마을은 전봇대를 통해 전기가 (　　　)된다.

(4) 손상　•　　　•　㉱　도자기를 떨어뜨려 아래쪽에 약간의 (　　　)이 생겼다.

(5) 진압　•　　　•　㉲　물고기는 물의 온도 변화에 (　　　)하므로 조심해야 한다.

물질의 소화

불이 나는 재앙이나 불로 인한 **재앙**을 **화재**라고 해요. 화재가 발생하면 "불이야!"라고 소리를 쳐서 불이 난 사실을 주변 사람들에게 빠르게 알려야 해요. 그리고 젖은 수건으로 코와 입을 막고 건물 밖으로 대피해야 해요. 대피할 때는 엘리베이터를 이용하면 위험하므로 반드시 계단을 통해 건물을 빠져나가야 해요.

불을 끄는 기구를 소화기라고 하는데, 여기에서 **소화**란 연소가 일어날 때 연소가 일어나는 조건을 없애 불을 끄는 것을 뜻해요. 소화의 방법으로는 불에 탈 물질을 없애는 방법과 산소의 공급을 막는 방법, 그리고 발화점보다 온도를 낮추는 방법이 있어요. 예를 들어 촛불에 바람을 부는 것은 초의 **심지**와 불 사이의 타는 물질인 기체를 순간적으로 제거하여 불을 끄는 방법이에요. 초의 심지를 자르는 것도 탈 물질을 없애는 방법 중 하나이지요. 또 불이 붙은 초를 유리병으로 덮어 산소가 공급되는 것을 차단하거나, 촛불에 물을 뿌려 온도를 낮춰 불을 끌 수 있어요. 소화의 방법 중 한 가지 방법만 사용해도 불을 끌 수 있어요.

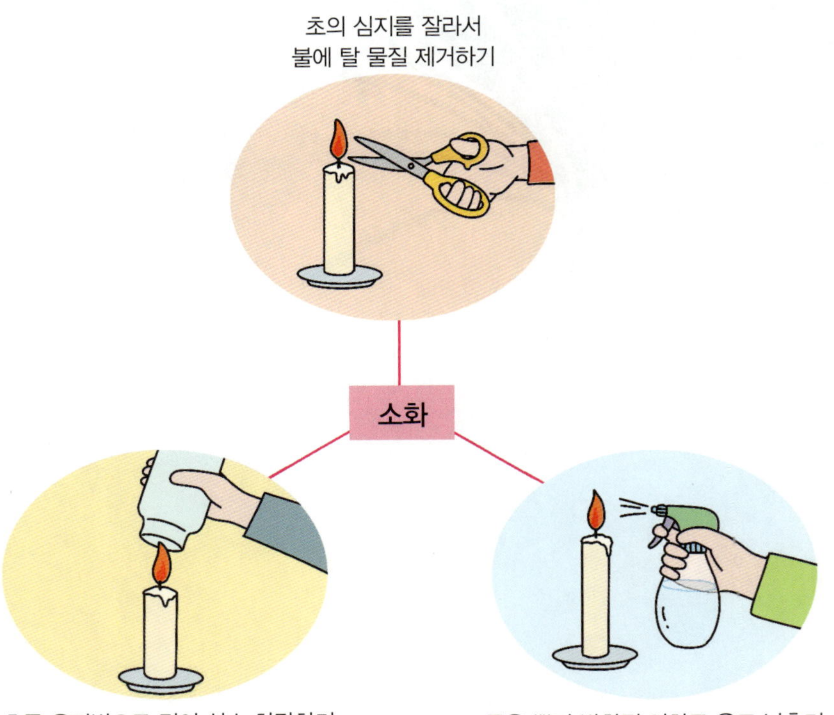

핵심 용어 다음 빈칸에 들어갈 알맞은 용어를 쓰세요.

(1) 

화(불 火) 재(재앙 災): 불로 인한 재앙.
- 뜻: 불이 나는 재앙. 또는 불로 인한 재앙.

(2) 

소(없앨 消) 화(불 火): 불을 없애는 것.
- 뜻: 연소가 일어날 때 연소가 일어나는 조건을 없애 불을 끄는 것.

생명

식물 세포의 특징

생명 **01**

지문 분석

글자 수 1029
950 1050 1150

1 식물과 동물은 모두 주변 환경을 이용해 영양분을 얻어 성장하고, **번식**을 통해 **종족**을 ㉠이어 나간다. 그러나 식물과 동물이 살아가는 방식에는 차이가 있다. 식물과 동물의 차이는 생명체를 이루는 가장 기본적인 단위인 세포에서부터 나타난다. 그렇다면 식물 세포는 동물 세포와 어떻게 다를까?

2 첫째, 식물 세포에는 동물 세포와 달리 엽록체가 있다. 엽록체는 주로 식물의 잎에 있으며 식물 세포의 **에너지원**을 만드는 역할을 한다. 동물은 식물이나 다른 동물을 섭취하여 외부에서 영양분을 얻지만, 식물은 움직일 수 없으므로 필요한 영양분을 스스로 **조달해야** 하기 때문이다. 엽록체는 태양의 빛에너지로 물과 이산화 탄소를 포도당과 산소로 바꾸는 광합성을 한다. 엽록체에서 광합성으로 만들어진 포도당은 식물이 성장하는 데 필요한 영양분이 된다.

3 둘째, 식물 세포는 세포벽으로 둘러싸여 있다. 식물 세포와 동물 세포는 모두 핵과 **미토콘드리아**, 세포막을 가지고 있으며, 세포의 가장 중요한 기관인 핵을 보호하기 위해 세포막이 핵을 감싸고 있다. 특히 식물 세포는 세포막의 바깥쪽에 단단한 세포벽이 있어서 세포에 어떤 물질이 **유입되더라도** 세포가 터지지 않게 하고 식물의 모양을 유지한다. 세포벽이 식물 세포에만 있는 까닭은 생존에 적합한 환경을 찾아 이동하는 동물과 달리 식물은 주어진 환경의 변화에 빨리 적응해야 하기 때문이다.

4 마지막으로 식물 세포에는 액포가 있다. 주로 **성숙한** 식물 세포에 발달한 액포는 일부 동물 세포에도 존재한다. 어린 식물의 세포에는 작은 액포들이 많은데, 세포가 성숙할수록 액포들이 합쳐져서 액포의 크기가 점점 커진다. 액포의 모양은 막에 싸인 주머니 모양이며 당, 색소, 산, **염류** 등의 여러 가지 물질과 물이 함께 용액의 형태로 들어 있다. 식물 세포의 액포에는 영양 물질뿐만 아니라 **노폐물**도 포함되어 있다. 식물 세포의 액포는 세포의 성장에 중요한 역할을 하며 세포벽의 모양이 유지되도록 세포 안에 압력을 주는 역할을 한다. 그러나 동물 세포의 액포는 크기가 작고 여러 개이며, 단순히 물질을 저장하는 역할을 한다.

- **번식** 붙고 늘어서 많이 퍼짐.
- **종족** 같은 종류의 생물 전체를 이르는 말.
- **에너지원** 에너지의 근원.
- **조달해야** 자금이나 물자 따위를 대어 주어야.
- **미토콘드리아** 세포의 호흡을 담당하며 에너지를 생산하는 기관.
- **유입되더라도** 액체나 기체, 열 따위가 어떤 곳으로 흘러들게 되더라도.
- **성숙한** 생물의 발육이 완전히 이루어진.
- **염류** 염분이 있는 여러 가지 물질의 종류.
- **노폐물** 생물의 몸에 들어온 여러 물질 중 필요한 것을 흡수하여 쓰고 남은 찌꺼기.

전개 방식

1 이 글의 설명 방법으로 알맞은 것은 무엇인가요? (   )

① 동물 세포의 역할을 예를 들어 설명하였다.
② 식물 세포가 번식하는 방법을 예를 들어 설명하였다.
③ 식물의 종류마다 세포의 모양을 분류하여 설명하였다.
④ 식물 세포의 특징을 동물 세포와 비교하여 설명하였다.
⑤ 식물 세포와 동물 세포를 나누는 새로운 기준을 제안하였다.

내용 이해

2 이 글의 내용과 일치하는 것은 무엇인가요? (   )

① 동물 세포와 식물 세포는 차이가 없다.
② 식물은 영양분이 없어도 성장할 수 있다.
③ 엽록체는 광합성을 통해 식물 세포의 에너지원을 만든다.
④ 동물 세포의 액포는 세포가 성숙할수록 크기가 점점 커진다.
⑤ 식물 세포의 세포벽은 생존에 적합한 환경을 찾는 역할을 한다.

어휘·어법

3 ㉠과 바꾸어 쓸 수 있는 낱말은 무엇인가요? (   )

① 연결한다   ② 멸시한다   ③ 보전한다
④ 소멸한다   ⑤ 결속한다

추론

4 이 글에 대한 반응으로 알맞은 것은 무엇인가요? (   )

① 아인: 광합성을 하지 않는 식물도 있겠군.
② 미소: 어린 식물의 세포는 액포를 가지고 있지 않겠군.
③ 민호: 동물이 성장할수록 세포 내 액포의 수가 늘어나겠군.
④ 나라: 식물이 모양을 유지할 수 있는 것은 세포 내의 엽록체 때문이겠군.
⑤ 용진: 핵과 미토콘드리아가 있다고 해서 모두 식물 세포라고 할 수 없겠군.

구조 분석

5 다음 빈칸에 들어갈 알맞은 말을 쓰며 이 글의 내용을 정리하세요.

문단	중심 내용
1	세포를 통해 나타나는 식물과 동물의 차이점
2	식물 세포에서 (　　　　　　　)의 역할
3	식물 세포에서 (　　　　　　　)의 역할
4	식물 세포에서 (　　　　　　　)의 특징과 역할

6 빈칸에 들어갈 알맞은 말을 이 글에서 찾아 쓰세요.

(　　　　) 세포	• 엽록체를 가지고 있어 스스로 영양분을 만듦. • (　　　　　　)과 미토콘드리아, 세포막, 세포벽을 가지고 있음. • 액포는 식물의 (　　　　)에 중요한 역할을 함.
(　　　　) 세포	• 핵과 미토콘드리아, 세포막을 가지고 있음. • 일부 동물 세포에 액포가 있으나 단순히 물질을 (　　　　) 하는 역할을 함.

어휘

7 다음 낱말의 뜻을 찾아 선으로 알맞게 이으세요.

(1) 유입 ・　　　　　　・ ㉮ 붇고 늘어서 많이 퍼짐.

(2) 번식 ・　　　　　　・ ㉯ 자금이나 물자 따위를 대어 줌.

(3) 성숙 ・　　　　　　・ ㉰ 생물의 발육이 완전히 이루어짐.

(4) 종족 ・　　　　　　・ ㉱ 같은 종류의 생물 전체를 이르는 말.

(5) 조달 ・　　　　　　・ ㉲ 액체나 기체, 열 따위가 어떤 곳으로 흘러듦.

생물을 이루고 있는 세포

세포는 생물체를 이루고 있는 기본 단위로, 모든 생물은 세포로 이루어져 있어요. 한 생물 안에서도 세포는 종류에 따라 크기와 모양이 다양해요.

식물 세포와 동물 세포에는 공통적으로 핵과 세포막, 미토콘드리아가 있어요. 세포에서 핵은 **유전 정보**가 들어 있고, 세포의 모든 생명 활동을 조절하는 부분이에요. 핵은 세포마다 1개씩 가지고 있으며 세포막으로 둘러싸여 보호를 받아요. 세포막은 세포를 둘러싸는 얇은 막으로 핵을 보호하고, 세포에 드나드는 물질의 출입을 조절해요. 미토콘드리아는 세포의 호흡에 **관여하고**, 세포 내에 필요한 에너지원을 만들어 공급하지요.

식물 세포에는 세포벽과 엽록체도 있어요. 세포벽은 세포막의 바깥을 둘러싸고 있으며 식물 세포를 보호하고 식물의 모양을 유지하는 역할을 해요. 엽록체는 식물의 성장에 필요한 영양분을 만드는 역할을 하지요.

핵심 용어 다음 빈칸에 들어갈 알맞은 용어를 쓰세요.

(1) ☐ ☐

세(가늘 細) 포(세포 胞): 작고 가는 세포.
- 뜻: 생물체를 이루고 있는 기본 단위.

(2) ☐

핵(씨 核): 과일의 씨와 같은 사물의 중심.
- 뜻: 세포에서 유전 정보가 들어 있고, 세포의 모든 생명 활동을 조절하는 부분.

• 식물 세포와 동물 세포

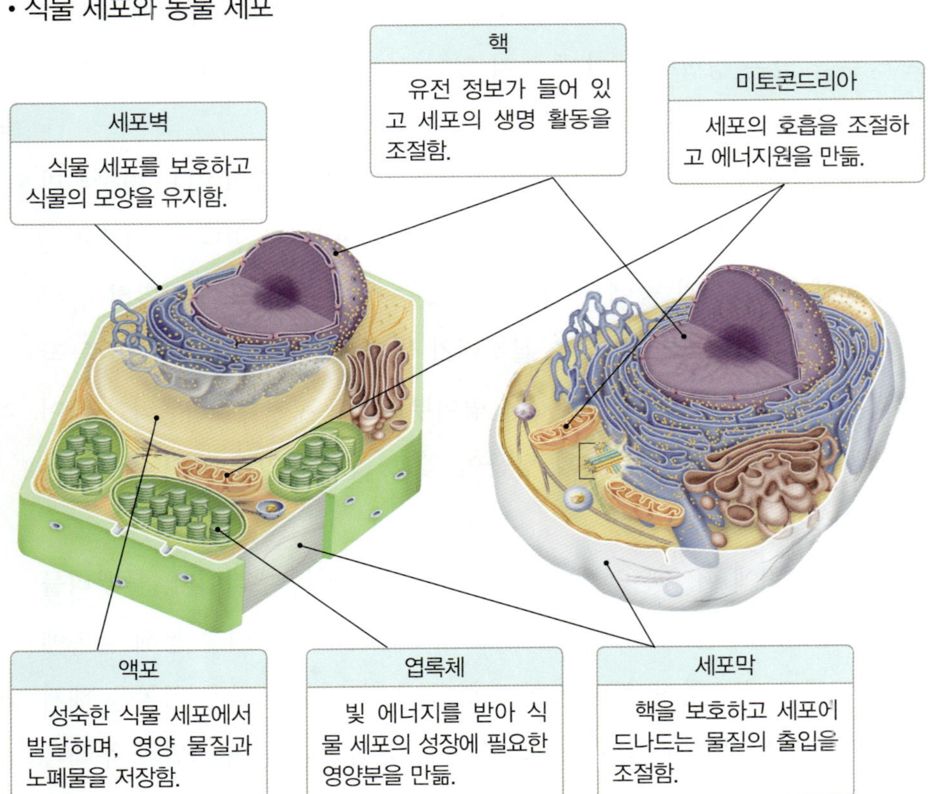

● **유전 정보** 생물의 신체적 · 정신적 특징이 다음 세대에 전해지기 위해 필요한 모든 정보.
● **관여하고** 어떤 일에 관계하여 참여하고.

식물의 뿌리

뿌리의 종류

지문 분석

글자 수 1049
950 1050 1150

1 **열대** 지방이나 **아열대** 지방의 강 **하구**나 바닷가에는 맹그로브라는 나무가 자란다. 보통의 나무는 뿌리를 흙 속으로 뻗어 식물에 수분과 양분을 공급하지만, 맹그로브는 땅속에도 뿌리를 뻗고 뿌리 일부는 물 밖으로 나와 있다. 이처럼 특수한 형태와 기능을 가진 뿌리에는 공기뿌리, 저장뿌리, 물뿌리 등이 있다.

2 공기뿌리는 뿌리가 공기 중으로 노출된 뿌리이다. 공기뿌리는 기근이라고 불리기도 하며 기능에 따라 호흡뿌리, **기생**뿌리 등으로 나누어진다. 호흡뿌리는 공기 중으로 뻗어 나간 뿌리가 호흡 작용을 하는 뿌리이다. 식물은 뿌리를 통해 호흡에 필요한 산소를 흡수하는데, 호흡뿌리는 **통풍**이 잘되는 구조로 되어 있어 산소가 부족한 곳에서도 식물이 잘 자랄 수 있게 한다. 호흡뿌리는 맹그로브처럼 진흙 또는 물속에서 자라는 식물이나 낙우송에서 찾아볼 수 있다. 기생뿌리는 다른 식물의 줄기나 뿌리에 붙어 다른 식물의 양분을 흡수하는 뿌리이다. 기생뿌리를 가진 식물은 다른 식물로부터 양분을 얻기 때문에 일부는 스스로 양분을 얻는 광합성을 아예 하지 않기도 한다. 겨우살이나 새삼 등이 기생뿌리를 가진 식물에 해당한다.

3 저장뿌리는 양분을 저장하기 위해 비정상적으로 커진 뿌리이다. 저장뿌리는 땅속에서 묻혀 뿌리가 굵게 발달하며 **식용**으로 쓰이기도 한다. 저장뿌리는 자라는 방법에 따라 뿌리 중에서 가운데에 있는 굵은 원뿌리가 발달하여 된 것과, 원뿌리에서 갈라져 나온 작은 곁뿌리가 커져서 된 것이 있다. 이 중 작은 곁뿌리가 커져서 저장뿌리가 된 것을 덩이뿌리라고 부른다. 원뿌리가 굵어져서 저장뿌리가 된 식물에는 무와 당근이 있고, 덩이뿌리를 가진 식물에는 고구마와 달리아가 있다.

4 물뿌리는 물 위에 떠 있는 식물이 물속에 내리고 있는 뿌리이다. 물뿌리를 가진 식물들은 광합성을 통해 양분을 얻으며 **보조적**으로 뿌리를 통해 물속에 녹아 있는 양분을 흡수하여 성장한다. 또한 물뿌리는 **추**와 같은 역할을 해서 식물이 물결이나 바람에 뒤집히지 않도록 균형을 잡는다. 개구리밥과 부레옥잠, 마름 등이 물뿌리를 가진 식물이다. 이처럼 식물의 뿌리는 ㉠생존을 위해 살아가는 환경에 따라 다르게 발달한다.

- **열대** 지구 위에서 적도 부근이고 연평균 기온이 섭씨 20도 이상인 매우 더운 지역.
- **아열대** 열대와 온대의 중간에 있는 비교적 따뜻한 지대.
- **하구** 강물이 바다로 흘러 들어가는 부분.
- **기생** 서로 다른 종류의 생물이 함께 생활하며, 한쪽이 이익을 얻고 다른 쪽이 해를 입고 있는 일. 또는 그런 생활 형태.
- **통풍** 바람이 통함. 또는 그렇게 함.
- **식용** 먹을 것으로 씀. 또는 그런 물건.
- **보조적** 주된 것에 덧붙거나 도움을 주는 것.
- **추** 저울대 한쪽에 걸거나 저울판에 올려놓는, 일정한 무게의 쇠.

내용 독해

핵심어

1 이 글에서 가장 중심이 되는 말은 무엇인지 두 글자로 쓰세요.

(   )

내용 이해

2 이 글을 통해 알 수 있는 내용이 <u>아닌</u> 것은 무엇인가요? (   )

① 물뿌리의 역할
② 공기뿌리의 종류
③ 기생뿌리의 종류
④ 덩이뿌리를 가진 식물
⑤ 공기뿌리의 다른 이름

추론

3 이 글에 대한 반응으로 알맞지 <u>않은</u> 것은 무엇인가요? (   )

① 현수: 개구리밥은 광합성을 아예 하지 않겠군.
② 미진: 기생뿌리를 가진 식물은 다른 식물에 해를 끼치는군.
③ 로아: 물뿌리는 양분뿐만 아니라 물을 흡수하는 역할도 하겠군.
④ 지희: 양분을 충분히 저장하지 못한 저장뿌리는 굵게 발달하지 않겠군.
⑤ 준혁: 맹그로브가 호흡뿌리를 가진 까닭은 물속에 산소가 부족하기 때문이겠군.

적용

4 다음 중 ㉠의 사례로 볼 수 <u>없는</u> 것은 무엇인가요? (   )

① 사막에 사는 선인장은 두꺼운 줄기에 수분을 저장한다.
② 북극에 사는 북극여우는 빽빽한 털로 체온을 유지한다.
③ 혼자 이동하기 어려운 말미잘은 소라게의 등에 붙어 산다.
④ 자벌레는 몸 색깔과 모양을 나뭇가지처럼 만들어 위장한다.
⑤ 토끼는 몸 안에 멜라닌 색소가 부족하여 눈이 빨갛게 보인다.

구조 분석

문단 요약

5 다음은 어느 문단의 중심 내용인지 문단의 번호를 쓰세요.

다양한 뿌리의 종류	( )문단
물뿌리의 개념과 역할	( )문단
공기뿌리의 개념과 종류	( )문단
저장뿌리의 개념과 종류	( )문단

핵심 내용

6 빈칸에 들어갈 알맞은 말을 이 글에서 찾아 쓰세요.

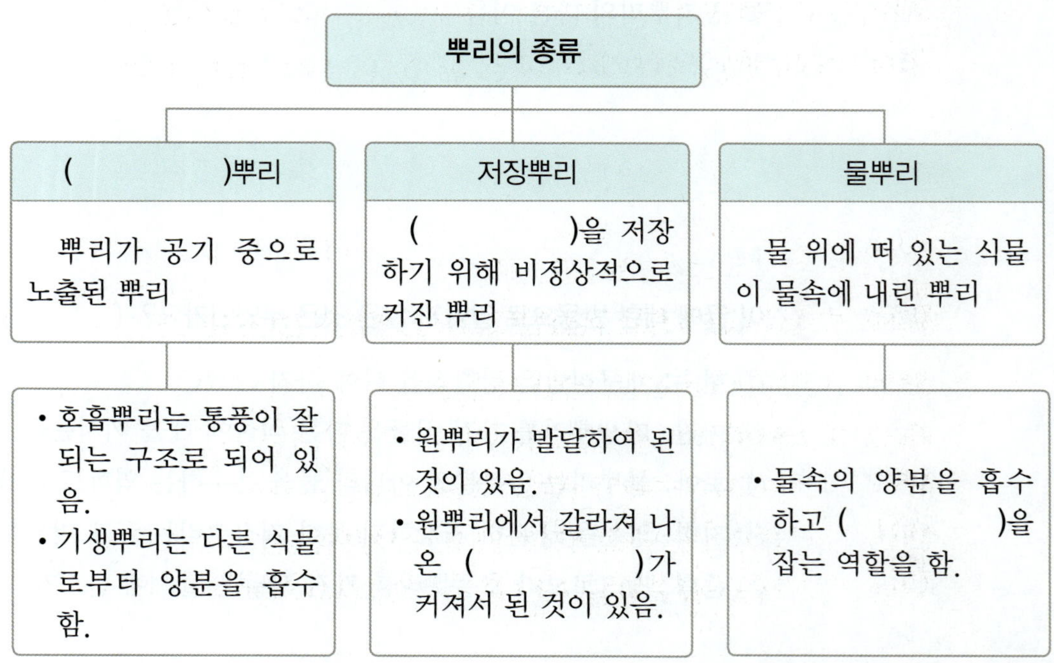

어휘

적용

7 다음 문장에 들어갈 알맞은 낱말에 ◯표 하세요.

⑴ 세균은 생물의 몸에 (공생, 기생)하여 산다.

⑵ (통풍, 통과)을/를 위해 부엌에 큰 창을 냈다.

⑶ 강가에 있던 쓰레기가 강 (하구, 상류)로 떠내려갔다.

⑷ 영양제는 건강을 유지하는 데 (보조적, 의존적) 역할을 한다.

⑸ 양의 털은 옷을 만드는 데 쓰이고, 양의 고기는 (식용, 관상용)으로 쓰인다.

식물의 뿌리

식물의 뿌리는 물관과 체관, 표피, 뿌리털, 생장점, 뿌리골무로 이루어져 있어요. 물관은 뿌리에서 흡수한 물이 이동하는 통로이고 체관은 잎에서 만든 양분이 이동하는 통로예요. 표피는 뿌리 가장 바깥쪽에 있는 것으로 뿌리의 내부를 보호하는 역할을 해요. 뿌리털은 뿌리가 흙에 닿는 **표면적**을 넓혀 물과 양분을 효과적으로 흡수하기 위한 기관이에요. 생장점은 뿌리가 자랄 수 있게 세포 **분열**이 일어나는 곳이고, 뿌리골무는 죽은 세포로 이루어져 생장점을 보호하는 곳이에요.

식물의 뿌리는 지지 작용, 흡수 작용, 저장 작용을 해요. 뿌리가 땅속 깊이 뻗어 있어서 식물이 쓰러지지 않게 하는 것을 **지지 작용**이라고 하고, 식물의 성장에 필요한 물과 양분을 빨아들이는 것을 **흡수 작용**이라고 해요. 또한 일부 식물들은 잎에서 만든 양분을 뿌리에 저장하는데 이를 **저장 작용**이라고 해요. 저장 작용을 하는 식물의 뿌리는 굵고, 음식이나 약으로 사용하기도 해요.

핵심 용어 다음 빈칸에 들어갈 알맞은 용어를 쓰세요.

(1) ☐☐ **작용**

지(지탱할 支) 지(버틸 持): 쓰러지지 않게 지탱하며 버티는 것.
• 뜻: 뿌리가 땅속 깊이 뿌리를 내려서 식물이 쓰러지지 않게 하는 작용.

(2) ☐☐ **작용**

흡(마실 吸) 수(거둘 收): 마셔서 거둠.
• 뜻: 뿌리가 땅속의 물과 양분을 빨아들이는 작용.

(3) ☐☐ **작용**

저(쌓을 貯) 장(감출 藏): 쌓아서 감춤.
• 뜻: 뿌리가 양분을 저장하는 작용.

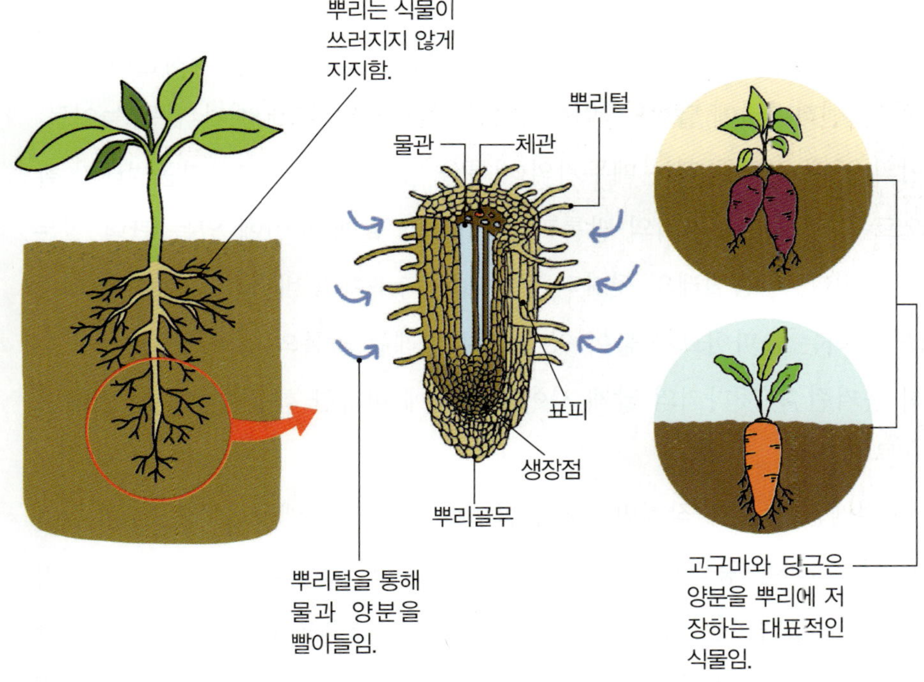

● **표면적** 물체 겉면의 넓이.
● **분열** 하나의 세포로 이루어진 개체가 둘 이상으로 나뉘어 불어나는 것.

03

괴력의 곤충, 거품벌레

지문 분석

글자 수 **1006**
950 1050 1150

1 거품벌레는 몸길이가 약 1센티미터 정도 되는 곤충으로, 식물의 줄기나 잎에 거품 집을 만들어 **성충**이 될 때까지 그 속에서 산다. 거품 집은 거품벌레의 애벌레를 **천적**으로부터 보호하고, 거품벌레의 애벌레가 뜨거운 햇볕을 피할 수 있게 하여 온도 변화에 잘 적응하도록 돕는다. 거품벌레는 거품 집 외에도 흥미로운 점이 많다. 5

2 우선 거품벌레는 다른 곤충들과 달리 식물의 물관에서 **수액**을 ㉠빨아들인다. 대부분의 곤충들은 식물의 체관에 상처를 내 흘러나온 수액을 빨아들여 양분을 얻는다. 양분이 이동하는 체관은 줄기의 가장자리에 있어 적은 힘으로도 쉽게 수액을 빨아들일 수 있기 때문이다. 그러나 물이 이동하는 물관은 줄기의 안쪽에 위치해 압력이 세게 **작용하기** 때문에 물관 속 수액을 빨아들이려 10 면 강한 힘이 필요하다. 거품벌레는 머리에 있는 근육을 이용하여 강한 힘으로 물관에서 수액을 빨아들인다. 거품벌레가 물관에서 수액을 빨아들이는 힘은 사람이 100미터 길이의 빨대로 물을 빨 때 드는 힘과 비슷할 만큼 매우 강력하다.

3 또 거품벌레는 생명에 위협을 느끼면 순식간에 뛰어올라 사라지는데 그 높 15 이가 약 70센티미터에 달한다. 이는 자신의 몸길이의 약 50배가 넘는 높이로, 몸길이의 20배 정도를 뛰는 메뚜기의 기록을 넘어서는 것이다. 거품벌레가 잘 뛰어오르는 까닭은 뒷다리의 발톱과, 뒷다리와 날개 사이에 있는 탄력 있는 근육 때문이다. 거품벌레의 뒷다리 발톱에는 축구화의 바닥과 같이 미끄러지지 않도록 하는 스파이크가 붙어 있다. 거품벌레는 발톱의 스파이크로 바닥을 20 단단히 움켜쥔 후 뒷다리와 날개 사이의 근육에 **비축한** 힘을 한꺼번에 **방출해** 뛰어오른다.

4 거품벌레는 크기가 작지만, 강한 힘으로 나무의 수액을 빨아들이고 높이 뛰어오르는 놀라운 능력으로 과학자들의 관심을 끌고 있다. ㉡미국에서는 거품벌레가 뛰는 모습에서 영감을 얻어 제자리에서 약 30미터를 뛰는 로봇을 만 25 들었다. 이처럼 과학자들은 거품벌레의 신체 구조를 **응용하여** 뛰어난 기능을 가진 로봇을 개발할 수 있을 것으로 기대하고 있다.

- **성충**(成 이룰 성, 蟲 벌레 충) 다 자라서 번식할 수 있는 능력이 있는 곤충.
- **천적**(天 하늘 천, 敵 대적할 적) 잡아먹는 동물을 잡아먹히는 동물에 상대하여 이르는 말.
- **수액** 물이나 액체.
- **작용하기** 어떠한 현상을 일으키거나 영향을 미치기.
- **비축한** 만약의 경우를 대비하여 미리 갖추어 모아 두거나 저축한.
- **방출해** 모아 놓은 것을 내놓아.
- **응용하여** 어떤 이론이나 이미 얻은 지식을 구체적인 낱낱의 사례나 다른 분야의 일에 적용하여 이용하여.

내용 독해

목적

1 글쓴이가 이 글을 쓴 목적은 무엇인가요? (　　　)

① 거품벌레의 성장 과정을 설명하기 위해
② 물관과 체관의 차이점을 설명하기 위해
③ 거품벌레의 흥미로운 특징을 알리기 위해
④ 곤충에 대한 연구가 필요함을 설득하기 위해
⑤ 거품벌레가 식물에게 미치는 영향을 알리기 위해

내용 이해

2 이 글의 내용으로 알맞지 <u>않은</u> 것은 무엇인가요? (　　　)

① 거품벌레의 뛰어오르는 능력은 메뚜기를 넘어선다.
② 거품벌레는 다른 곤충과 달리 체관에서 양분을 빨아들인다.
③ 거품벌레의 애벌레는 스스로 거품 집을 만들어 자신을 보호한다.
④ 거품벌레가 가진 스파이크는 거품벌레가 미끄러지지 않도록 돕는다.
⑤ 식물의 물관에는 압력이 세게 작용하여 수액을 빨아들이기 쉽지 않다.

어휘·어법

3 ㉠과 바꾸어 쓸 수 있는 낱말은 무엇인가요? (　　　)

① 형성한다　　　　② 정화한다　　　　③ 흡입한다
④ 주입한다　　　　⑤ 채취한다

적용

4 ㉡과 유사한 사례로 볼 수 <u>없는</u> 것은 무엇인가요? (　　　)

① 독수리가 나는 모습을 흉내 내어 만든 비행기
② 가시덤불 근처에 가지 않는 양들을 보고 만든 가시철조망
③ 바위에 잘 달라붙는 홍합의 분비물로 만든 수술용 접착제
④ 쉽게 깨지지 않는 전복의 껍데기를 보고 만든 탱크의 철갑
⑤ 혹등고래의 지느러미를 보고 따라한 에어컨 실외기의 날개

구조 분석

문단 요약

5 다음 질문의 답을 찾을 수 있는 문단을 찾아 선으로 이으세요.

질문		문단
거품벌레는 어디에서 수액을 빨아들이나요?	· ·	**1** 문단
거품벌레가 높이 뛸 수 있는 까닭은 무엇인가요?	· ·	**2** 문단
거품벌레가 과학자들의 관심을 끄는 까닭은 무엇인가요?	· ·	**3** 문단
거품벌레의 애벌레가 거품 집을 만드는 까닭은 무엇인가요?	· ·	**4** 문단

핵심 내용

6 빈칸에 들어갈 알맞은 말을 이 글에서 찾아 쓰세요.

거품벌레의 능력	
수액을 빨아들일 때	뛰어오를 때
머리 근육을 사용해서 식물 줄기의 (　　　　)에서 수액을 빨아들임.	뒷다리 발톱의 (　　　　)와, 뒷다리와 날개 사이의 근육을 이용해 높이 뜀.

어휘

적용

7 다음 문장의 빈칸에 들어갈 알맞은 낱말을 보기 에서 찾아 쓰세요.

보기
> 방출　　성충　　응용　　작용　　천적

(1) 식물은 공기를 맑게 하는 (　　　　)을 한다.
(2) 모기는 물속에 사는 장구벌레의 (　　　　)이다.
(3) 비가 오지 않자 저수지의 물을 (　　　　)하였다.
(4) 과학 지식을 실생활에 (　　　　)할 수 있어야 한다.
(5) 뱀은 쥐를 잡아먹어 뱀과 쥐는 (　　　　) 관계이다.

식물의 줄기

식물의 줄기는 통로를 통해 뿌리에서 흡수한 물을 식물 전체로 운반해요. 식물의 뿌리에서 흡수한 물이 식물의 다른 부분으로 이동하는 통로를 물관이라고 해요. 한편 잎에서 만들어진 양분도 줄기를 거쳐 식물의 다른 부분으로 이동해요. 잎에서 만들어진 양분이 이동하는 통로는 체관이라고 하지요. 체관에 뚫린 작은 구멍들이 가루를 곱게 치거나 액체를 거르는 데 쓰는 기구인 체의 모양과 비슷하다고 하여 체관이라고 불러요. 쌍떡잎식물에는 물관과 체관 사이에 작은 세포들이 띠를 이룬 형성층도 있어요. 형성층은 세포 분열을 통해 부피 생장이 일어나게 하여 줄기를 더 굵고 튼튼하게 해요. 그리고 물관, 체관, 형성층을 묶어 물과 양분의 이동 통로를 관다발이라고 해요. 쌍떡잎식물의 관다발은 물관, 형성층, 체관으로 이루어져 있고 외떡잎식물의 관다발은 물관과 체관으로만 이루어져 있어요.

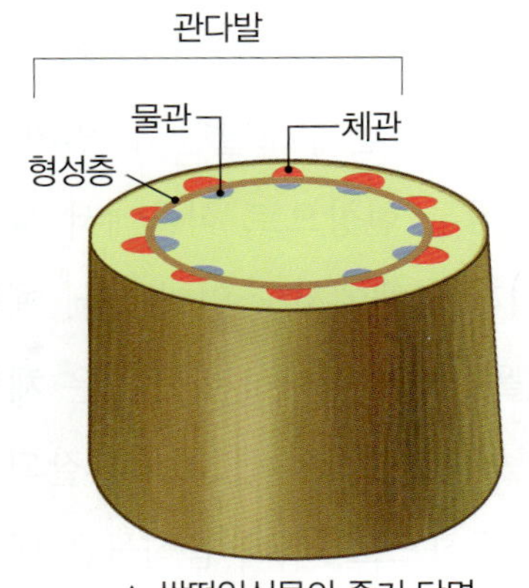

▲ 쌍떡잎식물의 줄기 단면

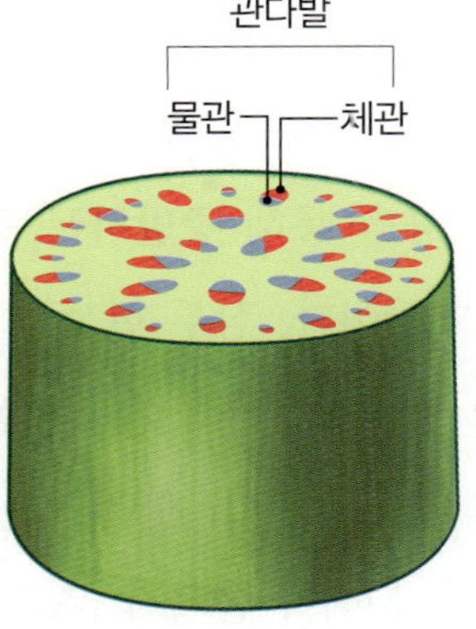

▲ 외떡잎식물의 줄기 단면

- 물관: 뿌리에서 흡수한 물이 식물의 다른 부분으로 이동하는 통로.
- 체관: 잎에서 만들어진 양분이 식물의 다른 부분으로 이동하는 통로.

핵심 용어 다음 빈칸에 들어갈 알맞은 용어를 쓰세요.

(1) 

물 관(관 管): 물로 된 관.
- 뜻: 뿌리에서 흡수한 물이 식물의 다른 부분으로 이동하는 통로.

(2) 

체 관(관 管): 체의 모양과 비슷한 관.
- 뜻: 잎에서 만들어진 양분이 식물의 다른 부분으로 이동하는 통로.

- **운반해요** 물건 따위를 옮겨 날라요.
- **생장** 나서 자람. 또는 그런 과정.
- **쌍떡잎식물** 씨앗의 배에서 처음 나오는 떡잎이 두 개인 식물.
- **외떡잎식물** 씨앗의 배에서 처음 나오는 떡잎이 한 개인 식물.

자연의 기본 원리, 삼투 현상

1 김장할 때 배추를 소금에 **절이면** 배추에서 물이 빠져나와 뻣뻣했던 배추가 부드러워진다. 또한 미역국을 끓이기 위해 마른미역을 물에 넣으면 미역이 부푼다. 두 현상이 일어난 까닭은 모두 삼투 현상으로 설명할 수 있다.

2 반투막을 사이에 두고 **농도**가 다른 두 용액이 구분되어 있을 때, 농도가 낮은 쪽의 **용매**가 농도가 높은 용액 쪽으로 이동하는 것을 삼투 현상이라고 한다. 이때 반투막은 용매는 통과할 수 있지만 **용질**은 통과할 수 없는 막이어야 한다. 삼투 현상은 농도가 다른 용액들이 서로 농도가 같아지려는 성질로 인해 일어난다. 예를 들어 반투막을 사이에 두고 순수한 물과 설탕물을 구분해 놓으면, 순수한 물이 반투막을 통과해 설탕물 쪽으로 이동하는 것을 볼 수 있다. 순수한 물은 설탕물보다 농도가 낮은 용액이므로, 농도가 낮은 쪽의 용매인 물이 농도가 높은 쪽의 용액인 설탕물로 이동하는 것이다.

3 삼투 현상은 생명체의 모든 세포에서 일어난다. 식물은 뿌리를 통해 흙 속의 물을 흡수하는데, 이는 흙보다 뿌리 세포 물질의 농도가 높아서 흙 속 물이 뿌리로 이동하는 것이다. 또한 뿌리에서 흡수한 물이 잎에 도달한 후 잎의 공기 구멍인 기공을 통해 **증발하는** 증산 작용도 삼투 현상으로 식물에서 물이 빠져나가는 현상이다. 삼투 현상은 식물뿐 아니라 인체에서도 일어난다. 예를 들어 우리가 소화가 잘 되지 않는 음식을 먹었을 때 설사를 하는 **증상**은 **체액**과 소화되지 않은 음식물 사이의 농도 차이로 인해 발생한다. 소화가 잘되지 않은 음식물은 분해가 잘되지 않고 대장으로 이동하므로, 이때 음식물은 대장 내 체액보다 농도가 높아 몸속의 수분이 빠져나가며 묽은 변이 만들어진다.

4 절인 배추가 부드러워지는 것은 배추를 이루는 물질의 농도보다 소금을 이루는 물질의 농도가 높기 때문이다. 즉, 농도가 낮은 배추의 수분이 밖으로 빠져나오는 것이다. 불린 미역은 절인 배추와는 반대로, 미역을 이루는 물질의 농도가 물의 농도보다 높기 때문에 물이 미역 안으로 이동하여 미역이 부푸는 것이다. 이처럼 삼투 현상은 일상생활에서 **보편적**으로 이용하는 현상이다. 특히 삼투 현상은 생물의 세포 안에서 물질의 농도를 조절해 생명체가 정상적으로 기능할 수 있도록 돕기 때문에 매우 중요하다.

- **절이면** 소금기나 식초, 설탕 따위에 담가 간이 배어들게 하면.
- **농도** 용액 따위의 진함과 묽음의 정도.
- **용매** 어떤 액체에 물질을 녹여 용액을 만들 때 그 액체를 가리키는 말.
- **용질** 용액에 녹아 있는 물질.
- **증발하는** 물질이 액체 상태에서 기체 상태로 변하는.
- **증상** 병을 앓을 때 나타나는 여러 가지 상태나 모양.
- **체액** 동물의 몸속에 있는 액체를 통틀어 이르는 말.
- **보편적** 모든 것에 두루 미치거나 통하는 것.

내용 독해

1 이 글의 중심 내용은 무엇인가요? (   )

① 삼투 현상의 원리와 사례

② 삼투 현상으로 발생하는 문제

③ 사람에게 일어나는 삼투 현상

④ 뿌리의 흡수 작용과 잎의 증산 작용

⑤ 설사의 원인과 설사를 예방하는 방법

내용 이해

2 이 글의 내용과 일치하지 <u>않는</u> 것은 무엇인가요? (   )

① 삼투 현상은 식물의 세포에서도 발생한다.

② 식물 내의 물은 잎에 있는 기공을 통해 증발한다.

③ 흙 속의 물이 뿌리로 흡수되는 것은 물질의 농도의 차이 때문이다.

④ 배추를 소금에 절이면 배추 안의 물이 소금이 있는 배추 밖으로 이동한다.

⑤ 묽은 변이 만들어지는 까닭은 체액의 농도가 음식물의 농도보다 높기 때문이다.

추론

3 다음 빈칸에 들어갈 말을 찾아 이 글에서 세 글자로 쓰세요.

> 거름종이는 지름이 0.05밀리미터 정도 되는 작은 구멍들이 무수하게 뚫려 있는 식물성 섬유가 서로 엉켜 있는 형태이다. 식물성 섬유는 물이나 알코올 등에 잘 녹지 않아 용액에 녹지 않은 물질을 걸러 내는 데 효과적이다. 따라서 거름종이는 삼투 현상이 일어날 때의 [   ]과 유사한 역할을 한다.

(   )

적용

4 삼투 현상과 관련한 경험으로 알맞은 것은 무엇인가요? (   )

① 우유에서 수분을 빼서 분유를 만들었더니 부피가 줄어들었다.

② 냉장고에서 꺼낸 얼음을 숟가락으로 눌렀더니 더 빨리 녹았다.

③ 물에 소금을 넣고 숟가락으로 저었더니 소금이 더 빨리 녹았다.

④ 설탕물을 끓였더니 물은 수증기가 되어 날아가고 설탕만 남았다.

⑤ 과일을 설탕에 넣어 두었더니 과즙이 빠져나와 과일청이 만들어졌다.

구조 분석

5 각 문단의 중심 내용을 찾아 선으로 알맞게 이으세요.

1 문단	·	·	삼투 현상의 중요성
2 문단	·	·	삼투 현상이 발생하는 원리
3 문단	·	·	배추와 마른미역이 변화하는 까닭
4 문단	·	·	생명체에서 삼투 현상이 일어나는 사례

6 빈칸에 들어갈 알맞은 말을 이 글에서 찾아 쓰세요.

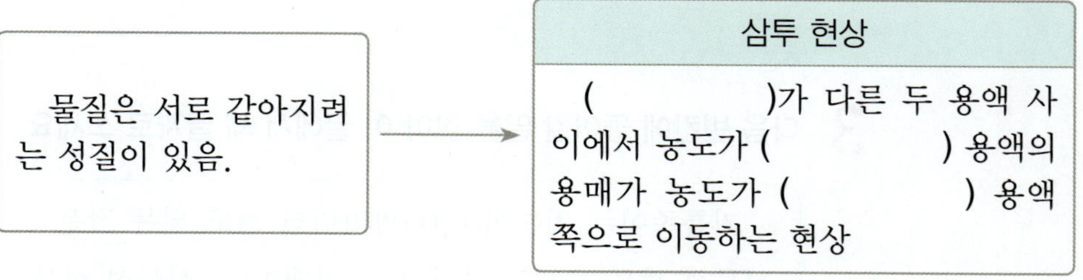

어휘

7 다음 문장에 들어갈 알맞은 낱말에 ○표 하세요.

⑴ 소금물에서 (용매, 용질)은/는 소금이다.

⑵ 어떤 바이러스는 (체액, 용액)을 통해 전염된다.

⑶ 물컵을 창가에 며칠 두자 물이 모두 (증발, 증진)하였다.

⑷ 의사는 환자에게 (일상, 증상)을 물어본 후 병을 진단하였다.

⑸ 모든 인간은 존중받아야 한다는 사상은 (개별적, 보편적)인 가치이다.

잎의 생김새와 물의 이동

식물의 잎은 잎몸, 잎맥, 잎자루, 턱잎으로 이루어져 있어요. 잎몸은 잎의 납작한 부분이고, 잎맥은 잎몸 안에 있는 물과 양분이 이동하는 통로이면서 잎의 모양을 유지하는 역할을 해요. 잎자루는 잎과 줄기를 연결하는 부분이며, 턱잎은 어린 잎을 보호하는 부분이에요. 턱잎은 외떡잎식물에는 없고 쌍떡잎식물에만 있지요.

식물의 뿌리에서 흡수된 물은 줄기의 물관을 통해 잎으로 올라간 후, 잎을 거쳐 식물 밖으로 빠져나가요. 이처럼 식물의 **생명** 활동에 사용되고 남은 물이 잎에서 밖으로 빠져나가는 현상을 **증산 작용**이라그 해요. 증산 작용은 뿌리로 흡수한 물을 높은 곳까지 끌어올리는 역할과 식물의 온도를 유지해 주는 역할을 해요.

그리고 식물의 잎 **표면**에 있는 숨쉬기와 증산 작용을 하는 구멍을 **기공**이라고 해요. 기공은 주로 잎의 뒷면에 있어요. 기공은 식물 내 수분의 양이나 빛의 세기, 기온, 바람의 영향을 받아 열리기도 하고 닫히기도 해요.

핵심 용어 다음 빈칸에 들어갈 알맞은 용어를 쓰세요.

(1) ☐☐ **작용**

증(찔 蒸) 산(흩어질 散): 물이 쪄서 흩어지는 작용.
- 뜻: 식물의 생명 활동에 사용되고 남은 물이 잎에서 밖으로 빠져나가는 현상.

(2) ☐☐

기(공기 氣) 공(구멍 孔): 공기 구멍.
- 뜻: 식물의 잎 표면에 있는 숨쉬기와 증산 작용을 하는 구멍.

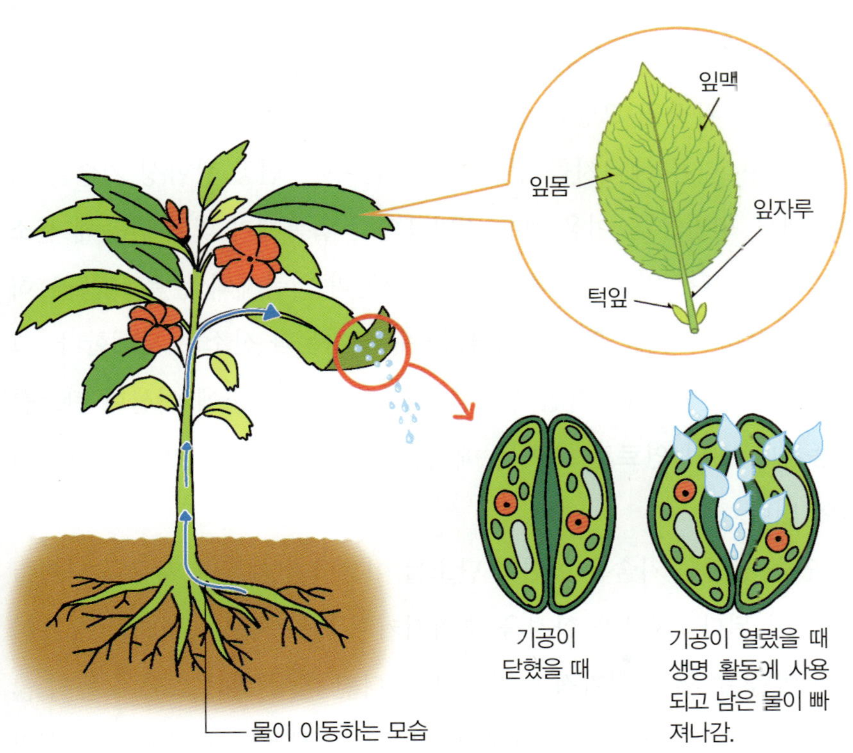

- **생명** 동물과 식물의, 생물로서 살아 있게 하는 힘.
- **표면** 사물의 가장 바깥쪽. 또는 가장 윗부분.

지문 분석

글자 수 **1007**
950 1050 1150

인공 광합성 기술

1 현재 인류에게 닥친 큰 위기 중 하나는 지구 온난화이다. 지구 온난화는 이산화 탄소와 같은 오염 물질이 지구를 둘러싸 지구의 복사열이 대기 밖으로 빠져나가지 못해 지구의 기온이 올라가는 현상이다. 과학자들은 식물이 광합성을 할 때 지구 온난화의 원인이 되는 이산화 탄소를 흡수한다는 점에 **주목하였다.** 그래서 식물의 광합성을 **모방하여** 이산화 탄소를 줄일 수 있는 인공 광합성 기술을 개발하였다.   5

2 광합성은 식물이 빛을 받아 이산화 탄소와 물을 이용하여 포도당과 산소를 만드는 과정이다. 식물은 태양 빛을 받아 엽록체라는 세포 기관을 통해 광합성을 하여 양분을 만든다. 광합성을 통해 만들어진 포도당은 녹말로 형태가 바뀌어 잎에 저장되었다가, 설탕으로 형태를 바꾼 후 뿌리나 줄기, 열매 등 식물이 성장하는 데 필요한 부분으로 이동한다. 물이 분해되면서 만들어진 산소는 잎의 기공을 통해 식물 밖으로 빠져나간다. 이처럼 식물은 광합성을 하며 이산화 탄소를 흡수하고 산소를 배출하기 때문에 공기 중의 오염 물질을 **정화하면서** 지구 온난화를 막아 준다.   10

3 식물의 광합성 과정을 모방한 인공 광합성 기술은 빛 에너지, 이산화 탄소, 물을 이용하여 다른 에너지를 생산하는 기술이다. 인공 광합성 기술은 식물의 광합성에서 '명반응'을 이용한다. 명반응이란 엽록체가 빛에 반응해 산소를 생성하는 과정이다. 인공 광합성 기술은 식물의 엽록체와 같은 기능을 하는 **광촉매**를 이용하여 빛을 흡수하고, 물을 수소 이온과 산소로 분해한다. 그 다음 수소 이온으로 **청정에너지**인 수소를 생산하거나, 수소에 이산화 탄소를 결합해 자동차나 배의 **연료**로 쓰이는 메탄올, 고무의 **원료**로 쓰이는 포름산 등을 만들어 낸다.   15   20

4 이처럼 인공 광합성 기술은 이산화 탄소를 이용하기 때문에 지구 온난화를 막는 데 도움이 된다. 게다가 환경을 오염시키지 않고 청정에너지와 유용한 화학 물질을 얻을 수 있는 **획기적**인 기술이다. 다만 아직 생산 **효율**이 높지 않고 생산 비용이 많이 들어 인공 광합성 기술이 널리 사용되기 위해서는 더 많은 연구가 필요하다.   25

- **주목하였다** 관심을 가지고 주의 깊게 살폈다.
- **모방하여** 다른 것을 본뜨거나 본받아.
- **정화하면서** 더러운 것을 깨끗하게 하면서.
- **광촉매** 빛 에너지를 받아 반응 속도를 증가시키는 물질.
- **청정에너지** 전기처럼 오염 물질이 잘 발생하지 않는, 맑고 깨끗한 에너지.
- **연료** 연소하여 열, 빛, 동력 등의 에너지를 얻을 수 있는 물질을 통틀어 이르는 말.
- **원료** 어떤 물건을 만드는 데 들어가는 재료.
- **획기적** 어떤 과정이나 분야에서 새로운 시기를 열어 놓을 만큼 뚜렷이 구분되는 것.
- **효율** 들인 노력과 얻은 결과의 비율.

**내용
독해**

1 이 글에서 설명하는 것은 무엇인가요? (   )

① 광합성의 장단점
② 인공 광합성 기술의 원리
③ 지구 온난화로 인한 피해
④ 환경 오염을 막기 위한 방법
⑤ 식물의 광합성과 인공 광합성의 차이점

2 식물의 광합성에 대한 설명으로 알맞지 <u>않은</u> 것은 무엇인가요? (   )

① 식물의 광합성은 지구 온난화를 막는 데 도움이 된다.
② 식물의 광합성이 이루어지는 세포 기관은 엽록체이다.
③ 식물은 광합성을 통해 포도당과 이산화 탄소를 만든다.
④ 광합성으로 만든 양분은 식물의 잎에 저장되기도 한다.
⑤ 광합성으로 만들어진 포도당은 형태가 바뀌어 식물의 다른 곳으로 이동한다.

3 다음 빈칸에 들어갈 말을 이 글에서 찾아 한 글자로 쓰세요.

> 같은 크기의 강낭콩을 두 개의 화분에 각각 심은 다음, 하나는 햇빛이 잘 드는 창가에 두고 다른 하나는 그늘진 곳에 두었다. 매일 똑같이 물을 주고 한 달 후에 보았더니 창가에 둔 강낭콩이 그늘진 곳에 둔 강낭콩보다 더 건강하게 자랐다. 그 까닭은 두 화분에 제공된 [   ]의 양이 달라 광합성에 영향을 주었기 때문일 것이다.

(   )

4 인공 광합성 기술에 대해 정리한 내용으로 알맞지 <u>않은</u> 것은 무엇인가요? (   )

> • 개념: 인공적으로 식물에 광합성을 일으키는 기술 ································· ①
> • 연구 배경: 이산화 탄소를 줄일 수 있는 식물의 광합성이 주목을 받음. ········· ②
> • 원리: 빛 에너지를 이용해 물에서 수소 이온을 분리하여 수소를 생산하거나, 수소를 이산화 탄소와 결합시킴. ································· ③
> • 의의: 지구 온난화 문제의 해결에 도움이 되고 청정에너지의 개발이 가능함. ④
> • 문제점: 효율이 높지 않고 비용이 많이 듦. ································· ⑤

구조 분석

문단 요약

5 다음 질문의 답을 찾을 수 있는 문단을 찾아 선으로 이으세요.

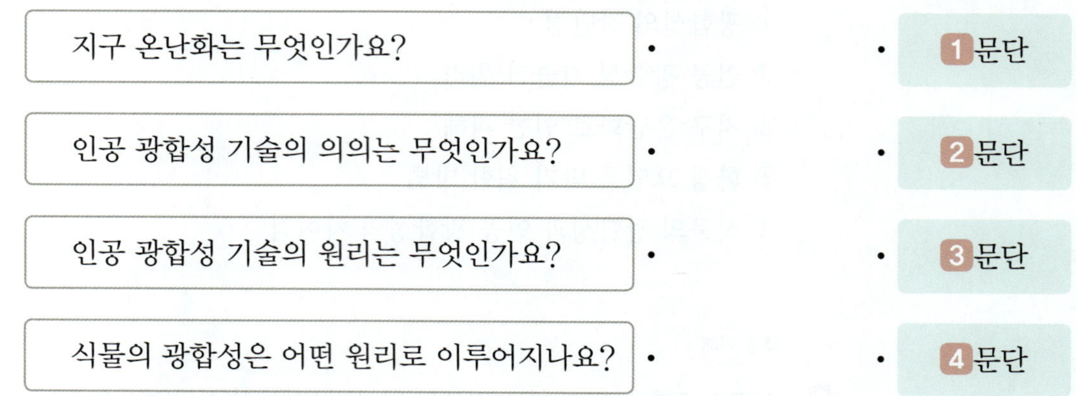

핵심 내용

6 빈칸에 들어갈 알맞은 말을 이 글에서 찾아 쓰세요.

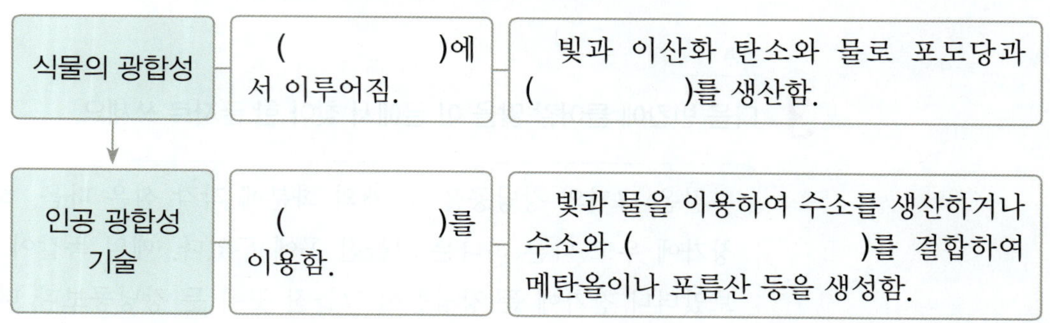

어휘

적용

7 다음 문장의 빈칸에 들어갈 알맞은 낱말을 보기 에서 찾아 쓰세요.

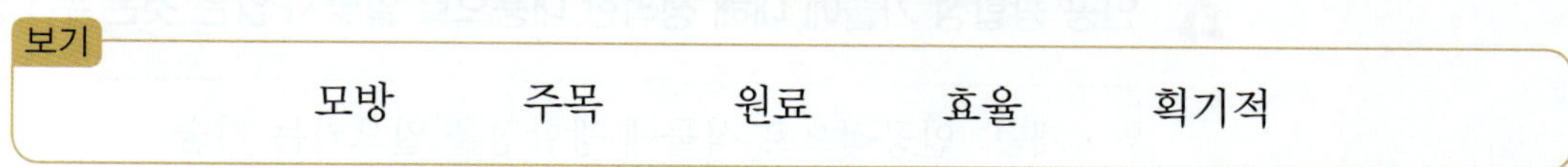

(1) 아이들은 어른의 행동을 쉽게 (   )한다.
(2) 산업 혁명은 인류의 역사에 (   )인 사건이다.
(3) 우리 조상들은 자연에서 (   )을/를 얻어 옷을 염색하였다.
(4) 내 동생은 뛰어난 춤 실력으로 사람들의 (   )을/를 받았다.
(5) 잠을 충분히 자면 공부의 (   )을/를 높이는 데 도움이 된다.

잎이 하는 일

식물이 뿌리로 흡수한 물과 공기 중의 이산화 탄소, 빛 에너지를 이용하여 포도당과 산소를 만드는 작용을 **광합성**이라고 해요. 광합성을 통해 식물은 성장에 필요한 양분을 만들어 내요. 광합성으로 만들어진 포도당은 녹말로 바뀌어 저장되었다가 설탕의 형태로 식물의 다른 부분으로 이동해요. 광합성은 줄기나 뿌리에서도 일어나지만, 잎에서 주로 일어나요. 왜냐하면 식물의 잎에는 엽록체가 많기 때문이에요.

엽록체는 식물 세포 안에 들어 있는 광합성이 일어나는 **기관**이에요. 엽록체에는 녹색을 띠는 색소인 엽록소가 들어 있어요. 엽록소는 빛을 흡수하는 성질이 있어서 식물이 광합성을 할 수 있도록 도와줘요. 따라서 누렇게 되거나 검게 변한 잎에서는 광합성이 일어나지 않아요. 엽록체를 현미경으로 살펴보면 작은 **타원형** 모양을 가지고 있어요. 엽록체는 외막과 내막으로 둘러싸여 있고, 안에는 빛을 흡수하는 역할을 하는 틸라코이드가 쌓여 있어요. 그리고 틸라코이드가 쌓여 있는 것을 그라나라고 해요.

다음 빈칸에 들어갈 알맞은 용어를 쓰세요.

(1) ☐ ☐ ☐

광(빛 光) 합(합할 合) 성(이룰 成): 빛으로 무엇을 합하여 만드는 것.
• 뜻: 식물이 빛을 받아 이산화 탄소, 물을 이용하여 포도당과 산소를 만드는 작용.

(2) ☐ ☐ ☐

엽(잎 葉) 록(초록빛 綠) 체(몸 體): 잎을 초록색으로 만드는 것.
• 뜻: 잎의 세포 안에 들어 있는 광합성이 일어나는 기관.

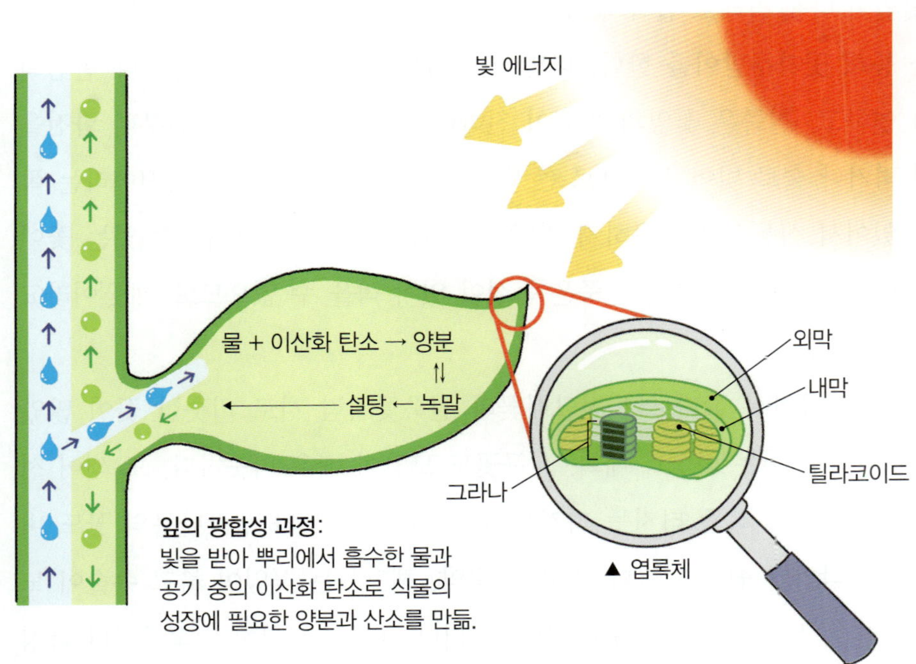

● **기관** 생물체에서 일정한 모양과 기능을 가지는 부분.
● **타원형** 길쭉하게 둥근 모양으로 생긴 도형. 또는 그런 모양.

진달래와 철쭉의 차이점

지문 분석

글자 수 1035
950 1050 1150

1 학교 화단에서 친구와 이야기를 나누다가 얼굴이 붉어진 일이 있었다. 친구에게 "저기 피어 있는 철쭉꽃이 참 예쁘네."라고 하자, 친구는 "저 꽃은 철쭉꽃이 아니라 진달래꽃이야. 철쭉과 진달래를 잘 **구별하지** 못하는구나."라고 하였다. 나는 진달래꽃을 철쭉꽃으로 착각한 것이 부끄러워 집에 돌아와 두 꽃의 차이점을 찾아보았다. ⁵

2 진달래를 흔히 철쭉과 ⟨ ㉠ ⟩하기 쉬운데, 진달래와 철쭉은 **개화** 시기가 다르다. 진달래꽃은 이른 봄인 3~4월에 피기 때문에 봄의 **전령**으로 불리지만, 철쭉꽃은 진달래보다 늦은 4~6월에 핀다. 진달래꽃이 질 때쯤에 이어달리기를 하듯 철쭉꽃이 피는 것이다. 또한 진달래는 꽃이 잎보다 먼저 돋아나는 반면 철쭉은 대부분 꽃과 잎이 동시에 돋아난다. 그러므로 꽃은 있는 ¹⁰ 데 잎이 없으면 진달래이고, 꽃과 잎이 함께 있으면 철쭉이다. 이처럼 잎의 **유무**를 확인하는 것이 두 식물을 구분하는 가장 쉬운 방법이다.

3 진달래꽃과 철쭉꽃은 거의 비슷한 모양과 구조를 가지고 있다. 두 꽃은 모두 꽃잎이 다섯 갈래로 갈라져 있고, 그 안에 있는 10개의 수술과 1개의 긴 암술을 통해 **꽃가루받이**를 한다. 다만 진달래는 꽃잎에 **반점**이 없거나 반점의 ¹⁵ 색이 연하고, 철쭉은 꽃잎의 반점이 진하다. 또 진달래꽃은 예전부터 **화전**을 부쳐 먹거나 술로 빚어 식용으로 쓴 반면, 철쭉꽃에는 그라야노톡신이라는 **독성**이 있어서 식용으로 사용하지 않았다. 그래서 진달래는 먹을 수 있는 꽃이라 하여 '참꽃'이라고 하고, 철쭉은 독성이 있어 먹을 수 없으므로 '개꽃'이라고 한다. ²⁰

4 검색을 하면서 살펴보니 진달래꽃과 철쭉꽃처럼 서로 비슷한 꽃이 많았다. 이른 봄에 피는 벚꽃과 매화, 살구꽃도 모양이 매우 비슷하다. 또 색이 선명한 노란색이고 폭죽 터지듯 퍼져서 피는 산수유나무와 생강나무의 꽃도 비슷하여 착각하기 쉽다고 한다. 모란과 작약, 해당화는 꽃잎이 붉고 수술이 노란빛을 띠는 특징이 비슷하다고 한다. 그러나 자세히 관찰하면 꽃들마다 특징 ²⁵ 이 서로 다른 것을 알 수 있다. 이번 일을 계기로 자연에 관심을 가지고 자세히 관찰하는 자세를 지녀야겠다고 다짐하였다.

- **구별하지** 성질이나 종류에 따라 차이가 나지. 또는 성질이나 종류에 따라 갈라놓지.
- **개화**(開 열 개, 化 꽃 화) 풀이나 나무의 꽃이 핌.
- **전령** 소식을 전하는 사람.
- **유무**(有 있을 유, 無 없을 무) 있음과 없음.
- **꽃가루받이** 식물에서 수술의 꽃가루가 암술 끝에 옮겨 붙는 것.
- **반점** 동식물 따위의 몸에 박혀 있는 얼룩얼룩한 점.
- **화전** 찹쌀가루를 반죽하여 진달래나 개나리, 국화 따위의 꽃잎이나 대추를 붙여서 기름에 지진 떡.
- **독성** 독이 있는 성분.

내용 독해

전개 방식

1 이 글의 설명 방법으로 알맞은 것은 무엇인가요? (   )

① 두 대상의 차이점을 밝혀 말하고 있다.
② 글쓴이의 생각과 다른 주장을 비판하고 있다.
③ 인물 사이의 갈등이 해소되는 과정을 보여 주고 있다.
④ 어떤 상황에 대한 문제점과 그 해결 방법을 제시하고 있다.
⑤ 글쓴이가 얻은 교훈을 사회 문제르 확장하여 적용하고 있다.

내용 이해

2 이 글의 내용과 일치하지 <u>않는</u> 것은 무엇인가요? (   )

① 진달래는 꽃이 잎보다 먼저 돋아난다.
② 4월에는 진달래꽃과 철쭉꽃을 모두 볼 수 있다.
③ 꽃잎의 모양을 통해서는 진달래와 철쭉을 구별하기 어렵다.
④ 철쭉꽃을 식용으로 쓰지 않는 것은 꽃에 있는 반점 때문이다.
⑤ 진달래꽃과 철쭉꽃은 모두 수술과 암술을 통해 꽃가루받이를 한다.

어휘·어법

3 ㉠에 들어갈 말로 알맞은 것은 무엇인가요? (   )

① 대응   ② 보완   ③ 혼동
④ 경쟁   ⑤ 결합

추론

4 이 글에 대한 반응으로 알맞은 것은 무엇인가요? (   )

① 민재: 무심히 지나쳤던 것들도 자세히 살펴보아야겠어.
② 소현: 자연을 훼손하는 문명에 대한 성찰이 필요하겠어.
③ 아라: 검색하는 방법이 잘못된 것은 아닌지 돌아봐야겠어.
④ 희진: 생명을 가진 모든 존재를 존중하는 마음을 가져야겠어.
⑤ 동호: 급한 마음을 가지지 않고 여유 있는 마음으로 움직여야겠어.

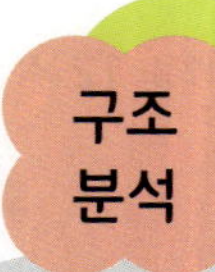

**구조
분석**

문단 요약

5 각 문단의 중심 내용으로 알맞은 것에 ○표, 틀린 것에 ×표를 하세요.

1문단	화단에서 철쭉꽃을 본 일	( )
2문단	개화 시기와 잎이 돋는 순서가 다른 진달래와 철쭉	( )
3문단	꽃잎의 개수와 꽃의 식용 여부가 다른 진달래와 철쭉	( )
4문단	비슷한 꽃의 종류와 자연을 관찰하는 태도의 변화	( )

핵심 내용

6 빈칸에 들어갈 알맞은 말을 이 글에서 찾아 쓰세요.

진달래	↔	철쭉
• 3~4월에 ( )이 ( )보다 먼저 돋아남. • 꽃잎에 ( )이 없거나, 있어도 색이 연함. • 꽃을 식용으로 사용함.		• ( )~6월에 꽃과 잎이 함께 돋아남. • 꽃잎에 진한 반점이 있음. • 꽃에 ( )이 있어서 식용으로 사용할 수 없음.

어휘

적용

7 다음 문장에 들어갈 알맞은 낱말에 ○표 하세요.

⑴ 쌍둥이를 (구별, 구분)하기는 쉽지 않다.

⑵ 봄이 되면 많은 식물들이 (개화, 완화)한다.

⑶ 판사는 증거를 바탕으로 죄의 (의무, 유무)를 판단한다.

⑷ 모양이 화려한 버섯은 (독성, 점성)이 있는 경우가 많다.

⑸ 예로부터 봄놀이에 나선 여인들은 (화전, 송편)을 부쳐 먹었다.

꽃의 생김새와 하는 일

정답과 해설 **12** 쪽

꽃은 수술과 암술, 꽃잎, 꽃받침으로 이루어져 있어요. 그러나 어떤 꽃들은 이 중에서 일부가 없기도 해요. **수술**은 식물의 꽃가루를 만드는 부분이고, **암술**은 수술에서 꽃가루를 받아 씨를 만드는 부분이에요. 꽃잎은 암술과 수술을 보호하는 부분이고, 꽃받침은 꽃잎을 받치며 보호하는 부분이에요.

식물의 수술에서 만들어진 꽃가루가 암술의 끝부분에 옮겨 붙는 일을 '꽃가루받이' 또는 **수분**이라고 해요. 철쭉이나 개나리처럼 석이 화려하고 좋은 향기가 나는 꽃들은 대부분 벌이나 나비를 통해 꽃가루받이를 해요. 꽃가루받이가 일어나면 암술의 아랫부분인 **씨방**에서 씨가 만들어지고, 씨가 자라는 동안 암술의 일부나 꽃받침 등은 자라서 열매가 되어 씨를 보호하는 역할을 해요.

● **씨방** 암술의 밑에 붙은 통통한 주머니 모양의 부분.

핵심 용어 다음 빈칸에 들어갈 알맞은 용어를 쓰세요.

(1) ☐ ☐

· 뜻: 꽃에서 꽃가루를 만드는 부분.

(2) ☐ ☐

· 뜻: 꽃의 수술에서 꽃가루를 받아 씨를 만드는 부분.

(3) ☐ ☐

수(받을 受) 분(가루 粉): 가루를 받음.

· 뜻: 식물의 수술에서 만들어진 꽃가루가 암술의 끝부분에 옮겨 붙는 일.

유전과 진화

신기한 유전의 법칙

1 1865년, 멘델이 7년여 간의 실험 끝에 유전의 법칙을 발표하였다. 이전까지만 해도 사람들은 다른 색깔의 두 물감을 섞으면 중간의 색이 나오는 것처럼, 부모의 두 **형질** 가운데 중간의 형질이 자식에게 나타난다고 믿었다. 그런데 멘델은 색깔과 모양이 다른 완두콩을 **교배하여** 부모의 두 형질 중 하나의 형질만 자식에게 나타난다는 사실과 유전이 일어나는 법칙을 명확하게 밝혀 5
냈다.

2 유전이란 부모가 자신의 형질을 자식에게 전하는 것이다. 얼굴의 형태, 피부색, 머리카락 색 등은 모두 유전으로 결정된다. 따라서 자식은 부모의 형질을 닮게 된다. 그러나 부모가 서로 다른 형질을 가지고 있는 경우, 자식은 두 가지의 형질 중에서 하나의 형질만 닮는다. 이때 유전되어 겉으로 잘 나타나 10
는 형질을 우성이라고 하고, 유전되어 겉으로 잘 나타나지 않는 형질을 열성이라고 한다. 그리고 우성과 열성 중에서 우성이 **발현하는** 것을 우열의 법칙이라고 하였다.

3 그 후 유전을 일으키는 것이 생물체를 구성하는 세포의 핵 안에 있는 염색체라는 것을 발견하였고, 우성과 열성의 종류도 알아내었다. 우성으로는 곱슬 15
머리, 흑발, 갈색 눈, 쌍꺼풀, 긴 속눈썹, 두꺼운 입술 등이 있고 열성으로는 생머리, 금발, 푸른색 눈, **외까풀**, 짧은 속눈썹, 얇은 입술 등이 있다. 예를 들어 곱슬머리에 푸른색의 눈을 가진 아빠와 생머리에 갈색 눈을 가진 엄마 사이에서 태어난 아기는 곱슬머리에 갈색 눈을 가질 확률이 높은 것이다. 그러나 우성이 **우월한** 것이고, 열성이 **열등한** 것이라고 오해해서는 안 된다. 일반 20
적으로 우성이 열성보다 유전되어 나타날 확률이 더 높은 것뿐이다.

4 한편 부모에게 없던 새로운 형질이 자식에게 나타나는 경우가 있는데 이를 돌연변이라고 한다. 돌연변이는 유전자의 **이상**으로 생겨난다. 생물이 살아가기 **유리한** 방향으로 형질이 변화한 돌연변이가 나타난 경우, 돌연변이는 생물이 진화하는 밑바탕이 된다. 그러나 돌연변이는 세포가 **증식하며** 발생하는 암 25
처럼 질병을 유발해 생물에게 해를 끼치기도 한다. 또 돌연변이였던 형질이 반복하여 나타나는 경우 돌연변이의 형질은 우성으로 변화하기도 한다.

- **형질**(形 모양 형, 質 바탕 질) 동식물의 모양, 크기, 성질 따위의 고유한 특징.
- **교배하여** 생물의 암수로부터 인공적으로 다음 세대를 얻어.
- **발현하는** 속에 있거나 숨은 것이 밖으로 나타나는. 또는 나타나게 하는.
- **외까풀** 외겹으로 된 눈까풀.
- **우월한** 다른 것보다 나은.
- **열등한** 보통의 수준이나 등급보다 낮은.
- **이상** 정상적인 상태와 다름.
- **유리한** 이익이 있는.
- **증식하며** 늘어서 많아지며. 또한 늘려서 많게 하며.

내용 독해

설명 대상

1 이 글에서 설명하는 것은 무엇인가요? (   )

① 인류가 진화한 과정
② 우성이 유전되는 방법
③ 진화를 설명하는 다양한 이론
④ 환경이 생물에게 미치는 영향
⑤ 유전이 일어나는 원리와 돌연변이

내용 이해

2 이 글의 내용과 일치하지 <u>않는</u> 것은 무엇인가요? (   )

① 멘델은 식물을 이용해 유전에 대해 연구하였다.
② 돌연변이가 나타나는 것은 유전의 예외적인 현상이다.
③ 부모가 각각 쌍꺼풀과 외까풀이 있을 때 자식은 쌍꺼풀이 있을 확률이 높다.
④ 멘델의 연구 이전의 사람들은 유전 현상이 물감을 섞는 것과 비슷하다고 믿었다.
⑤ 우성과 열성 중 우성이 유전되는 것은 생물이 살아가기에 우성이 더 유리하기 때문이다.

추론

3 이 글을 통해 답을 알 수 있는 질문이 <u>아닌</u> 것은 무엇인가요? (   )

① 우성의 예로는 무엇이 있나요?
② 유전을 일으키는 것은 무엇인가요?
③ 멘델이 실험할 때 살펴본 형질은 무엇인가요?
④ 유전자에 이상이 나타나는 까닭은 무엇인가요?
⑤ 돌연변이가 생물에게 미치는 영향은 무엇인가요?

적용

4 다음에서 설명하는 것을 이 글에서 찾아 네 글자로 쓰세요.

> 네덜란드의 식물학자 드 브리스는 달맞이꽃으로 유전에 대해 연구하던 중, 앞 세대보다 훨씬 큰 꽃이 갑자기 나타나는 것을 발견하였다.

(   )

구조 분석

문단 요약

5 다음 빈칸에 들어갈 알맞은 말을 쓰며 이 글의 내용을 정리하세요.

문단	중심 내용
1	멘델이 발표한 (　　　　　) 법칙
2	(　　　　　)의 법칙의 개념
3	유전을 일으키는 것과 우성, (　　　　　)의 종류
4	(　　　　　)의 개념과 영향

핵심 내용

6 빈칸에 들어갈 알맞은 말을 이 글에서 찾아 쓰세요.

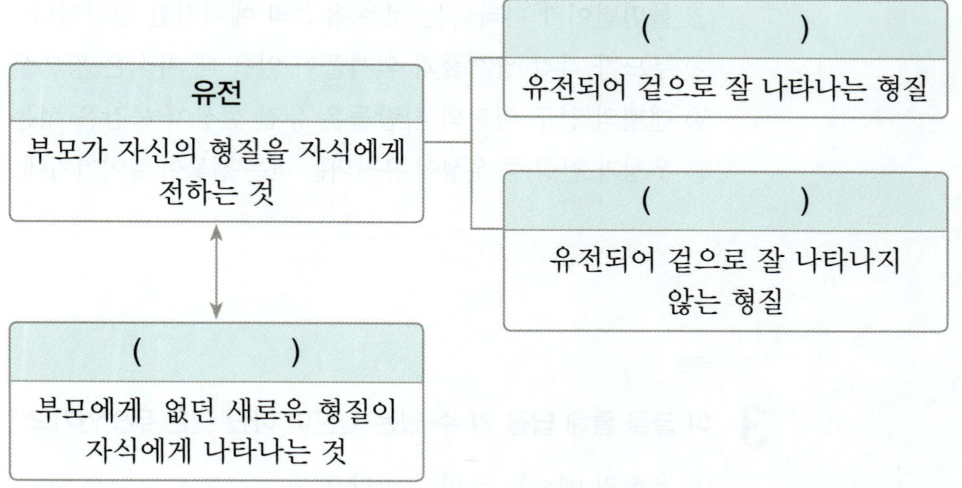

어휘

이해

7 다음 낱말의 뜻을 보기 에서 찾아 기호를 쓰세요.

보기
㉮ 정상적인 상태와 다름.
㉯ 보통의 수준이나 등급보다 낮다.
㉰ 늘려서 많아짐. 또는 늘려서 많게 함.
㉱ 생물의 암수로부터 인공적으로 다음 세대를 얻다.
㉲ 속에 있거나 숨은 것이 밖으로 나타나거나 그렇게 나타나게 함. 또는 그런 결과.

(1) 증식　　　(　　　　)　　　　(2) 이상　　　(　　　　)
(3) 발현　　　(　　　　)　　　　(4) 열등하다　(　　　　)
(5) 교배하다　(　　　　)

유전과 진화

부모의 형질이 자식에게 전해지는 것을 **유전**이라고 해요. 유전을 통해 겉으로 잘 나타나는 형질을 우성, 겉으로 잘 나타나지 않는 형질을 열성이라고 해요. 유전은 우리 몸의 염색체 속 DNA라는 물질의 유전자를 통해 이루어져요.

생물은 유전을 통해 여러 **세대**를 거치며 조금씩 변화해요. 환경에 **적응해** 더 잘 살아남기 위해서지요. 이처럼 생물이 살아가기 유리한 방향으로 변해 가는 것을 **진화**라고 해요. 대표적인 예로 먹이에 따라 새의 부리 모양이 달라진 것을 들 수 있어요. 참수리는 육식을 하기 적합하게 진화하여 윗부리가 크고 부리가 갈고리 모양으로 생겨, 사냥한 먹이를 찢어 먹을 수 있어요. 반면 물속에서 작은 물고기를 주로 잡아먹는 왜가리는 길고 뾰족한 창 모양의 부리가 있어서 물속의 물고기를 쉽게 사냥할 수 있어요.

핵심 용어 다음 빈칸에 들어갈 알맞은 용어를 쓰세요.

(1) ▢▢

유(남길 遺) **전**(전할 傳): 남겨서 전하는 것.
- 뜻: 부모의 특성이 자식에게 전해지는 것.

(2) ▢▢

진(나아갈 進) **화**(될 化): 더 나아지게 됨.
- 뜻: 생물이 살아가기 유리한 방향으로 변해 가는 것.

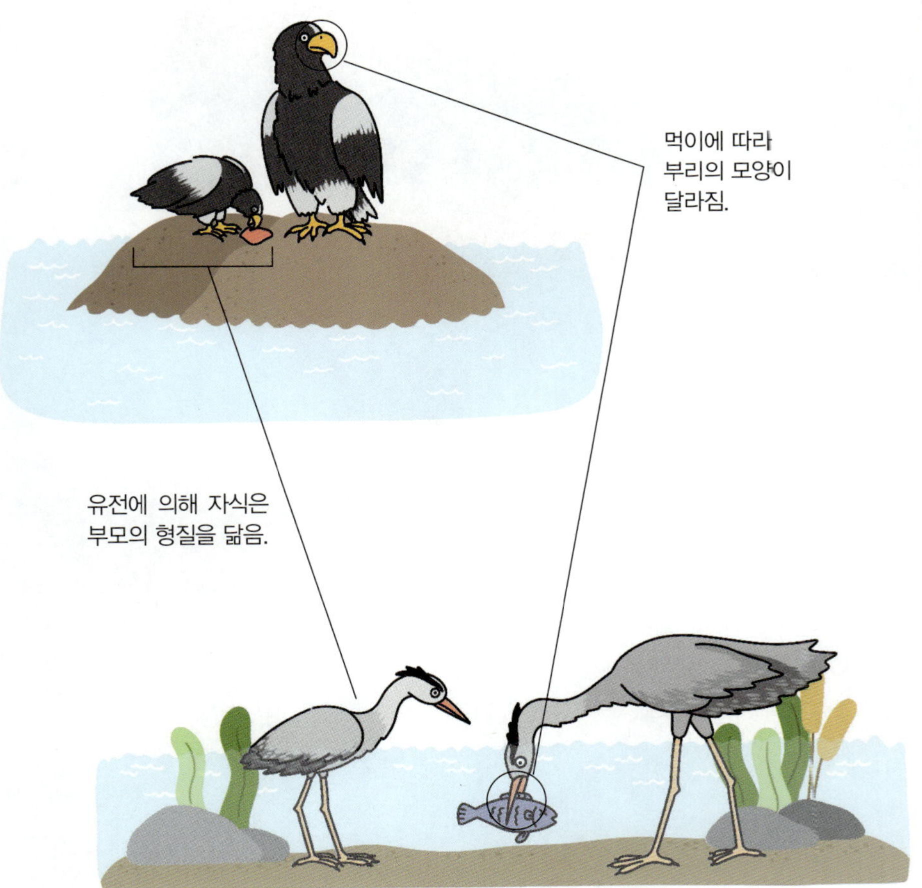

- **세대** 한 생물이 생겨나서 죽을 때까지의 기간.
- **적응해** 일정한 조건이나 환경 따위에 맞추어 응하거나 알맞게 되어.

운동과 에너지

물체의 위치

휴대 전화의 위치를 찾는 방법

1 휴대 전화를 잃어버렸다면 어떻게 찾을 수 있을까? 휴대 전화의 위치를 **추적하는** 방법에는 기지국을 이용하는 방법, 와이파이라고 불리는 **무선** 인터넷을 이용하는 방법, GPS를 이용하는 방법이 있다.

2 먼저 기지국을 이용하는 방법은 기지국에서 휴대 전화의 **통신** 신호를 확인하는 방법이다. 기지국이란 휴대 전화와 통신 회사 사이에 신호를 ㉠주고받는 5
기기로 한 지역 내 여러 군데에 설치되어 있다. 기지국은 기지국의 위치를 기준점으로 **사방** 50~2,000미터 **범위** 안에 있는 모든 휴대 전화와 신호를 주고받는다. 따라서 잃어버린 휴대 전화와 신호를 주고받은 기지국을 찾으면, 그 기지국의 신호 범위 안에 휴대 전화가 있다는 것을 알 수 있다. 그러나 이 방법으로는 휴대 전화가 기지국의 어느 방향에 있는지 알 수 없고, 기지국과 휴대 10
전화 사이의 거리도 정확히 알 수 없다.

3 다음으로 무선 인터넷을 이용해 휴대 전화의 위치를 찾는 방법이 있다. 이 방법은 휴대 전화가 접속한 무선 인터넷의 기록을 확인하여 휴대 전화의 위치를 찾는 것이다. 이 방법은 기지국을 이용하는 방법과 원리가 같다. 무선 인터넷은 약 100 미터의 범위에서만 신호를 주고받아 기지국보다 좁은 범위 내에 15
서 휴대 전화의 위치를 파악할 수 있다. 하지만 이 방법은 휴대 전화가 무선 인터넷이 **설치되지** 않은 곳에 있거나, 휴대 전화의 무선 인터넷 사용이 중지되어 있을 때에는 사용할 수 없다.

4 마지막으로 GPS를 이용하는 방법은 우주에 떠 있는 4개의 **인공위성**이 휴대 전화 기기의 위치 추적 시스템인 GPS에 보내는 **전파**를 확인하는 방법이 20
다. GPS를 이용하는 방법은 휴대 전화의 위치 추적 범위가 20미터 이내로 좁혀져서 휴대 전화의 위치를 비교적 정확하게 알 수 있다. 그러나 휴대 전화에 GPS 기능이 없거나 휴대 전화 사용자가 GPS 기능을 꺼 놓은 경우에는 휴대 전화를 찾을 수 없다. 설령 GPS 기능이 켜져 있더라도, 휴대 전화가 인공위성의 전파가 잘 닿지 않는 건물 안이나 지하에 있는 경우에는 휴대 전화의 위치 25
를 파악하기 어렵다.

- **추적하는** 사물의 자취를 더듬어 가는.
- **무선** 통신이나 방송을 전선 없이 함.
- **통신** 우편이나 전신, 전화 따위로 정보나 의사를 전달함. 또는 그 내용.
- **사방**(四 넉 사, 方 모 방) 동, 서, 남, 북 네 방위를 통틀어 이르는 말.
- **범위** 일정하게 한정된 영역.
- **설치되지** 어떤 일을 하는 데 필요한 기관이나 설비 따위가 베풀어지지.
- **인공위성** 지구 따위의 행성 둘레를 돌도록 로켓을 이용하여 쏘아 올린 인공의 장치.
- **전파** 공간으로 넓게 퍼지는 성질이 있어서 주로 라디오 등의 무선 통신에 사용되는 전자 자기 파동.

내용 독해

1 글쓴이가 이 글을 쓴 목적은 무엇인가요? (   )

① 휴대 전화의 위치를 찾는 방법을 소개하기 위해

② 휴대 전화의 올바른 사용 방법에 대해 알려 주기 위해

③ 잃어버린 휴대 전화를 찾는 일이 불가능함을 알리기 위해

④ 휴대 전화를 자주 잃어버리는 사람들에게 주의를 주기 위해

⑤ 휴대 전화의 위치 추적 기술이 나아갈 방향을 제시하기 위해

2 이 글의 내용과 일치하는 것은 무엇인가요? (   )

① 무선 인터넷이 신호를 주고받는 범위는 20미터 이내이다.

② 기지국을 이용하면 휴대 전화가 있는 정확한 방향을 알 수 있다.

③ GPS를 이용하는 방법은 1개의 인공위성에서 보내는 전파를 이용한다.

④ 무선 인터넷을 이용하면 장소와 상관없이 휴대 전화의 위치를 추적할 수 있다.

⑤ 휴대 전화를 찾는 세 가지 방법 중에서 추적 범위가 가장 좁은 것은 GPS를 이용하는 방법이다.

3 ㉠과 바꾸어 쓸 수 있는 낱말은 무엇인가요? (   )

① 교체하는   ② 교환하는   ③ 교섭하는

④ 반환하는   ⑤ 해소하는

4 이 글에 대한 반응으로 알맞은 것의 기호를 쓰세요.

> ㉮ 건물 안에서 휴대 전화를 잃어버리면 무조건 무선 인터넷을 이용해 휴대 전화를 찾아야 한다.
> ㉯ 휴대 전화를 잃어버릴 상황을 대비해 무선 인터넷 사용 기능과 GPS 기능을 항상 켜 두는 것이 좋다.
> ㉰ 두 곳의 기지국에서 휴대 전화가 보낸 신호가 확인될 경우, 휴대 전화는 정확히 두 기지국의 중간 지점에 있을 것이다.

(   )

구조 분석

5 다음 빈칸에 들어갈 알맞은 말을 쓰며 이 글의 내용을 정리하세요.

문단	중심 내용
1	휴대 전화의 ( )를 추적하는 세 가지 방법
2	( )을 이용하여 휴대 전화의 위치를 찾는 방법
3	( )을 이용하여 휴대 전화의 위치를 찾는 방법
4	GPS를 이용하여 휴대 전화의 위치를 찾는 방법

핵심 내용

6 빈칸에 들어갈 알맞은 말을 이 글에서 찾아 쓰세요.

휴대 전화의 위치를 찾는 방법

기지국에서 휴대 전화의 통신 신호를 확인하는 방법
기지국으로부터 방향이나 휴대 전화와 기지국 사이의 ( )를 알 수 없음.

무선 인터넷의 접속 ( )을 확인하는 방법
무선 인터넷을 사용할 수 있는 환경에서만 사용이 가능함.

4개의 ( )이 GPS에 보내는 전파를 확인하는 방법
휴대 전화에 GPS 기능이 켜져 있어야 하며, 인공위성의 전파가 닿는 곳에서만 사용이 가능함.

어휘

7 다음 문장의 빈칸에 들어갈 알맞은 낱말을 보기 에서 찾아 쓰세요.

보기

무선   사방   설치   추적   범위

⑴ 경찰은 불법 계좌를 ( )하고 있다.

⑵ 봄이 오자 ( )에서 도로 보수 공사가 시작되었다.

⑶ 교통 카드를 사용할 수 있는 ( )이/가 확대되었다.

⑷ ( )(으)로 된 키보드와 마우스는 사용하기 편리하다.

⑸ 졸음운전을 예방하기 위해 고속 도로에는 졸음 쉼터가 ( )되어 있다.

물체의 위치

물체의 위치는 물체가 일정한 곳에 차지하고 있는 자리를 뜻해요. 물체의 위치를 나타낼 때에는 기준점을 정한 후, 기준점으로부터 물체의 방향과 거리를 나타내요.

기준점은 위치를 나타낼 때 기준이 되는 **지점**이에요. 그러므로 기준점은 모두가 명확히 아는 곳이면서도 움직이지 않는 곳으로 정해야 물체의 위치를 정확하게 나타낼 수 있어요. 방향은 물체가 향하는 쪽으로 동서남북을 사용하여 나타내요. 물체가 두 방향 사이에 있을 때에는 남동쪽, 남서쪽, 북동쪽, 북서쪽과 같이 두 방향을 모두 나타내요. 거리는 두 물체가 떨어진 길이를 뜻하며, 거리의 **단위**에는 밀리미터(mm), 센티미터(cm), 미터(m), 킬로미터(km) 등이 있어요. 같은 거리라도 단위에 따라 1,000밀리미터, 100센티미터, 1미터, 0.001킬로미터처럼 다르게 나타낼 수 있으니 적절한 단위를 선택해 거리를 나타내야 해요.

핵심 용어 다음 빈칸에 들어갈 알맞은 용어를 쓰세요.

(1) **물체의** ☐☐

위(자리 位) 치(둘 置): 둔 자리.
- 뜻: 물체가 일정한 곳에 차지하고 있는 자리.

(2) ☐☐☐

기(터 基) 준(법도 準) 점(점 點): 자리나 법도가 되는 점.
- 뜻: 계산하거나 측정할 때 기준이 되는 점.

- **지점** 공간의 일정한 점.
- **단위** 어떤 양을 비교하거나 계산하는 데 기초가 되는 수, 양, 무게 등의 일정한 기준.

물체의 운동

파리와 데카르트 좌표

1 프랑스의 철학자이자 수학자, 과학자였던 데카르트는 어릴 적부터 몸이
허약하여 침대에 자주 누워 있곤 했다. 어느 날, 데카르트는 침대에 누워 있다
가 천장에서 날아다니는 파리를 보게 되었다. 그리고 계속 움직이는 파리의
위치를 천장에 정확하게 표현할 수 있는 방법을 찾아냈는데, 이것이 바로 데
카르트 좌표이다. 데카르트 좌표는 **평면** 위에 물체의 위치를 나타내기 위해 5
만들어졌다.

2 데카르트 좌표에 의하면 평면에 있는 모든 점은 x축과 y축에 관련된 두 개
의 숫자를 사용하여 나타낼 수 있다. 데카르트 좌표는 가로로 직선을 그어 이
직선을 x축이라고 하고, x축에 **수직**이 되는 직선을 그어 이 직선을 y축이라
한다. 그리고 x축과 y축이 만나는 점을 0으로 표시한다. 0을 기준으로 x축의 10
오른쪽은 일정한 간격으로 1, 2, 3……, 왼쪽은 −1, −2, −3……으로 나타낸
다. 마찬가지로 y축도 0을 기준으로 위쪽은 1, 2, 3……, 아래쪽은 −1, −2,
−3……으로 나타낸다. 이때 한 점의 위치는 그 점에서 x축과 y축에 수직인 직
선을 그어 x축, y축과 만나는 부분의 숫자를 차례대로 숫자 **쌍**으로 나타내는
것이다. 15

3 데카르트는 좌표를 생각해 내면서 물체의 위치를 숫자로 표현하기 위해 최
초로 −1, −2, −3, −4……와 같은 **음수**를 도입하고 음수의 개념을 구체화하
였다. 또한 데카르트 좌표로 점의 위치뿐 아니라 직선, 원, 직사각형, 정사각
형, 타원, 곡선 등의 도형을 **좌표 평면** 위에 나타낼 수 있게 되었다. 데카르트
의 좌표를 이용하여 도형을 수나 식으로 나타내고, 반대로 수나 식을 도형으 20
로 바꾸어 나타낼 수 있게 되면서 데카르트는 수학의 새로운 분야인 해석 **기
하학**을 개척하였다.

4 데카르트 좌표를 이용하면 물체의 위치와 운동을 정확하게 표현할 수 있
다. 예를 들어 파리가 1초 동안 움직인 거리를 좌표 평면의 점에 위치 변화로
나타낼 수 있는 것이다. 이렇게 데카르트의 좌표는 수학적 의의뿐만 아니라 25
과학적 이론의 토대가 되었다. 이 외에도 가로선과 세로선을 기준으로 물체의
위치를 나타내 지도를 그리게 되면서 데카르트 좌표는 지도가 발전하는 데 큰
영향을 끼쳤다. 오늘날에는 컴퓨터 화면을 **구성하는** 데에도 데카르트 좌표의
개념이 활용되고 있다.

- **허약하여** 힘이나 기운이 없
  고 약하여.
- **평면** 일정한 표면 위의 두
  점을 지나는 직선이 항상 그
  표면 위에 놓이는 면.
- **수직** 직선과 직선, 직선과
  평면, 평면과 평면 등이 서로
  만나 직각을 이루는 상태.
- **쌍** 둘씩 짝을 이룬 것.
- **음수** 0보다 작은 수.
- **좌표 평면** 어떤 점의 위치를
  나타내는 수나 수의 짝을 나
  타내기 위해 정하여진 평면.
- **기하학** 도형 및 공간의 성질
  에 대하여 연구하는 학문.
- **개척하였다** 새로운 영역, 운
  명, 진로 따위를 처음으로 열
  어 나갔다.
- **구성하는** 몇 가지 부분이나
  요소들을 모아서 일정한 전
  체를 짜 이루는.

핵심어

1 이 글에서 가장 중심이 되는 말을 이 글에서 찾아 여섯 글자로 쓰세요.

(   )

내용 이해

2 이 글을 통해 알 수 있는 내용이 아닌 것은 무엇인가요? (   )

① 음수를 도입한 인물
② 데카르트의 몸이 허약했던 까닭
③ 데카르트가 좌표를 떠올린 계기
④ 데카르트 좌표에서 x축과 y축의 뜻
⑤ 데카르트 좌표에서 물체의 위치를 나타내는 방법

추론

3 이 글에 대한 반응으로 알맞지 않은 것은 무엇인가요? (   )

① 유진: 데카르트 좌표는 우연한 계기로 만들게 되었군.
② 도현: 데카르트 좌표는 한 개의 숫자로 물체의 위치를 표현하는군.
③ 승희: 데카르트 좌표는 수학 외에도 다양한 분야에 영향을 주었군.
④ 재욱: 수나 식을 좌표 위에 도형으로 나타내는 것이 해석 기하학이군.
⑤ 연우: 데카르트 좌표는 물체의 위치뿐 아니라 물체의 운동도 표현할 수 있군.

적용

4 다음 중 데카르트 좌표와 유사한 방법으로 물체의 위치를 나타낸 것의 기호를 쓰세요.

> ㉮ 우체국은 도서관의 남쪽에 있습니다.
> ㉯ 체육관은 집에서 학교 쪽으로 300미터 가면 있습니다.
> ㉰ 학교는 연희로32길과 연희로36길이 만나는 지점에 있습니다.

(   )

구조 분석

5 각 문단의 중심 내용으로 알맞은 것에 ○표, 틀린 것에 ✕표를 하세요.

1 문단	어릴 적부터 몸이 허약했던 데카르트	( )
2 문단	데카르트 좌표에서 물체의 위치를 표현하는 방법	( )
3 문단	데카르트 좌표의 수학적 의의	( )
4 문단	데카르트 좌표의 단점	( )

6 빈칸에 들어갈 알맞은 말을 이 글에서 찾아 쓰세요.

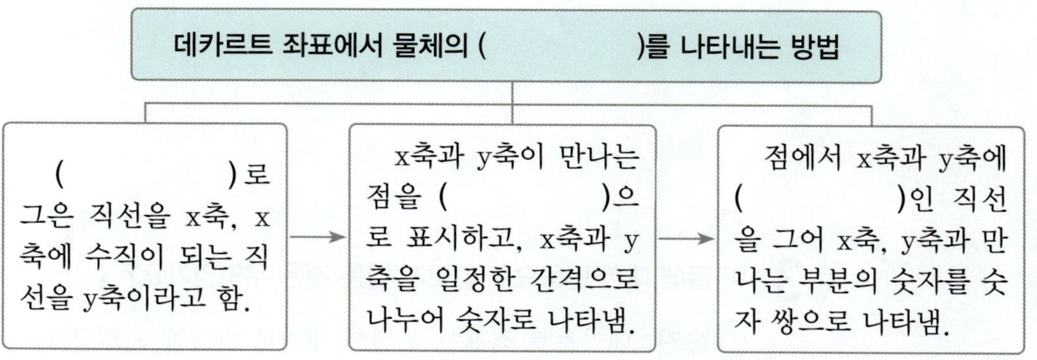

어휘

7 다음 낱말의 뜻을 보기 에서 찾아 기호를 쓰세요.

> **보기**
> ㉮ 둘씩 짝을 이룬 것.
> ㉯ 힘이나 기운이 없고 약함.
> ㉰ 새로운 영역, 운명, 진로 따위를 처음으로 열어 나감.
> ㉱ 일정한 표면 위의 두 점을 지나는 직선이 항상 그 표면 위에 놓이는 면.
> ㉲ 몇 가지 부분이나 요소들을 모아서 일정한 전체를 짜 이룸. 또는 그 이룬 결과.

(1) 쌍 ( )　　　(2) 구성 ( )

(3) 개척 ( )　　　(4) 평면 ( )

(5) 허약 ( )

물체의 운동

물체의 위치가 시간이 지남에 따라 변하는 것을 **물체의 운동**이라고 해요. 그리고 **위치 변화**는 사물의 위치가 바뀌어 달라지는 것을 뜻해요. 이때 위치 변화는 물체가 이동하는 방향이 바뀌거나 일정한 거리를 움직이는 것을 모두 포함해요.

'자동차가 1초 동안 20미터를 이동하였다.'와 같이 물체의 운동은 물체의 위치가 변하는 데 걸린 시간과 이동한 거리로 나타내야 해요. 물체의 이동 거리를 **측정**할 때에는 물체의 한 곳을 기준점으로 정해 기준점이 움직인 거리를 측정해야 이동한 거리를 정확하게 측정할 수 있어요.

• 자동차의 운동

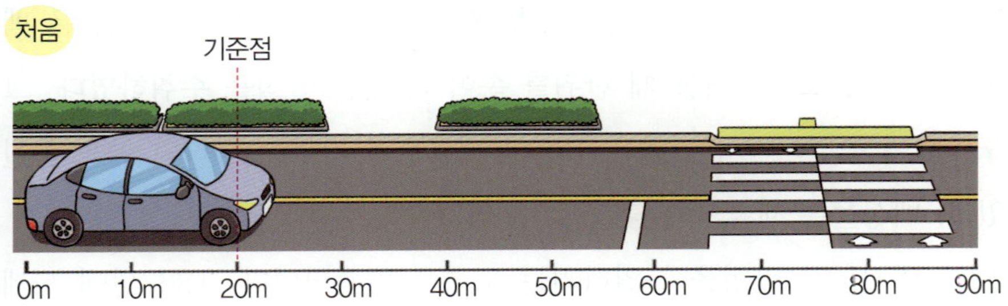

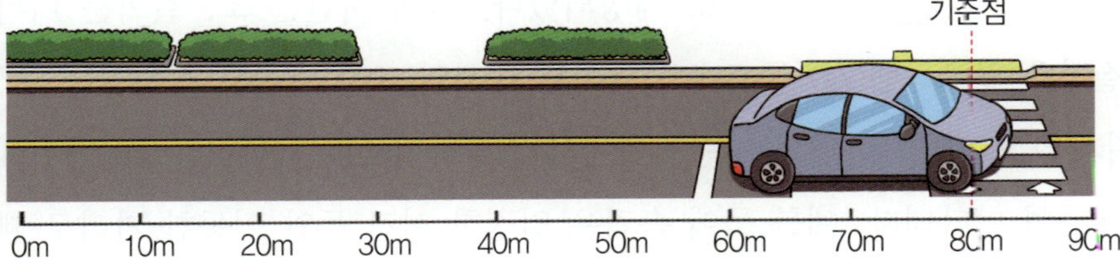

핵심 용어 다음 빈칸에 들어갈 알맞은 용어를 쓰세요.

(1) **물체의** ☐☐

운(옮길 運) 동(움직일 動): 옮기고 움직임.
• 뜻: 물체의 위치가 시간의 지남에 따라 변하는 것.

(2) **위치** ☐☐

변(변할 變) 화(될 化): 변하게 됨.
• 뜻: 사물의 위치가 바뀌어 달라짐.

● **측정할** 일정한 양을 기준으로 하여 같은 종류의 다른 양의 크기를 잴.

물체의 속력

사회의 기준이 되는 도량형

1 1999년 미국에서 화성으로 발사한 우주선이 폭발한 일이 있었다. 우주선을 만든 회사는 거리의 단위를 '야드'로 설정하여 우주선을 제작하였고, 항공 우주국은 거리의 단위를 '미터'로 생각하여 우주선을 조종했기 때문이다. 화성 궤도에 예정보다 훨씬 낮게 **진입한** 우주선은 **대기권**과 마찰하며 발생한 열로 인해 결국 폭발하고 말았다. 이 사건은 ㉠길이나 질량, 부피 등의 단위를 **측정하는** 법인 도량형을 통일하는 것이 얼마나 중요한 일인지를 보여 준다.

2 과거부터 나라를 이끄는 지도자들은 도량형을 통일하기 위해 노력하였다. 중국의 진시황은 진나라를 세운 후 가장 먼저 도량형을 통일하였다. 도량형이 통일되자 지역 간의 **교류**가 편리해져 상업이 발달하였다. 조선의 세종 대왕 역시 도량형을 통일하여 관리들의 **부정부패**를 해결하였다. 당시 관리들은 백성에게 곡식을 세금으로 거둘 때 단위를 속여 더 많은 곡식을 **수취하였다.** 그런데 도량형이 통일되자 관리들은 전처럼 세금으로 거두는 곡식의 양을 속일 수 없었고, 백성들은 세금의 부담을 덜 수 있었다.

3 현대에 와서도 도량형을 통일하려는 노력은 계속되었다. 1867년에 세계 도량형 **표준**을 정하기 위한 의논이 처음 시작되었고, 1875년에 길이의 단위를 정한 미터법이 국제 표준으로 **제정되었다.** 현재 시간은 초, 길이는 미터(m), 질량은 킬로그램(kg) 등 7개의 단위를 세계의 표준 단위로 정해 이를 '국제단위계'라고 한다. 한편 국제단위계에서 **지정하지** 않은 단위는 국제단위계를 활용하여 나타낸다. 예를 들어 속력은 일정한 시간 동안 이동한 거리로 빠르기를 나타내므로, 시간과 길이의 국제단위계를 사용해 1초 동안 이동한 거리의 단위로 미터/초(m/초)를 표준으로 쓴다.

4 그러나 미국 등의 일부 나라에서는 국제단위계를 사용하지 않는다. 미국은 국제단위계를 정한 국제 협약에는 참여하였으나, 여전히 영국 고유의 단위법에 기초한 미국 단위계를 사용한다. 기존에 사용하던 단위를 국제단위계로 바꿀 때 **막대한** 비용이 들고, 바꾼 단위가 익숙해지기까지 불편함이 동반되기 때문이다.

- **진입한** 향하여 내처 들어간.
- **대기권** 행성을 둘러싸고 있는 대기의 범위.
- **측정하는** 일정한 양을 기준으로 하여 같은 종류의 다른 양의 크기를 재는.
- **교류** 문화나 사상 따위가 서로 통함.
- **부정부패** 바르지 못하고 타락함.
- **수취하였다** 거두어들여 가졌다.
- **표준** 일반적인 것. 또는 평균적인 것.
- **제정되었다** 제도나 법률 따위를 만들어서 정했다.
- **지정하지** 가리키어 확실하게 정하지.
- **막대한** 더할 수 없을 만큼 많거나 큰.

내용 독해

설명 대상

1 이 글에서 설명하는 것은 무엇인가요? (   )

① 도량형 통일의 중요성
② 국가별 도량형의 변화 과정
③ 우리나라의 과거와 현재의 도량형
④ 미국에서 사용하는 도량형의 문제점
⑤ 길이나 질량, 부피 등을 정확하게 측정하는 방법

내용 이해

2 이 글의 내용과 일치하지 <u>않는</u> 것은 무엇인가요? (   )

① 국제단위계에는 총 7개의 단위가 있다.
② 국제단위계에는 속력의 단위도 포함되어 있다.
③ 도량형을 통일하지 않으면 소통에 어려움이 생길 수 있다.
④ 중국의 진시황은 진나라를 세운 후 가장 먼저 도량형을 통일하였다.
⑤ 조선의 세종 대왕은 도량형을 통일하여 백성들의 생활에 도움을 주었다.

추론

3 이 글에 대한 반응으로 알맞게 말한 친구는 누구인지 쓰세요.

> 해수: 모든 국가가 국제단위계를 사용하고 있구나.
> 건우: 도량형을 통일하면 국가 간의 교류가 더욱 편리해지겠어.
> 현지: 국제단위계로 도량형을 바꾸는 일은 어려운 일이 아니구나.

(   )

적용

4 ㉠의 사례로 볼 수 <u>없는</u> 것은 무엇인가요? (   )

① 모양이 맞지 않는 부속품을 사용하여 자동차가 고장이 났다.
② 의류 회사마다 옷의 크기를 가리키는 단위가 달라 옷을 구매하기가 어렵다.
③ 카페에 갔다가 음료의 양을 가리키는 말이 낯설어 음료를 주문하지 못했다.
④ 쌀의 양을 재는 바가지의 크기가 마을마다 달라 세금을 일정하게 거두지 못했다.
⑤ 비행기의 연료를 다른 단위로 잘못 넣어서 비행기가 목적지에 도착하기 전에 비상 착륙하였다.

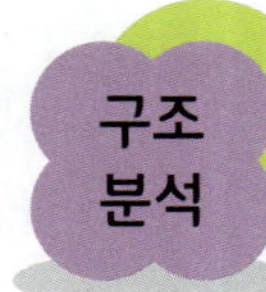

구조 분석

5 다음은 이 글에 나타난 각 문단의 중심 내용입니다. 글의 내용에 맞게 순서대로 기호를 쓰세요.

> ㉮ 중국 진시황과 조선 세종 대왕의 도량형 통일
> ㉯ 세계적으로 도량형을 통일해 제정한 국제단위계
> ㉰ 일부 나라에서 국제단위계를 사용하지 않는 까닭
> ㉱ 도량형이 통일되지 않아 발생한 우주선 폭발 사고

( ) → ( ) → ( ) → ( )

6 빈칸에 들어갈 알맞은 말을 이 글에서 찾아 쓰세요.

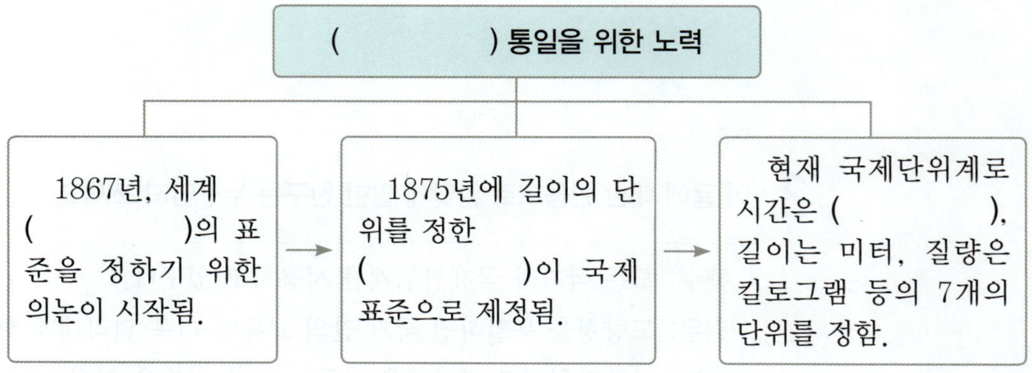

어휘

7 다음 문장에 들어갈 알맞은 낱말에 ○표 하세요.

⑴ 이번 장마로 그 지역은 (위대한, 막대한) 피해를 입었다.
⑵ 안과에서 시력을 (측정, 선정)한 후에 새 안경을 맞추었다.
⑶ 트럭은 신호를 지키지 않고 왼쪽 도로로 (진압, 진입)하였다.
⑷ 외국과의 활발한 (교류, 체류)를 통해 기술이 빠르게 발전하였다.
⑸ 공정한 선거를 위해 (일희일비, 부정부패)를 방지하는 단체가 만들어졌다.

물체의 속력

물체의 속력은 일정한 시간 동안 물체가 이동한 거리를 뜻해요. 물체가 이동한 거리를 걸린 시간으로 나누면 물체의 속력을 구할 수 있어요.

속력의 값을 나타내는 **기준**인 **속력의 단위**로는 m/초, km/시간 등이 있어요. m/초는 1초 동안 이동한 거리를 미터로 나타내는 것이고, km/시간은 1시간 동안 이동한 거리를 **킬로미터**로 나타내는 것이에요. 물체의 속력이 높을수록 빠른 물체이고, 물체의 속력이 낮을수록 느린 물체예요.

예를 들어 걸어서 1시간 동안 4킬로미터를 이동했다면 속력은 4km/시간이 돼요. 또한 자전거를 타고 3시간 동안 60킬로미터를 이동했다면 1시간 동안 이동한 **평균** 거리는 20킬로미터이므로 속력은 20km/시간이 돼요.

• 각 교통수단이 3시간 동안 이동한 거리

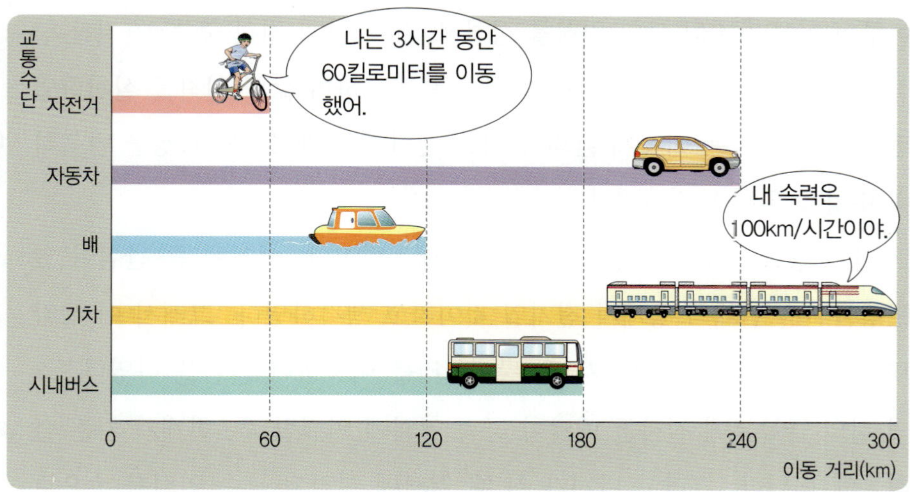

핵심 용어 다음 빈칸에 들어갈 알맞은 용어를 쓰세요.

(1) **물체의** ☐☐

속(빠를 速) **력**(힘 力): 빠르기의 힘.
• 뜻: 일정한 시간 동안 물체가 이동한 거리.

(2) **속력의** ☐☐

단(홑 單) **위**(이름 位): 하나씩 세어 양을 숫자로 나타낼 때의 이름.
• 뜻: 속력의 값을 나타낼 때의 기준.

● **기준** 기본이 되는 표준.
● **킬로미터** 미터법에 의한 길이의 단위로 1미터의 1,000배.
● **평균** 여러 수나 같은 종류의 양의 중간값을 갖는 수.

전기

번개 잡은 사나이의 성공 비결

1 미국의 100달러 지폐에 그려진 벤저민 프랭클린은 미국에서 가장 존경 받는 인물 중 한 명으로 꼽힌다. **인쇄공**이자 사업가, 과학자, 정치가였던 그는 하는 일마다 큰 성공을 거두었다. 그러나 그가 태어날 때부터 좋은 조건을 갖추고 있었던 것은 아니다. 그는 가난한 집안에서 태어나 10살에 학교를 그만두고 일을 해야만 했다. 그런 그가 성공할 수 있었던 **비결**은 무엇이었을까?　　5

2 벤저민 프랭클린의 첫 번째 성공 비결은 철저한 시간 관리이다. 그는 하루 일과의 계획을 세워 시간을 효과적으로 사용하였다. 그는 하루 중 9시간은 일을 하고 7시간은 잠을 자며, 5시간은 식사를 하고 여가를 즐겼다. 그리고 남은 3시간은 독서와 같은 자기 **계발**을 하였다. 그는 항상 규칙적으로 생활하며 게으름으로 시간을 낭비하는 것을 **경계하였다.**　　10

3 벤저민 프랭클린의 두 번째 성공 비결은 자기반성이다. 그는 위인들의 삶에서 배울 만한 점을 뽑아 자신의 삶의 원칙으로 삼았다. 그는 **절제**와 **근면** 등으로 이루어진 13가지의 삶의 원칙을 정하고, 매주 삶의 원칙 중 한 가지를 선택해 실천하였다. 그리고 매일 밤마다 하루를 반성하며 삶의 원칙을 실천하였는지 점검하였다. 그는 이렇게 삶의 원칙을 실천하고 반성하는 과정을 반복하며 인격 **수양**을 위해 노력하였다.　　15

4 벤저민 프랭클린의 마지막 성공 비결은 행동력이다. 전기에 큰 관심이 있었던 프랭클린은 번개의 정체가 전기일 것이라고 생각하였다. 그래서 이 생각을 증명하기 위해 금속에 전기가 흐르는 원리를 이용하여 실험을 하였다. 그는 연의 실의 끝부분에 철사를 매달아 금속 열쇠에 연결한 후, 번개가 치는 날 연을 하늘에 띄웠다. 그리고 번개가 칠 때 철사에 연결된 금속 열쇠를 손으로 만져 전기가 흐르는 것을 직접 확인하였다. 이 시대에는 번개가 가진 전기의 세기가 밝혀지지 않아 이러한 행동이 얼마나 위험한지 몰랐기 때문이다. 프랭클린은 강한 행동력으로 실험을 시도하여 번개가 전기라는 사실을 증명하였다. 이를 통해 벤저민 프랭클린은 **피뢰침**을 발명하였고, 덕분에 건물이 **벼락**　　25 으로부터 받는 피해를 줄일 수 있었다.

- **인쇄공** 인쇄하는 일을 직업으로 하는 사람.
- **비결** 세상에 알려지지 않은 자기만의 뛰어난 방법.
- **계발** 슬기나 재능, 사상 따위를 일깨워 줌.
- **경계하였다** 옳지 않은 일이나 잘못된 일을 하지 않도록 주의하였다.
- **절제** 정도에 넘지 않도록 알맞게 조절하여 제한함.
- **근면** 부지런히 일하며 힘씀.
- **수양** 몸과 마음을 갈고닦아 품성이나 지식, 도덕 따위를 높은 수준으로 끌어올림.
- **피뢰침** 벼락의 피해를 막기 위하여 건물의 가장 높은 곳에 세우는, 끝이 뾰족한 금속으로 된 막대기.
- **벼락** 번개가 땅으로 내려오는 것.

목적

1 글쓴이가 이 글을 쓴 목적은 무엇인가요? (　　　　)

① 벤저민 프랭클린의 어린 시절을 소개하기 위해
② 벤저민 프랭클린이 발명한 물건을 소개하기 위해
③ 벤저민 프랭클린이 과학에 기여한 점을 알리기 위해
④ 벤저민 프랭클린의 삶에서 배워야 할 점을 소개하기 위해
⑤ 한 가지 일에 집중하지 않은 벤저민 프랭클린을 비판하기 위해

내용 이해

2 이 글의 내용과 일치하는 것은 무엇인가요? (　　　　)

① 벤저민 프랭클린은 교육을 충분히 받으며 자랐다.
② 벤저민 프랭클린의 얼굴은 미국의 동전에 새겨져 있다.
③ 벤저민 프랭클린은 위인들의 삶의 원칙을 본받고자 했다.
④ 벤저민 프랭클린이 하루 중 가장 많은 시간을 투자한 것은 독서였다.
⑤ 벤저민 프랭클린은 인쇄공으로는 실패하였으나 과학자로 성공하였다.

추론

3 4 문단을 통해 추론할 수 있는 내용으로 알맞은 것의 기호를 쓰세요.

> ㉮ 번개에 흐르는 전기는 연을 따라 흘렀을 것이다.
> ㉯ 철사에 나무 열쇠를 연결했다면 나무 열쇠에도 전기가 흐를 것이다.
> ㉰ 금속 열쇠를 손으로 만지면 번개에 흐르는 전기의 세기를 알 수 있을 것이다.

(　　　　　　　　　　)

적용

4 이 글에 대한 생각을 알맞게 말한 친구는 누구인가요? (　　　　)

① 진호: 한 가지 직업보다는 여러 가지 직업을 가져야겠어.
② 해영: 시간을 낭비하지 않도록 계획적인 생활을 해야겠어.
③ 수희: 정치가보다 발명가로 살아가는 것이 더 멋있는 것 같아.
④ 민성: 어려운 환경을 극복하기 위해서는 타고난 능력이 필요하구나.
⑤ 천명: 위험한 일은 직접 경험해 보는 것이 자기 발전에 도움이 되겠어.

구조 분석

5 각 문단의 중심 내용으로 알맞은 것에 ○표, 틀린 것에 ✕표를 하세요.

(1) **1**문단　벤저민 프랭클린의 성장 환경　（　　）

(2) **2**문단　벤저민 프랭클린의 자기 계발　（　　）

(3) **3**문단　벤저민 프랭클린의 자기반성　（　　）

(4) **4**문단　벤저민 프랭클린의 영향력　（　　）

6 빈칸에 들어갈 알맞은 말을 이 글에서 찾아 쓰세요.

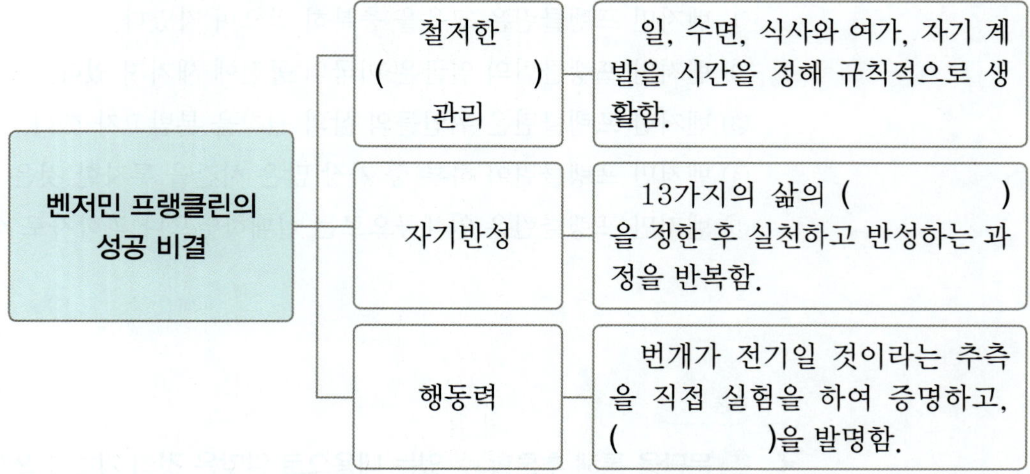

어휘

7 다음 낱말의 뜻을 찾아 선으로 알맞게 이으세요.

(1) 근면　·　·㉮　부지런히 일하여 힘씀.

(2) 수양　·　·㉯　세상에 알려지지 않은 자기만의 뛰어난 방법.

(3) 비결　·　·㉰　정도에 넘지 않도록 알맞게 조절하여 제한함.

(4) 절제　·　·㉱　옳지 않은 일이나 잘못된 일을 하지 않도록 주의함.

(5) 경계　·　·㉲　몸과 마음을 갈고닦아 품성이나 지식, 도덕 따위를 높은 수준으로 끌어올림.

전기

　　전기는 물질 안에 있는 전자의 움직임으로 생기는 에너지예요. 물질을 이루는 단위인 원자는 원자핵과 전자로 나누어져 있는데, 이때 원자핵은 중성자와 양성자로 나누어져요. 중성자는 전기를 띄지 않고 양성자는 (+)**전하**를 띠며, 전자는 (−)전하를 띠어요. 전자가 여러 방향으로 불규칙하게 움직일 때에는 전기가 발생하지 않지만, 전자가 (−)전하에서 (+)전하로 일정하게 이동할 때에는 전기가 발생해요.

　　전자가 움직일 때 전자의 움직임이 마치 물이 흐르는 것처럼 보인다고 해서 물질 안에서 흐르는 전기를 **전류**라고 해요. 전류는 전자의 이동 방향과 반대로 (+)**극**에서 (−)극으로 흘러요. 우리가 선풍기나 텔레비전을 켜면 전선 안에 전류에 의해 선풍기나 텔레비전이 **작동하게** 되지요.

핵심 용어 다음 빈칸에 들어갈 알맞은 용어를 쓰세요.

(1) ☐ ☐

전(번개 電) 기(기운 氣): 번개와 같은 힘.
- 뜻: 물질 안에 있는 전자의 움직임으로 생기는 에너지.

(2) ☐ ☐

전(번개 電) 류(흐를 流): 번개와 같은 힘이 흐르는 것.
- 뜻: 물질 안에서 흐르는 전기.

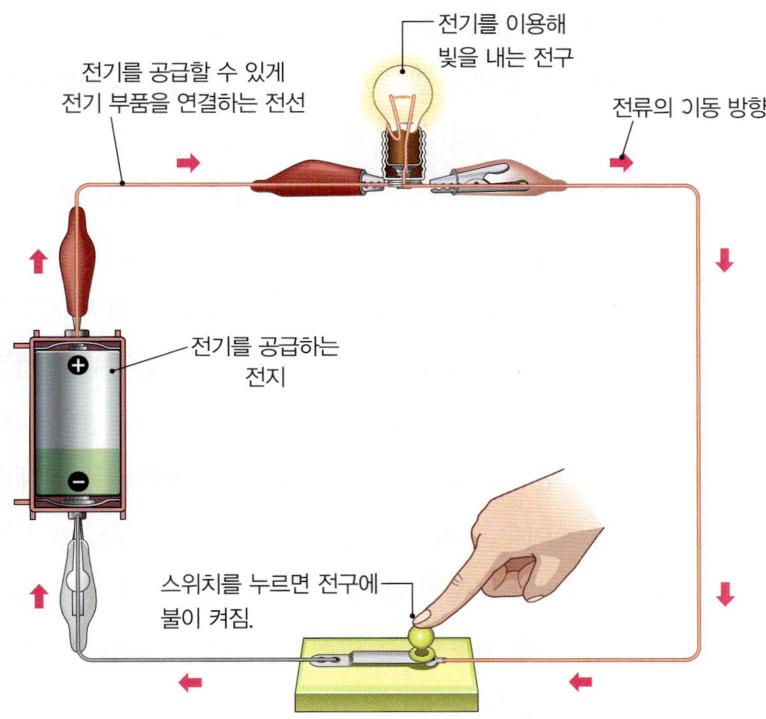

- **전하** 물질이 띠고 있는 정전기의 양으로, 전기 현상을 일으키는 물질.
- **극** 전지에서 전기가 드나드는 양쪽 끝.
- **작동하게** 기계 따위가 작용을 받아 움직이게.

전기 회로

진화하는 배터리

1 휴대 전화나 노트북과 같은 전자 기기의 배터리는 대부분 리튬 이온 전지를 사용한다. 리튬 이온 전지는 리튬 이온이 전지의 양 극 사이를 이동하며 **회로**에 전기가 흐르는 원리로 전기 에너지를 만들어 낸다. 그런데 리튬 이온 전지는 열과 충격에 약해 수명이 짧고 폭발의 위험이 있다. 이런 까닭으로 모양을 쉽게 바꾸기 어렵다. 또한 **폐기할** 때 오염 물질을 배출하여 환경 오염의 주요 원인이 되기도 한다. 그래서 리튬 이온 전지를 **대체할** 다양한 신형 배터리가 등장하고 있다.

2 스웨덴에서 개발한 종이 배터리는 모양을 쉽게 바꿀 수 있다는 특징이 있다. 종이 배터리의 재료는 나무를 구성하는 물질인 셀룰로오스이다. 종이 배터리는 셀룰로오스를 머리카락 두께의 5만분의 1 정도로 매우 얇게 만든 후 그 가닥을 **균일하게** **코팅하여** 만들었다. 종이 배터리는 자유롭게 구부릴 수 있어 사용이 편리하고, 화학 물질과 **생체**를 결합하는 기능이 있어 화장품이나 의료 용품에 사용할 수 있다. 또 종이 배터리는 나무에서 재료를 얻기 때문에 친환경적인 배터리이며, 자연 분해되는 성질을 가지고 있어 환경 오염도 발생하지 않는다.

3 최근 미국에서 개발한 생분해성 배터리는 게나 새우와 같은 갑각류의 껍질에 있는 천연 물질을 이용하여 만들었다. 생분해성 배터리는 갑각류의 껍질을 단단하게 구성하는 물질인 키틴에 아세트산 수용액을 **합성하여** 형태를 변화시킨 후 배터리를 구성하는 전해질로 사용한다. 생분해성 배터리는 분해하는 데 오랜 시간이 걸리는 리튬 이온 전지와 달리 단 몇 개월이면 토양에서 모두 분해된다. 또 생분해성 배터리가 분해된 후에 얻을 수 있는 아연 물질은 다시 생분해성 배터리를 만드는 데에 사용할 수 있어, 생분해성 배터리는 자연의 **순환**을 이용한 친환경적인 배터리라고 할 수 있다.

4 이 밖에도 프린터로 종이에 찍어 내서 사용하는 배터리, 전기가 통하는 소재를 섬유에 넣은 섬유 배터리, 몸의 열을 이용해 전기를 만드는 배터리 등이 개발되었다. ⊙ 신형 배터리들은 **지속** 시간이 짧고, 만드는 비용이 비싸다는 단점이 있다. 아직 리튬 이온 전지만큼 상용화된 신형 배터리는 없지만, 앞으로도 더 편리하고 안전한 배터리는 계속해서 등장할 것이다.

- **회로** 전기 부품을 연결하여 전기가 흐르도록 한 것.
- **폐기할** 못 쓰게 된 것을 버릴.
- **대체할** 다른 것으로 대신할.
- **균일하게** 한결같이 고르게.
- **코팅하여** 물체의 겉에 다른 물질을 얇게 발라 씌워.
- **생체** 생물의 몸. 또는 살아 있는 몸.
- **합성하여** 둘 이상의 것을 합쳐서 하나를 이루어.
- **순환** 주기적으로 자꾸 되풀이하여 돎. 또는 그런 과정.
- **지속** 어떤 상태가 오래 계속됨. 또는 어떤 상태를 오래 계속함.

**내용
독해**

1 이 글에서 설명하는 것은 무엇인가요? (　　　)

① 리튬 이온 배터리의 장점
② 신형 배터리의 상용화 시기
③ 신형 배터리의 종류와 가능성
④ 배터리를 최초로 발명한 사람
⑤ 최근 인기 있는 휴대 전화와 노트북의 종류

2 이 글의 내용과 일치하지 <u>않는</u> 것은 무엇인가요? (　　　)

① 생분해성 배터리는 분해된 후에도 재활용이 가능하다.
② 리튬 이온 전지는 휴대 전화의 배터리로 사용되고 있다.
③ 종이 배터리는 모양을 쉽게 바꿀 수 있으나 자연적으로 분해되지 않는다.
④ 생분해성 배터리는 천연 물질에 화학적인 반응을 일으킨 후 재료로 사용한다.
⑤ 몸에서 발생하는 열을 이용해 전기를 만드는 배터리도 신형 배터리에 해당한다.

3 ㉠에 들어갈 이어 주는 말로 알맞은 것은 무엇인가요? (　　　)

① 다만　　　　　　② 혹은　　　　　　③ 게다가
④ 그러면　　　　　⑤ 그래서

4 신형 배터리에 대해 알맞게 이해한 친구는 누구인지 쓰세요.

> 미진: 신형 배터리는 열과 충격에 약하다는 단점이 있군.
> 연두: 만드는 데 비용이 저렴한 신형 배터리를 개발해야겠군.
> 경수: 신형 배터리는 리튬 이온 배터리보다 널리 쓰이고 있군.

(　　　　　　　　)

구조 분석

문단 요약

5 다음 질문의 답을 찾을 수 있는 문단을 찾아 선으로 이으세요.

종이 배터리의 재료는 무엇인가요?	•	•	**1** 문단
생분해성 배터리의 장점은 무엇인가요?	•	•	**2** 문단
신형 배터리가 등장한 까닭은 무엇인가요?	•	•	**3** 문단
신형 배터리가 해결해야 하는 문제는 무엇인가요?	•	•	**4** 문단

핵심 내용

6 빈칸에 들어갈 알맞은 말을 이 글에서 찾아 쓰세요.

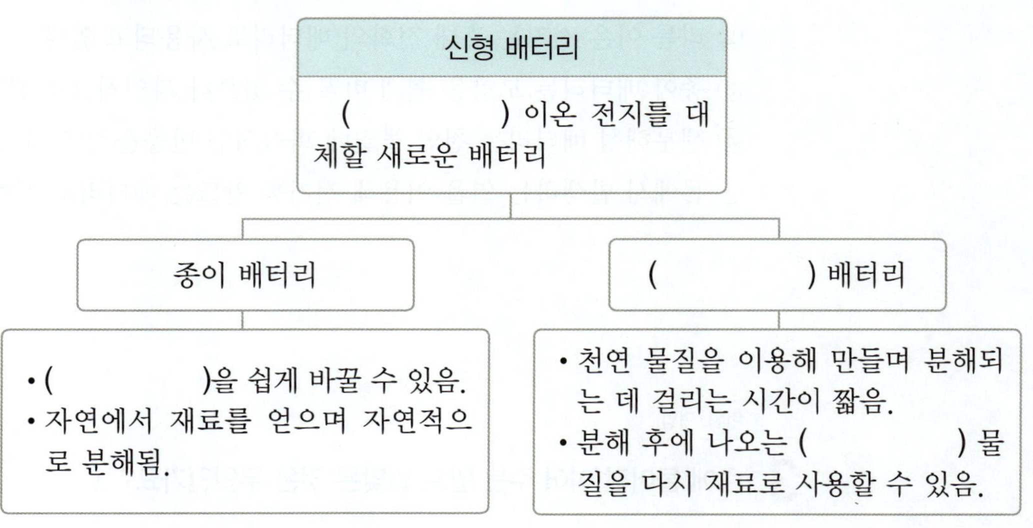

어휘

이해

7 다음 낱말의 뜻을 보기 에서 찾아 기호를 쓰세요.

보기
㉮ 한결같이 고름.
㉯ 다른 것으로 대신함.
㉰ 둘 이상의 것을 합쳐서 하나를 이룸.
㉱ 주기적으로 자꾸 되풀이하여 돎. 또는 그런 과정.
㉲ 어떤 상태가 오래 계속됨. 또는 어떤 상태를 오래 계속함.

(1) 균일　(　　　　)　　　(2) 지속　(　　　　)
(3) 순환　(　　　　)　　　(4) 합성　(　　　　)
(5) 대체　(　　　　)

전기 회로

전기를 공급하는 전기 **부품**을 전지라고 해요. 전지는 두 개의 극을 가지고 있는데, 전지의 극은 전지에서 전기가 드나드는 양쪽 끝을 뜻하는 말이에요. 전지의 극에서 한쪽은 (+)극이고 한쪽은 (−)극이에요. 전지의 극의 방향을 잘 확인하고 전지를 알맞게 연결해야만 전류가 흘러요.

전지에 전선, 전구 등과 같은 전기 부품을 연결하여 전기가 흐르도록 한 것을 **전기 회로**라고 해요. 전기 회로 부품은 전원 장치인 전지, **출력** 장치인 전구, 연결 장치인 전선, 스위치 등이 있어요. 전기 회로에서 전구에 불이 켜지기 위해서는 전구와 전지가 전선으로 끊어지지 않게 연결되어야 해요.

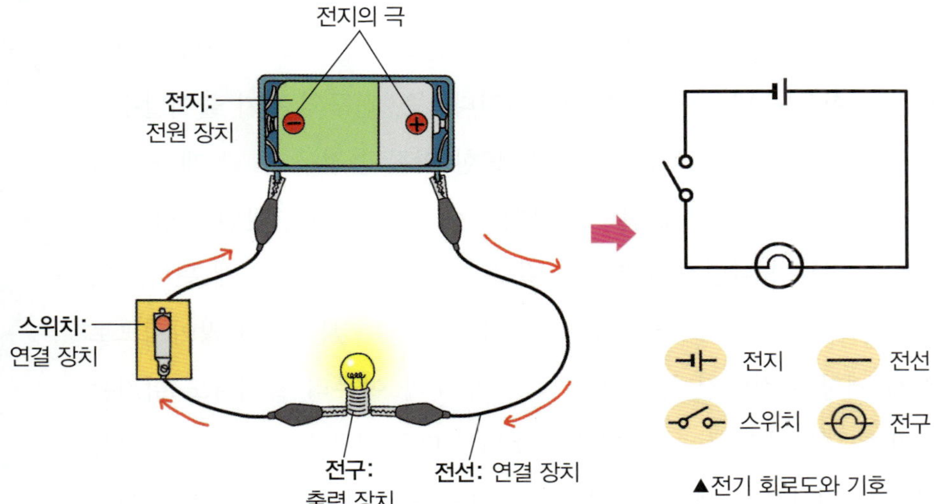

▲전기 회로도와 기호

핵심 용어 다음 빈칸에 들어갈 알맞은 용어를 쓰세요.

(1) **전지의** ☐

극(극 極)
• 뜻: 전지에서 전기가 드나드는 양쪽 끝.

(2) **전기** ☐☐

회(돌 回) 로(길 路): 도는 길.
• 뜻: 전기 부품을 연결하여 전기가 흐르도록 한 것.

• **부품** 기계 따위의 어떤 부분에 쓰는 물품.
• **출력** 기기나 장치가 입력을 받아 일을 하고 외부로 결과를 내는 일. 또는 그 결과.

전구의 밝기

멀티탭의 연결 구조

1 멀티탭이란 하나의 콘센트에 여러 개의 전기 제품을 연결할 수 있게 해 주는 **장치**로, 가정에서 많이 사용된다. 일반적인 멀티탭은 전기 제품의 플러그를 꽂는 콘센트 구멍이 한 줄로 나란하게 있어, 전기 제품을 **직렬**로 연결하는 것처럼 보인다. 그러나 멀티탭은 전기 제품을 **병렬**로 연결하는 구조로 되어 있다.

2 전기 회로에 **저항**을 연결하는 방법에는 직렬연결과 병렬연결이 있다. 전기 회로는 전지, 전구, 전선 등 여러 전기 부품을 연결해 전류가 흐를 수 있게 만든 것이고, 저항은 전기 회로에서 전류의 흐름을 **방해하는 요소**이다. 저항에 영향을 주는 것으로는 전선의 길이나 굵기, 전구 등이 있다. 저항을 직렬연결하는 것은 전기 회로에 여러 개의 전구를 한 줄로 연결하는 것이다. 반면 ㉠저항을 병렬연결하는 것은 여러 개의 전구를 나란히 연결하는 것이다.

3 저항을 직렬로 연결하면 전류가 한 방향으로만 흐르면서 모든 저항을 지나가야 하므로 저항의 수만큼 전체 저항이 커진다. 즉, 전구의 수가 늘어날수록 저항이 세지므로 전구의 밝기가 약해진다. 또한 연결된 전구 중 한 개가 고장 나면 전류가 흐를 수 없어 전체 전구에 불이 들어오지 않는다. 반면 저항을 병렬로 연결하면 전류가 나란하게 연결된 길로 모두 나누어져 흐르게 된다. 즉, 병렬로 연결된 저항의 수가 늘어나도 전류가 흐를 수 있는 길이 많아지므로 오히려 전체 저항이 작아진다. 그래서 전구의 수가 아무리 늘어나도 밝기는 **유지된다**. 또한 연결된 전구 중 한 개가 고장 나도 다른 전구에는 불이 들어온다.

4 멀티탭에서 저항은 콘센트에 꽂는 전기 제품을 말한다. 멀티탭의 콘센트들은 병렬 구조로 연결되어 있어서 1~2개에만 저항을 연결해도 저항이 연결된 쪽으로만 전류가 흘러서 전기 제품을 사용할 수 있다. 만약 멀티탭의 콘센트가 직렬연결이라면 모든 콘센트에 전기 제품을 연결해야만 사용할 수 있을 것이다. 멀티탭을 병렬연결로 만든 까닭은 필요에 따라 연결하는 전기 제품의 수를 **조절하기** 위해서이다. 그래도 가정에서 멀티탭을 이용할 때에는 너무 많은 전기제품을 동시에 연결하여 사용하지 않도록 하고, 멀티탭에 먼지가 쌓이지 않도록 **수시로** 닦아 주는 것이 좋다.

- **장치** 어떤 목적에 따라 기능하도록 하는 기계나 도구.
- **직렬** 전기 회로에서 전지나 전구를 한 줄로 연결하는 일.
- **병렬** 전기 회로에서 전선이나 전지의 극을 같은 극끼리 연결하는 일.
- **저항** 물체에 전류가 흐르는 것을 방해하는 작용.
- **방해하는** 남의 일을 간섭하고 막아 해를 끼치는.
- **요소** 무엇을 이루는 데 반드시 있어야 할 중요한 물질이나 조건.
- **유지된다** 어떤 상태나 상황이 그대로 보존되거나 변함없이 계속되어 지탱된다.
- **조절하기** 적당하게 맞추어 나가기.
- **수시로** 아무 때나 늘.

내용 독해

1 글쓴이가 이 글을 쓴 목적은 무엇인가요? (　　　　)

① 전구의 밝기를 조절하는 방법을 설명하기 위해
② 멀티탭에 저항을 연결하는 구조를 설명하기 위해
③ 전기 회로의 저항을 줄이는 방법을 설명하기 위해
④ 멀티탭을 안전하게 사용하는 방법을 설명하기 위해
⑤ 전선의 길이와 굵기가 전구의 밝기에 주는 영향을 설명하기 위해

내용 이해

2 이 글의 내용과 일치하는 것은 무엇인가요? (　　　　)

① 전지는 전류가 흐르는 것을 방해하는 요소이다.
② 멀티탭은 콘센트가 한 줄로 연결된 직렬 구조이다.
③ 여러 개의 전구를 직렬로 연결하면 밝기가 강해진다.
④ 멀티탭의 콘센트는 많은 전기 제품을 연결할수록 좋다.
⑤ 저항의 병렬연결은 전구의 개수가 많아질수록 전체 저항이 작아진다.

추론

3 다음 빈칸에 공통으로 들어갈 말을 찾아 두 글자로 쓰세요.

> 전기 제품은 제품의 용도에 따라 [　　　]을 줄일 수 있도록 전선의 길이와 굵기를 다르게 만든다. 예를 들어 무선 전기 주전자의 경우 전기를 공급하는 아랫부분과 주전자가 분리되기 때문에 전류가 흐르는 길인 전선의 길이를 짧게 하고, 전류가 잘 흐를 수 있도록 전선의 굵기를 굵게 하여 [　　　]을 줄인다.

(　　　　　　　　　　)

적용

4 ㉠에 해당하는 경우가 **아닌** 것을 골라 기호를 쓰세요.

> ㉮ 거실의 전구가 고장 나서 거실만 불이 켜지지 않았다.
> ㉯ 크리스마스 장식등의 전구 한 개가 고장 나서 전체 불이 꺼졌다.
> ㉰ 거리의 가로등 한 개가 꺼졌지만 다른 가로등의 밝기는 변하지 않았다.

(　　　　　　　　　　)

구조
분석

문단 요약

5 각 문단의 중심 내용을 찾아 선으로 알맞게 이으세요.

1 문단 •

2 문단 •

3 문단 •

4 문단 •

• 저항의 직렬연결과 병렬연결의 특징

• 멀티탭에 전기 제품을 연결하는 방식

• 전기 회로의 개념과 저항의 연결 방식

• 멀티탭이 병렬연결인 까닭과 멀티탭 사용 시 주의 사항

핵심 내용

6 빈칸에 들어갈 알맞은 말을 이 글에서 찾아 쓰세요.

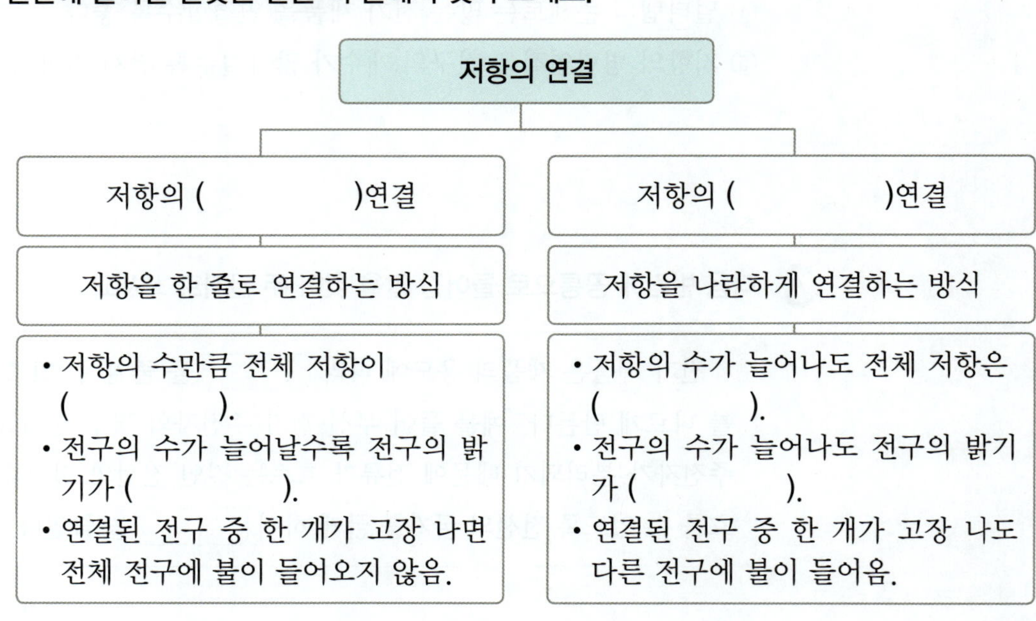

어휘

적용

7 다음 문장에 들어갈 알맞은 낱말에 ○표 하세요.

⑴ 몸무게를 (유지, 정지)하기 위해 운동을 하였다.

⑵ 학교에 설치된 난방 (장치, 대치)는 자동으로 온도를 맞춰 준다.

⑶ 요즘은 날씨가 (때때로, 수시로) 변해서 늘 우산을 챙겨야 한다.

⑷ 낮에 동생이 숙제하는 것을 (방지, 방해)해서 밤에 숙제를 하였다.

⑸ 화분에 심은 강낭콩이 싹이 틀 수 있도록 온도를 (간절, 조절)하였다.

전구의 밝기

전구의 밝기는 전지의 수와 전지와 전구의 연결 방법에 따라 **영향**을 받아요. 전지나 전구의 연결 방법에는 직렬연결과 병렬연결이 있어요. 전기 회로에서 두 개 이상의 전지나 전구를 한 줄로 이어 연결하는 방법을 직렬연결이라고 하고, 두 개 이상의 전지나 전구를 여러 개의 줄을 사용해 나란히 연결하는 방법을 병렬연결이라고 해요.

전지의 직렬연결은 두 개 이상의 전지를 서로 다른 극끼리 연결한 거예요. 전구가 하나일 때 전지를 직렬연결하면 전지가 많을수록 전구의 밝기가 더 밝아져요. 전지의 병렬연결은 전지를 나란히 두고 같은 극끼리 연결한 후 다시 연결하는 방법이예요. 전지의 병렬연결은 전지 수가 늘어나도 전구의 밝기에 영향을 주지 않아요.

전구의 직렬연결은 전구의 수가 많아질수록 전구의 밝기가 어두워져요. 그러나 전구의 병렬연결은 전구의 수가 늘어나도 밝기가 변하지 않아요.

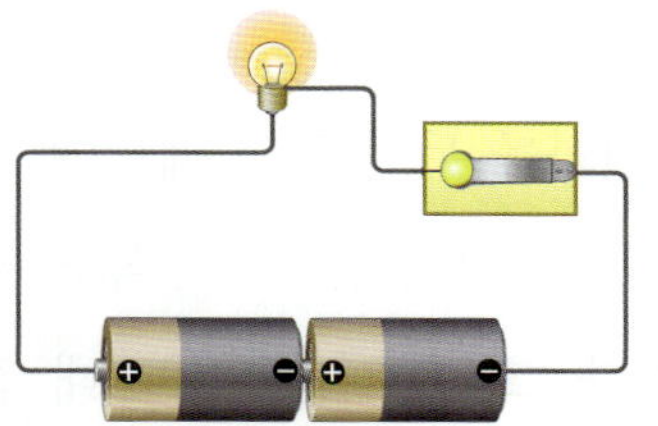

▲**전지의 직렬연결:** 전지 두 개를 서로 다른 극끼리 연결함.

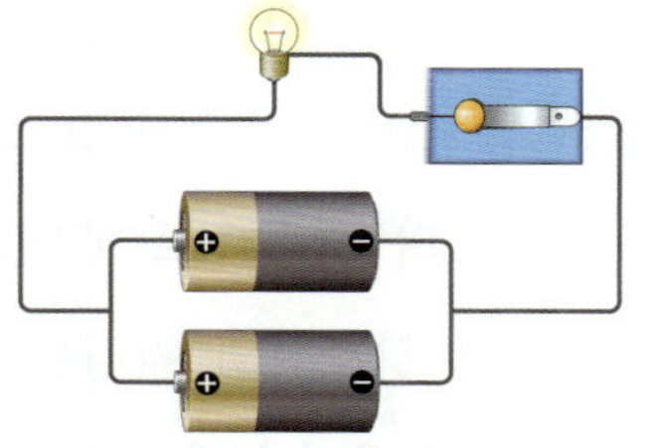

▲**전지의 병렬연결:** 전지 두 개를 서로 같은 극끼리 연결함.

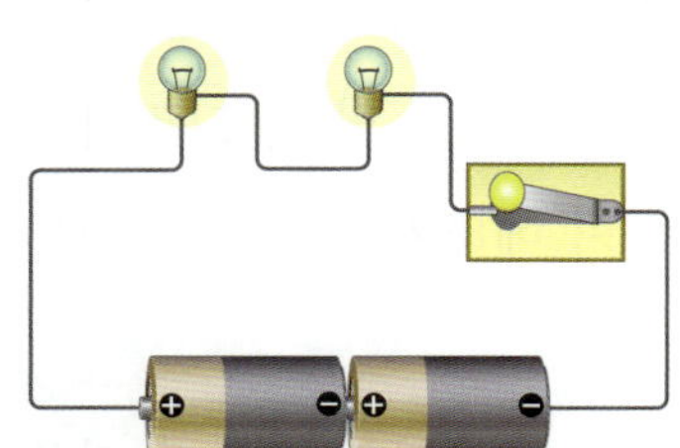

▲**전구의 직렬연결:** 전구 두 개를 한 줄로 연결함.

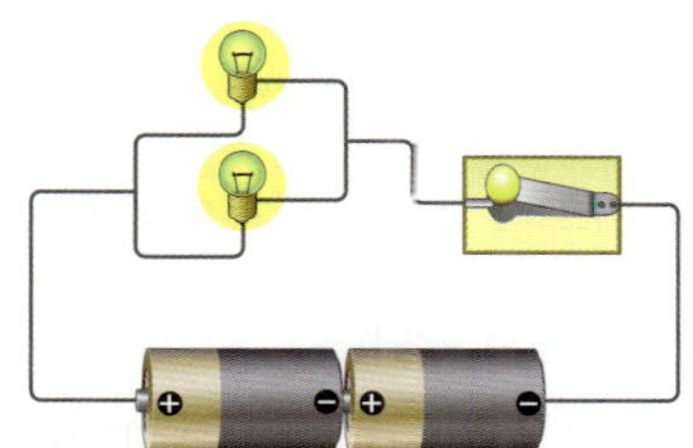

▲**전구의 병렬연결:** 전구 두 개를 두 개의 줄로 나누어 한 개씩 연결함.

핵심 용어 다음 빈칸에 들어갈 알맞은 용어를 쓰세요.

(1) ☐☐ **연결**

직(곧을 直) 렬(줄지을 列): 곧게 줄을 세움.

- 뜻: 전기 회로에서 두 개 이상의 전지나 전구를 한 줄로 이어 연결하는 방법.

(2) ☐☐ **연결**

병(나란히 竝) 렬(줄지을 列): 나란히 줄을 세움.

- 뜻: 전기 회로에서 두 개 이상의 전지나 전구를 여러 개의 줄을 사용해 나란히 연결하는 방법.

● **영향** 어떤 사물의 효과나 작용이 다른 것에 미치는 일.

전자석의 성질과 이용

무선 충전 기술

지문 분석

글자 수 **1093**
950 1050 1150

1 침대에 누워 휴대 전화를 만질 때, 전선에 연결되지 않은 휴대 전화의 배터리가 자동으로 충전된다면 정말 편리할 것이다. 물론 현재도 무선 충전 패드를 이용하여 휴대 전화의 배터리를 충전할 수 있다. 그런데 휴대 전화를 무선 충전 패드에 올려놓지 않아도, 전선에 연결하지 않아도 배터리가 충전되는 것이 가능할까? 　5

2 무선 충전 패드를 이용하여 휴대 전화의 배터리를 충전하는 방식을 **자기 유도** 방식이라고 한다. 자기 유도 방식은 **코일**에 전류가 흐르면 주변의 금속 물질이 자석의 성질을 띠는 전자석의 원리를 이용한 것이다. 즉, 무선 충전 패드 안의 코일에 전류를 공급해 자기장을 만들고, 휴대 전화를 그 위에 포개면 휴대 전화 안의 코일로 전류가 전달되어 배터리가 충전된다. 이 방식은 기술 　10
의 구현이 쉽고 사람에게 해로운 **전자파**의 영향이 적다는 장점이 있다. 그러나 무선 충전 패드의 코일과 휴대 전화의 코일이 맞붙어야 충전이 되기 때문에 충전을 하는 동안 휴대 전화를 사용할 수 없다.

3 무선 충전 방식으로 자기 **공명** 방식은 휴대 전화를 무선 충전 패드에 올려놓지 않고 자기장의 진동으로 배터리를 충전하는 방식이다. 이 방식도 자기 　15
유도 방식과 같이 전자석의 원리를 이용한 것이다. 그러나 전류를 휴대 전화로 전달할 때, 공명 **주파수**에 전류를 실어서 보내는 점이 다르다. 즉 자기장의 진동을 크게 만든 다음, 주변의 휴대 전화에 전자파를 전달하여 배터리를 충전시키는 것이다. 자기 공명 방식은 2미터 정도의 거리에서도 휴대 전화를 충전할 수 있어, 배터리를 충전하면서 휴대 전화를 사용할 수 있다. 그러나 공명 　20
주파수에 전류를 보내는 과정에서 에너지 **손실**이 커 에너지 효율을 높이는 기술의 개발이 필요하다.

4 최근 전기 차의 **보급**이 확대되면서 무선 충전 기술에 관한 연구가 더욱 활발해졌다. 자기 유도 방식의 전기 차 충전은 충전소 바닥에 무선 충전 패드를 설치하고 전기 차의 바닥에 코일을 설치하여, 무선 충전 패드 위에 전기 차를 　25
세워 놓고 충전한다. 만약 전기 차를 자기 공명 방식으로 무선 충전하게 된다면 전기 차가 도로를 달리는 동안에도 자동 충전이 가능하게 된다. 이러한 무선 충전 기술의 발전은 친환경 전기 차의 **상용화**를 앞당겨 줄 것이다.

- **자기** 쇠붙이를 끌어당기거나 남북을 가리키는 등 자석이 갖는 작용이나 성질.
- **유도** 사람이나 물건을 목적한 장소나 방향으로 이끎.
- **코일** 나사 모양이나 원통 모양으로 여러 번 감은 전선.
- **전자파** 공간에서 전기장과 자기장이 주기적으로 변화하면서 전달되는 파동.
- **공명** 진동하는 계의 진폭이 급격하게 늘어남. 또는 그런 현상.
- **주파수** 전파나 음파가 1초 동안에 진동하는 횟수.
- **손실** 잃어버리거나 축나서 손해를 봄. 또는 그 손해.
- **보급** 널리 펴서 많은 사람들에게 골고루 미치게 하여 누리게 함.
- **상용화** 물품이나 기술 따위가 일상적으로 쓰이게 됨. 또는 그렇게 만듦.

내용 독해

1 이 글의 설명 방법으로 알맞은 것은 무엇인가요? (   )

① 무선 충전 기술의 발전을 비판하고 있다.
② 무선 충전 기술을 연구해야 한다고 주장하고 있다.
③ 무선 충전 기술의 방식과 원리를 비교하여 설명하고 있다.
④ 무선 충전 기술의 발전을 시간 순서에 따라 제시하고 있다.
⑤ 무선 충전 기술의 문제점을 지적하고 해결 방안을 제시하고 있다.

내용 이해

2 무선 충전 기술에 대한 설명으로 알맞은 것은 무엇인가요? (   )

① 전선으로 직접 충전하는 것보다 에너지 효율이 높다.
② 자기 유도 방식은 자기장의 진동을 이용해 충전한다.
③ 자기 공명 방식은 구현이 쉬워 전기 차 충전에 활용되고 있다.
④ 자기 공명 방식은 무선 충전 패드에 접촉해야 충전이 가능하다.
⑤ 코일에 전류가 흐르면 주변의 금속이 자석이 되는 원리를 이용한다.

추론

3 다음에서 설명하는 무선 충전 방식을 찾아 여섯 글자로 쓰세요.

> 전동 칫솔은 칫솔 부분이 물에 자주 노출되어 전선을 이용하여 충전할 경우, 방수 처리를 해도 연결 부위에 녹이 슬거나 물이 들어가 위험할 수 있다. 그래서 물이 스며들 수 없도록 본체에 전선을 꽂을 수 있는 단자를 없애고, 충전기에 본체를 꽂으면 자동으로 충전되는 무선 충전 방식을 이용하고 있다.

(   )

적용

4 다음 중 무선 충전 기술과 관련이 <u>없는</u> 것은 무엇인가요? (   )

① 전기 차를 코일이 설치된 바닥에서 충전하는 것
② 스마트 시계를 충전 패드에 올려놓고 충전하는 것
③ 자동차 안에서 휴대 전화를 전선 없이 충전하는 것
④ 휴대용 선풍기를 충전기 위에 올려놓고 충전하는 것
⑤ 무선 인터넷을 이용하여 휴대 전화로 드라마를 보는 것

구조 분석

5 다음 빈칸에 들어갈 알맞은 말을 쓰며 이 글의 내용을 정리하세요.

문단	중심 내용
1	충전 패드나 전선 없는 (　　　　　) 충전의 편리함
2	자기 (　　　　　) 방식의 원리와 장단점
3	자기 (　　　　　) 방식의 원리와 장단점
4	자기 공명 방식의 전기 차 충전 기술 개발의 필요성

6 빈칸에 들어갈 알맞은 말을 이 글에서 찾아 쓰세요.

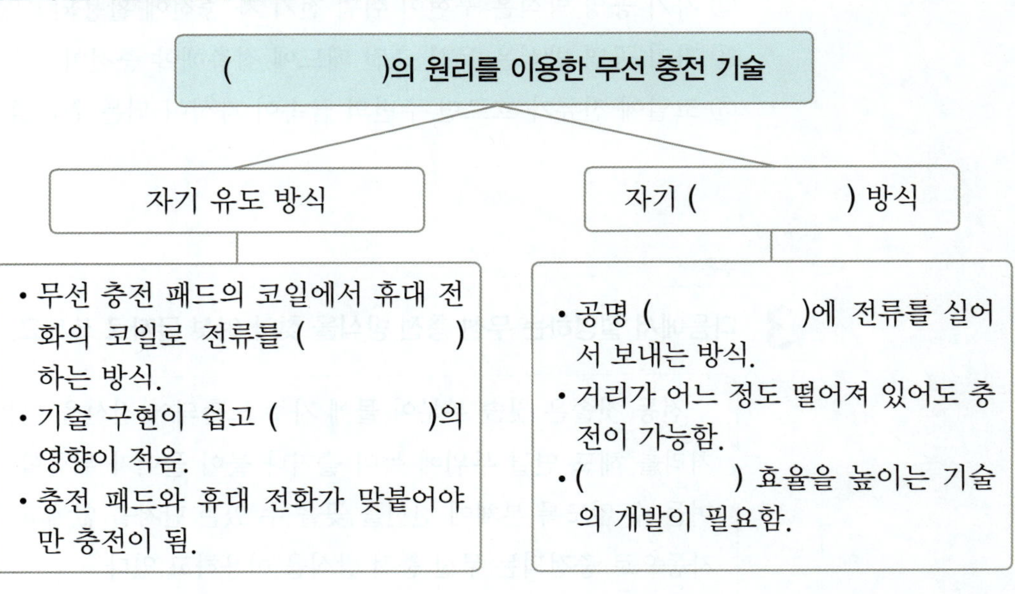

어휘

7 다음 문장에 들어갈 알맞은 낱말에 ◯표 하세요.

(1) 쌀을 너무 오래 씻으면 영양분이 (손실, 상실)된다.

(2) 체육 대회 준비 과정을 공개하여 참여를 (지도, 유도)하였다.

(3) 아버지는 라디오의 (주파수, 빈도수)를 지역 방송에 맞추셨다.

(4) 스마트폰의 (보급, 보강)으로 우리의 생활 모습은 달라지게 되었다.

(5) 인공 지능의 (습관화, 상용화)를 위해 끊임없이 기술을 개발하고 있다.

전자석의 성질과 이용

전기가 흐르는 전선 주위에는 자석의 성질이 나타나는데, 전기를 이용하여 만든 자석을 **전자석**이라고 해요. 전자석은 전기가 흐를 때에만 일시적으로 자석의 성질을 가져요. 또한 전자석은 전기를 공급하는 전지의 수가 많을수록 자석의 세기가 세지고, 전지의 극을 바꾸어 연결하면 전자석의 극의 방향을 바꿀 수 있어요. 이러한 전자석의 원리를 이용하여 자기 부상 열차, 선풍기, **스피커** 등에 전자석을 사용해요.

반면 막대자석과 같이 항상 자석의 성질을 지니는 자석을 **영구 자석**이라고 해요. 영구 자석은 전자석과 달리 자석의 세기가 일정하며, 자석의 극이 정해져 있어서 극의 방향을 바꿀 수 없어요.

핵심 용어 다음 빈칸에 들어갈 알맞은 용어를 쓰세요.

(1) ☐☐☐

전(전기 電) **자**(자석 磁) **석**(돌 石): 전기로 만든 자석.
- 뜻: 전기를 이용하여 만든 자석.

(2) ☐☐☐☐

영(영원히 永) **구**(오래 久) **자**(자석 磁) **석**(돌 石): 성질이 영원히 오래 지속되는 자석.
- 뜻: 항상 자석의 성질을 지니는 자석.

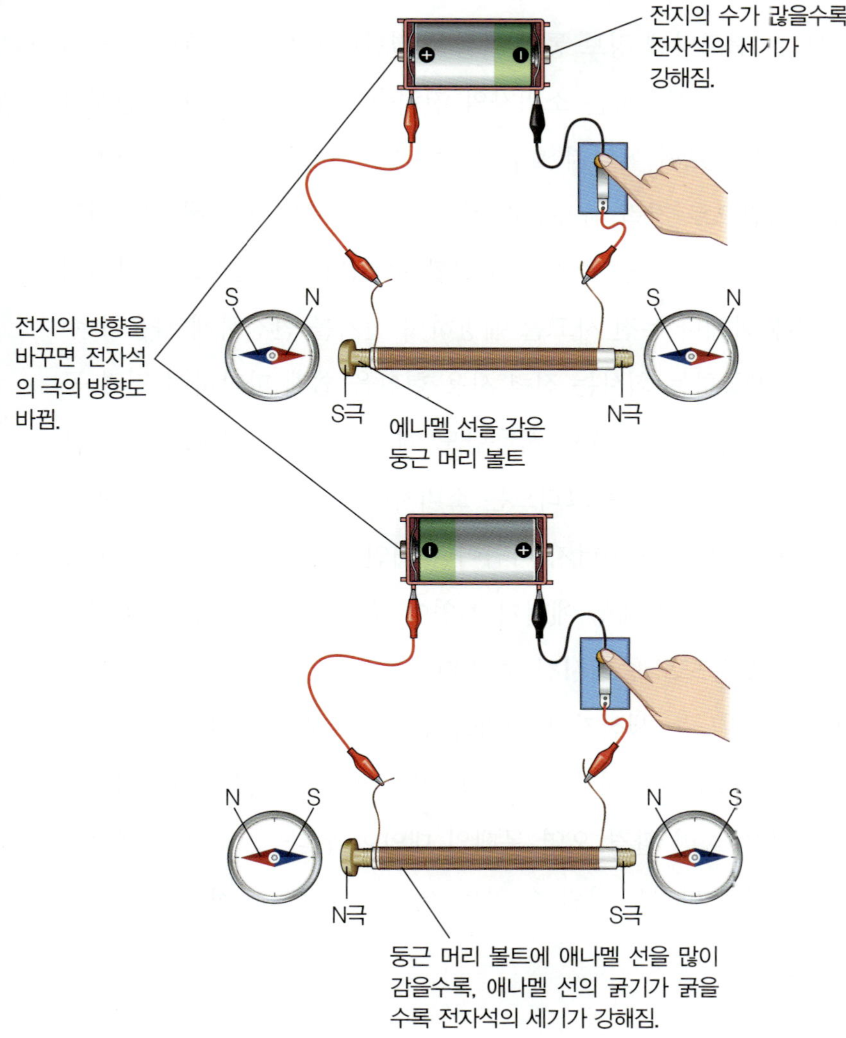

● **스피커** 소리를 크게 하여 멀리까지 들리게 하는 기구.

스마트 그리드가 필요하다

지문 분석

글자 수 1060
950 1050 1150

1 여름이 오면 뉴스에서 **전력 공급**에 대한 이야기가 흘러나온다. 더운 날씨로 인해 에어컨과 같은 냉방 기구의 사용이 늘어 전력 사용량이 많아지기 때문이다. 전력 사용량이 갑자기 많아지면 전기 요금이 많이 나올 뿐 아니라 전기 공급이 불안정해져 **정전**이 되기도 한다. 최근 이러한 문제를 근본적으로 해결할 수 있는 스마트 그리드에 대한 관심이 높아지고 있다. 5

2 현재 발전소에서 소비자에게 전기를 공급하는 전력망에서는 전력이 부족하지 않도록 필요한 전력의 양을 최대로 예측해 그보다 10퍼센트 정도 전력을 더 많이 생산한다. 그러나 이 때문에 석탄이나 석유, 가스 등 전력을 생산하는 연료를 낭비하고, 연료를 태우는 과정에서 배출하는 이산화 탄소의 양이 늘어나 환경을 오염시킨다. 또한 쓰지 않고 남은 전력은 저장할 수 없어 버려진다. 10

3 스마트 그리드는 전력망에 정보 통신 기술을 결합하여 에너지 효율을 높이는 기술이다. 즉, 전력을 사용하는 소비자와 전력을 공급하는 회사가 실시간으로 정보를 주고받음으로써 에너지 효율을 높이는 것이다. 소비자는 스마트 그리드를 통해 실시간으로 전력 사용량과 전기 요금을 확인하고 전기를 절약하여 사용하는 등 전력 사용량을 스스로 조절할 수 있다. 또 **원격**으로 가전제 15
품의 전원을 **제어해** 화재나 **누전** 사고를 예방하며 전기를 안전하게 사용할 수 있다. 한편 전력을 공급하는 회사는 전력 사용 **현황**을 쉽게 파악하여 전력 공급량을 조절할 수 있다. 필요한 전력 사용량도 예측하기 쉬워져 필요한 만큼의 전력만 생산하게 된다. 스마트 그리드는 소비자에게 다양한 공급자를 연결해 주기 때문에 소규모 신재생 에너지 기업이나 개인도 전력을 만들어 판매할 20
수 있다. 이로 인해 소규모 신재생 에너지 기업이 증가하고, 생산량이 불규칙한 신재생 에너지의 활용도도 증대시킬 수 있다.

4 이처럼 스마트 그리드는 생산자가 전기를 안정적으로 공급하게 하고, 소비자가 전기를 효율적으로 사용하게 한다. 그뿐만 아니라 스마트 그리드는 신재생 에너지의 보급을 늘려 환경 오염 문제의 **대안**이 된다. 그러므로 에너지 25
소비 효율을 최적화하고 환경을 살릴 수 있는 스마트 그리드를 적극적으로 도입해야 한다.

- **전력**(電 전기 전, 力 힘 력) 전기 에너지.
- **공급** 교환하거나 판매하기 위하여 시장에 물건이나 서비스를 제공함.
- **정전** 오던 전기가 끊어짐.
- **원격** 멀리 떨어져 있음.
- **제어해** 기계나 설비 따위가 목적에 알맞은 작용을 하도록 조절해.
- **누전** 전기가 전깃줄 밖으로 새어 흐름.
- **현황** 현재의 상황.
- **활용도** 충분히 잘 이용하는 정도.
- **대안** 어떤 일에 대처할 방안.

내용 독해

목적

1 글쓴이가 이 글을 쓴 목적은 무엇인가요? (　　　)

① 환경 오염의 심각성을 일깨우기 위해
② 스마트 그리드에 대한 오해를 해소하기 위해
③ 일상에서 전기를 절약하는 방법을 알려 주기 위해
④ 전력 사용량이 증가하는 것의 위험성을 알리기 위해
⑤ 스마트 그리드의 도입이 필요하다는 것을 주장하기 위해

내용 이해

2 이 글의 내용과 일치하지 <u>않는</u> 것은 무엇인가요? (　　　)

① 현재의 전력망은 전력을 저장할 수 있다.
② 스마트 그리드는 전기를 안전하게 사용하도록 한다.
③ 스마트 그리드는 환경 문제를 해결하는 데 도움이 된다.
④ 현재의 전력망은 전력을 필요한 양보다 더 많이 생산한다.
⑤ 스마트 그리드를 통해 소비자는 전력 사용량을 바로 확인할 수 있다.

추론

3 스마트 그리드에 대한 반응으로 알맞은 것은 무엇인가요? (　　　)

① 소비자가 원격으로 전력을 생산할 수 있겠군.
② 소비자는 전기 사용 현황을 파악해 공급량을 조절할 수 있겠군.
③ 스마트 그리드는 공장이나 사무실, 상업 시설 등에는 필요하지 않겠군.
④ 전력 회사가 소비자에게 공급되는 전력량을 강제로 조절하는 시스템이군.
⑤ 소비자와 전력을 공급하는 회사를 연결하는 시스템에 문제가 생기지 않도록 해야겠군.

적용

4 스마트 그리드의 사례로 볼 수 <u>없는</u> 것의 기호를 쓰세요.

> ㉮ 외출 중이던 A씨는 전력 공급 회사 앱에서 전력 사용량이 증가한 것을 확인하였다. ㉯ A씨는 휴대 전화로 집에 켜져 있는 공기 청정기의 에너지 소비 효율 등급을 검색해 보았다. 그리고 ㉰ A씨는 실시간 전기 요금을 확인한 후 원격으로 사용하지 않는 가전제품의 전원을 껐다.

(　　　　　　　)

구조
분석

5 다음 빈칸에 들어갈 알맞은 말을 쓰며 이 글의 내용을 정리하세요.

문단	중심 내용
1	(　　　　　　　) 그리드에 대한 관심의 증가
2	전기를 공급하는 현재 (　　　　　　)의 문제점
3	스마트 그리드의 개념과 이점
4	스마트 그리드 (　　　　　)의 필요성

6 빈칸에 들어갈 알맞은 말을 이 글에서 찾아 쓰세요.

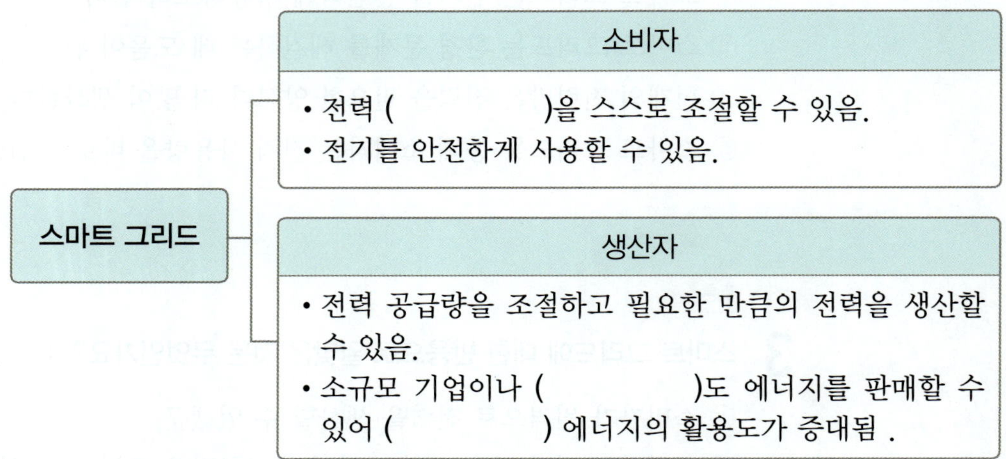

어휘

7 다음 낱말의 뜻을 찾아 선으로 알맞게 이으세요.

(1) 제어	•	• ㉮	현재의 상황.
(2) 원격	•	• ㉯	멀리 떨어져 있음.
(3) 정전	•	• ㉰	오던 전기가 끊어짐.
(4) 대안	•	• ㉱	어떤 일에 대처할 방안.
(5) 현황	•	• ㉲	기계나 설비 따위가 목적에 알맞은 작용을 하도록 조절함.

전기 절약과 전기 안전

정답과 해설 **21** 쪽

　전기 절약 수칙은 전기를 아끼기 위해 지켜야 할 **수칙**이에요. 사용하지 않는 전등이나 사람이 없는 곳의 전등을 끄고, 냉장고의 문을 필요할 때만 열어 전기를 아껴 쓸 수 있어요. 전기는 만드는 데에는 비용이 많이 들고, 전기를 만드는 자원은 **한정되어** 있으므로 우리 모두 전기를 절약하기 위해 노력해야 해요.

　전기 안전 수칙은 전기를 사용할 때 위험이 생기거나 사고가 나지 않도록 지켜야 할 수칙이에요. 전기를 잘못 사용하면 화재나 **감전**과 같은 안전 사고의 위험이 있어요. 그러므로 한 개의 콘센트에 여러 개의 플러그를 꽂아서는 안 되며, 물이 묻은 손으로 전기 제품을 만져서는 안 돼요. 또 플러그를 뽑을 때에는 전선이 아닌 플러그의 머리 부분을 잡고 뽑아야 해요.

핵심 용어 다음 빈칸에 들어갈 알맞은 용어를 쓰세요.

(1) **전기 ☐☐ 수칙**

절(절약할 節) 약(줄일 約): 아끼고 줄이다.
- 뜻: 전기를 아끼기 위해 지켜야 할 수칙.

(2) **전기 ☐☐ 수칙**

안(편안 安) 전(무사할 全): 편안하고 무사함.
- 뜻: 전기를 사용할 때 위험이 생기거나 사고가 나지 않도록 지켜야 할 수칙.

• 전기 절약 수칙

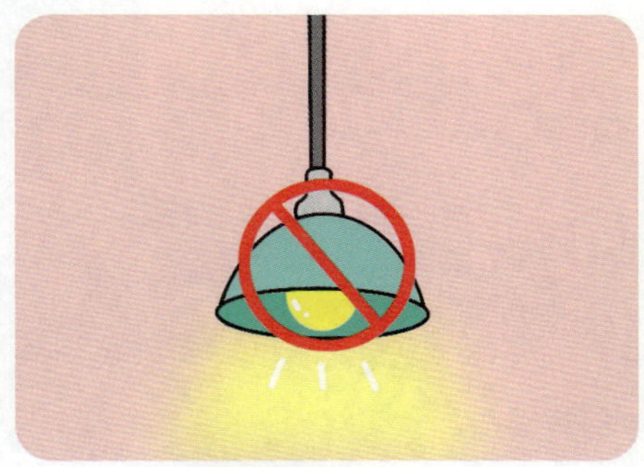
▲ 사용하지 않는 전등 끄기

▲ 수시로 냉장고 문 열지 않기

• 전기 안전 수칙

▲ 한 개의 콘센트에 여러 개의 플러그 꽂지 않기

▲ 전선을 잡고 플러그 뽑지 않기

- **수칙** 행동이나 절차에 관하여 지켜야 할 사항을 정한 규칙.
- **한정되어** 수량이나 범위 따위가 제한되어 정해져.
- **감전** 전기가 통하는 물질에 신체의 일부가 닿아서 순간적으로 충격을 받는 것.

지구와 우주

태양과 별의 위치 변화

ⓐ 란 무엇인가

1 우리가 밤하늘을 보면 우리의 눈으로는 하늘의 높이나 별들 사이의 거리를 **가늠하기** 어렵다. 그래서 별들은 지구에서부터 같은 높이의 하늘에 찍혀 있는 작은 점처럼 보인다. 과거의 천문학자들은 하늘을 별들이 붙어 있는 둥근 공 모양이라고 생각하고 이를 '천구'라고 불렀다.

2 천구는 속이 비어 있는 **구**의 모양으로, 별들은 천구의 안쪽 벽에 붙어 있 5
다. 천구에서 별의 위치는 실제 별들 사이의 거리나 별의 **고도**와 전혀 관계없이 천구에 고정되어 있다. 천구의 중앙에는 지구가 있으며, 천구가 지구를 둘러싸고 있다. 원래 별은 스스로 빛을 내는 **항성**을 뜻하지만, 천구에서는 항성뿐 아니라 태양의 빛을 반사하여 빛을 내는 것처럼 보이는 **행성**이나 달과 같은 **위성**도 모두 별에 포함한다. 10

3 천구는 지구를 중심으로 동쪽에서 서쪽으로 24시간 동안 천천히 회전한다. 그러면 천구에 붙어 있는 별들도 천구를 따라 회전하게 된다. 따라서 하루 동안 별은 동쪽에서 떠올라 남쪽을 지나 서쪽으로 사라진다. 즉, 지구의 **관측자**는 시간에 따라 이동하는 별을 볼 수 있다. 관측자가 지구의 북쪽에서 밤하늘을 관찰하는 경우 동쪽에서 별이 나타나는 모습과 서쪽으로 별이 사라지는 15 모습을 모두 볼 수 있게 된다. 또한 모든 별은 자신의 자리를 차지하며 다른 별들과 일정한 거리를 유지한다. 그래서 별들은 큰 **양탄자**에 달라붙은 것처럼 하나가 되어 이동하는 것으로 보이는 것이다.

4 ⓑ 천구는 실제로 존재하지 않는 **가상**의 개념이다. 그렇기 때문에 천구가 지구를 둘러싸고 회전한다는 것도 잘못된 생각이다. 천구가 고정된 20 지구의 주위를 돌아 별들이 움직이는 것이 아니라, 지구가 서쪽에서 동쪽으로 스스로 돌고 있기 때문에 별들이 움직이는 것으로 보이는 것이다. 하지만 가상의 천구는 지구에서 별을 관찰할 때 별의 위치를 명확하게 알 수 있게 한다. 현재의 천문학자들은 천구 위에 별과 별자리를 표시한 천구의를 만들어 연구를 위한 도구로 사용하고 있다. 그리고 천구를 이용해 별의 위치를 나타낼 때 25 는 관찰하는 사람이 바라보고 있는 방향과 별의 고도로 표시한다.

- **가늠하기** 사물을 어림잡아 헤아리기.
- **구** 공처럼 둥글게 생긴 물체. 또는 그런 모양.
- **고도**(高 높을 고, 度 법도 도) 천체가 지평선이나 수평선과 이루는 각도.
- **항성** 스스로 빛을 내며 일정한 자리에 있는 별.
- **행성** 태양 주위를 도는 천체.
- **위성** 행성의 끌어당기는 힘에 의하여 그 둘레를 도는 천체.
- **관측자** 눈이나 기계로 자연 현상을 관찰하는 사람.
- **양탄자** 짐승의 털이나 인조 털실로 굵고 두껍게 짠 넓은 천
- **가상** 사실이 아니거나 사실 여부가 분명하지 않은 것을 사실이라고 가정하여 생각함.

제목

1 ㉠에 두 글자의 낱말을 넣어 이 글의 제목을 완성하세요.

(　　　　　　　　)란 무엇인가

내용 이해

2 이 글의 내용과 일치하는 것은 무엇인가요? (　　　)

① 천구는 서쪽에서 동쪽으로 회전한다.
② 천구는 지구를 중심으로 하는 개념이다.
③ 천구에서 별은 위성을 포함하지 않는다.
④ 천구는 눈으로 관찰할 수 있으므로 실제로 존재한다.
⑤ 지구 북쪽에 있는 관측자는 별들이 사라지는 모습만 볼 수 있다.

어휘·어법

3 ㉡에 들어갈 이어 주는 말로 알맞은 것은 무엇인가요? (　　　)

① 예컨대　　　　　　② 따라서　　　　　　③ 그러나
④ 왜냐하면　　　　　⑤ 그러므로

추론

4 이 글을 통해 추론할 수 있는 내용이 <u>아닌</u> 것은 무엇인가요? (　　　)

① 천구는 가상의 개념이지만 현재에도 유용하겠군.
② 별들이 천구에 붙어 움직인다는 생각은 잘못된 것이겠군.
③ 지구는 스스로 빛을 내지 않으므로 원래 별이라고 할 수 없겠군.
④ 밤하늘에 두 개의 별이 있다면 시간이 지날수록 두 별 사이의 거리는 가까워지겠군.
⑤ 천구가 24시간에 한 바퀴 회전하는 것이 아니라 지구가 24시간에 한 바퀴 회전하는 것이겠군.

구조 분석

문단 요약

5 각 문단의 중심 내용을 찾아 알맞게 선으로 알맞게 이으세요.

1 문단 •		• 천구의 회전과 하루 동안의 별의 움직임
2 문단 •		• 하루 동안 별이 움직이는 까닭과 천구의 의의
3 문단 •		• 별들이 붙어 있는 둥근 공 모양의 하늘인 천구
4 문단 •		• 지구를 중심으로 회전하는 천구의 모양과 구조

핵심 내용

6 빈칸에 들어갈 알맞은 말을 이 글에서 찾아 쓰세요.

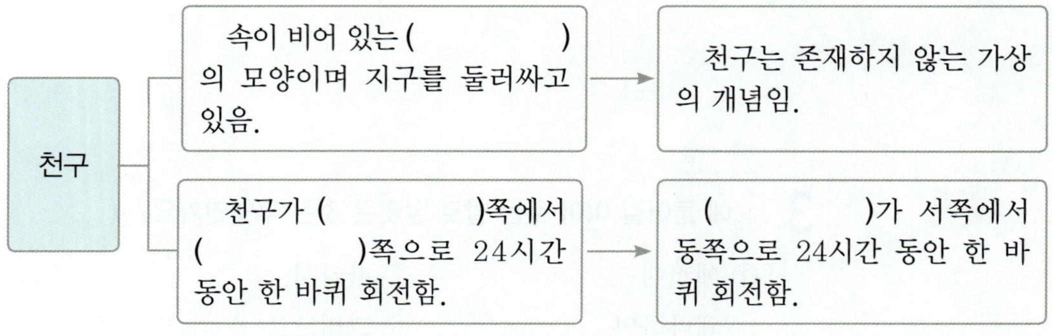

어휘

적용

7 다음 문장에 들어갈 알맞은 낱말에 ○표 하세요.

(1) 얼굴을 보고 나이를 (가늠, 가름)하기가 어렵다.

(2) 겨울을 맞아 거실 바닥에 (양탄자, 양동이)를 깔았다.

(3) 목성은 끌어당기는 힘이 강해 수많은 (행성, 위성)을 가지고 있다.

(4) 배우는 드라마나 영화 속 (가상, 현실)의 인물을 표현하는 직업이다.

(5) 현미경은 (관측자, 방관자)가 눈으로 볼 수 없는 작은 물체를 볼 수 있게 해 준다.

태양은 **태양계**에서 가장 크고 밝은 천체예요. 태양의 **지름**은 지구 지름의 약 109배나 되고, 표면 온도는 약 5,500도이며 내부 온도는 1,500만도라고 알려져 있지요. **별**은 스스로 빛을 내는 천체예요. 터양도 스스로 빛을 내므로 별에 해당해요. 하지만 지구나 금성과 같은 행성은 스스로 빛을 내지 않으므로 별이 아닌 행성이라고 해요.

태양은 아침에는 동쪽 하늘에서 보이고 점심 무렵에는 남쪽 하늘, 해질 무렵에는 서쪽 하늘에서 보여요. 이처럼 낮 동안 태양이 동쪽에서 떠서 서쪽으로 지는 것처럼 보이는 것은 지구가 회전하고 있기 때문이에요. 밤이 되면 별들이 동쪽 하늘에서 보이다가 남쪽, 서쪽 하늘에서 보여요. 이것 또한 지구가 회전하고 있기 때문에 별들이 동쪽에서 떠서 서쪽으로 지는 것처럼 보이는 것이지요. 사실, 태양과 별들의 위치는 바뀌지 않지만 지구가 회전하면서 태양과 별들의 위치가 달라 보이는 것이에요. 이와 같이 지구의 회전으로 인해 태양과 별 등의 천체가 움직이는 것처럼 보이는 것을 일주 운동이라고 해요.

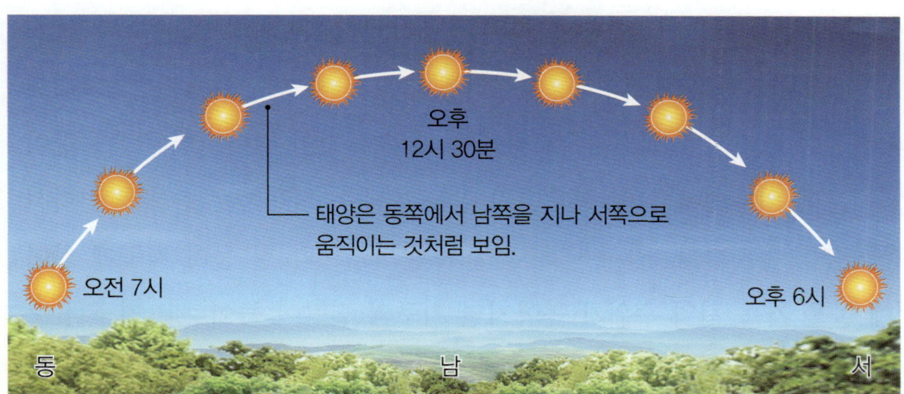

▲ 하루 동안 태양의 위치 변화

핵심 용어 다음 빈칸에 들어갈 알맞은 용어를 쓰세요.

(1) □ □

태(클 太) 양(해 陽): 큰 해.
- 뜻: 태양계에서 가장 크고 밝은 천체.

(2) □

- 뜻: 스스로 빛을 내는 천체.

- **태양계** 태양을 중심으로 도는 천체들의 집합.
- **지름** 원이나 구 따위에서 중심을 지나는 직선으로 그 둘레 위의 두 점을 이은 선분. 또는 그 선분의 길이.

지문 분석

글자 수 1105

950 1050 1150

싼샤 댐이 지구에 미치는 영향

1 지구가 서쪽에서 동쪽으로 하루에 한 바퀴씩 회전하는 현상을 지구의 자전이라고 한다. 이러한 지구의 자전에 영향을 미치는 것이 있을까? 2014년 미국 항공우주국 과학자들은 세계 최대의 규모를 가진 중국의 싼샤 댐이 지구의 자전 속도를 늦추고 자전축을 변화시킬 수 있다는 흥미로운 분석을 내놓았다.

2 싼샤 댐은 세계에서 세 번째로 긴 강인 양쯔강의 홍수를 막고, 농사에 필요한 물을 공급하기 위해 건설되었다. 싼샤 댐은 높이 185미터, 길이 2.3킬로미터, 너비 125미터로 **저수** 용량은 390억 톤에 달한다. 이것은 한반도 전체 댐의 저수 용량을 모두 합친 것의 2배가 넘는 저수 용량이다. 미국 항공우주국 과학자들은 싼샤 댐에 물을 가득 채우면 순간적으로 지구의 자전 속도가 느려져 하루의 길이가 **근소하게** 길어지고, 지구의 자전축도 약 2센티미터 정도 변한다고 분석하였다.

3 싼샤 댐이 지구의 자전 속도에 영향을 미칠 수 있는 까닭은 각운동량 **보존**의 법칙 때문이다. 각운동량이란 회전하는 물체가 가지는 운동량이다. 각운동량 보존의 법칙은 외부에서 힘이 작용하지 않으면 각운동량은 변하지 않는다는 것이다. 각운동량은 회전하는 물체의 질량이 클수록, 회전축으로부터 물체를 이루는 물질의 거리가 멀수록, 회전하는 속도가 빠를수록 커진다. 그래서 물체의 질량이 커지거나 회전축으로부터 물체의 표면이 멀어지면 각운동량이 커지기 때문에 외부에서 힘이 작용하지 않을 때에는 회전하는 속도를 변화시켜 각운동량을 유지한다. 싼샤 댐의 건설로 콘트리트와 철 등이 지구에 쌓이고, 댐에 물을 가득 채워 **수위**가 높아지면 지구의 질량이 늘어나고 지구를 구성하는 물질이 **자전축**으로부터 멀어지게 된다. 그런데 지구가 외부의 힘을 받은 것은 아니므로 지구의 자전하는 속도가 느려지며 각운동량을 보존하는 것이다.

4 실제 지구의 자전 속도와 자전축은 달의 위치와 **자연재해** 등 여러 가지 원인에 의해 조금씩 변화한다. 미국 항공우주국은 2011년 일본 대지진으로 지구가 자전하는 데 걸리는 시간이 1000만분의 16초**가량** 짧아졌다고 발표한 적 있다. 그러나 지구의 자전 속도의 변화는 너무 **미미해서** 시간에 거의 영향을 미치지 않는다. 따라서 우리의 일상이 크게 변화할 일은 없으므로 (㉠) 하지 않아도 된다.

- **저수** 물을 인공적으로 모음. 또는 그 물.
- **근소하게** 얼마 되지 않을 만큼 아주 적게.
- **보존** 잘 보호하고 간수하여 남김.
- **수위**(水 물 수, 位 자리 위) 강, 바다, 호수, 저수지 따위의 물의 높이.
- **자전축** 지구가 자전할 때 중심이 되는, 남극과 북극을 이은 가상의 선.
- **자연재해** 태풍, 가뭄, 홍수, 지진 등 피할 수 없는 자연 현상으로 인하여 일어나는 피해.
- **가량** '정도'의 뜻을 더해 주는 말.
- **미미해서** 보잘 것 없이 아주 작아서.

내용 독해

전개 방식

1 이 글의 특징으로 알맞지 <u>않은</u> 것은 무엇인가요? (   )

① 스스로 묻고 대답하는 방식으로 내용을 전개하고 있다.
② 싼샤 댐의 규모를 다른 대상과 비교하여 제시하고 있다.
③ 전문가의 주장을 인용해 내용에 신뢰성을 부여하고 있다.
④ 싼샤 댐으로 인해 발생한 문제에 대한 해결책을 제시하고 있다.
⑤ 싼샤 댐 때문에 일어날 수 있는 변화를 과학적으로 설명하고 있다.

내용 이해

2 이 글의 내용과 일치하는 것은 무엇인가요? (   )

① 싼샤 댐의 수위가 높을 때 지구의 반지름은 짧아진다.
② 달의 위치는 지구의 자전 속도에 변화를 일으킬 수 없다.
③ 싼샤 댐은 지구의 자전 속도를 계속해서 느려지게 만든다.
④ 각운동량은 외부에서 힘이 작용하지 않으면 변하지 않는다.
⑤ 싼샤 댐이 저장할 수 있는 물의 용량은 세계에서 세 번째로 크다.

어휘·어법

3 ㉠에 어울리는 한자 성어는 무엇인가요? (   )

① 횡설수설: 앞뒤가 없이 말을 늘어놓음.
② 노심초사: 몹시 마음을 쓰며 애를 태움.
③ 호언장담: 씩씩하고 자신 있게 말함. 또는 그 말.
④ 결초보은: 죽은 뒤에라도 은혜를 잊지 않고 갚음을 이르는 말.
⑤ 호시탐탐: 범이 눈을 부릅뜨고 먹이를 노려본다는 뜻으로, 남의 것을 빼앗기 위하여 가만히 기회를 엿봄. 또는 그런 모양.

적용

4 다음 빈칸에 들어갈 말을 이 글에서 찾아 네 글자로 쓰세요.

> 피겨 스케이트는 얼음 위에서 스케이트를 타며 회전과 점프 기술을 선보이는 스포츠이다. 피겨 스케이트를 하는 사람이 팔을 뻗은 채 제자리에서 회전하다가 팔을 몸통 쪽을 오므리면 회전하는 속도가 변화한다. 회전의 중심축인 몸통에서 몸 바깥쪽까지의 거리가 짧아지면서 [   ]을/를 유지하기 위해 회전 속도가 증가하는 것이다.

(   )

구조 분석

문단 요약

5 다음 빈칸에 들어갈 알맞은 말을 쓰며 이 글의 내용을 정리하세요.

문단	중심 내용
1	( ) 댐에 대한 과학자들의 흥미로운 분석
2	지구 ( ) 속도와 자전축에 영향을 줄 수 있는 싼샤 댐의 규모
3	싼샤 댐이 지구의 자전 속도에 영향을 미치는 ( )
4	지구 자전 속도의 변화가 주는 영향

핵심 내용

6 빈칸에 들어갈 알맞은 말을 이 글에서 찾아 쓰세요.

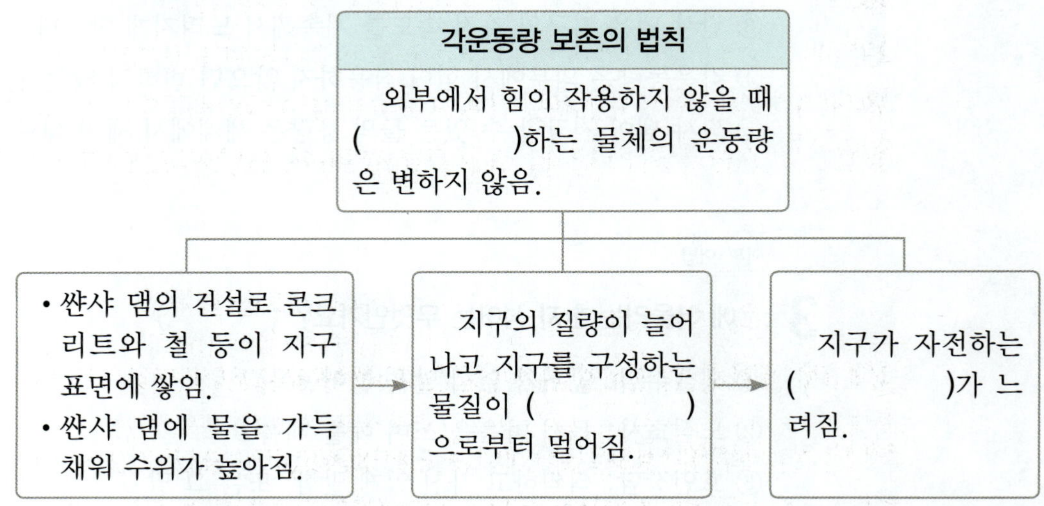

어휘

이해

7 다음 낱말의 뜻을 찾아 선으로 알맞게 이으세요.

(1) 가량 •　　　• ㉮ '정도'의 뜻을 더해 주는 말.

(2) 수위 •　　　• ㉯ 잘 보호하고 간수하여 남기다.

(3) 저수 •　　　• ㉰ 얼마 되지 않을 만큼 아주 적다.

(4) 보존하다 •　　　• ㉱ 물을 인공적으로 모음. 또는 그 물.

(5) 근소하다 •　　　• ㉲ 강, 바다, 호수, 저수지 따위의 물의 높이.

지구의 자전

지구가 스스로 회전할 때 중심이 되는, 남극과 북극을 이은 **가상**의 선을 **자전축**이라고 해요. 지구의 자전축은 약 23.5도 기울어져 있어요. 지구가 자전축을 중심으로 하루에 한 바퀴씩 서쪽에서 동쪽(시계 반대 방향)으로 도는 것을 **지구의 자전**이라고 해요.

이처럼 지구가 서쪽에서 동쪽(시계 반대 방향)으로 자전하기 때문에 낮과 밤이 생기고, 우리의 눈에는 태양이나 달 등의 **천체**가 동쪽에서 서쪽으로 움직이는 것처럼 보여요. 지구가 자전하면서 태양 빛을 받는 곳은 낮이 되고, 태양 빛을 받지 않는 곳은 밤이 돼요. 또한 지구가 서쪽에서 동쪽으로 자전하므로 상대적으로 천체가 동쪽에서 서쪽으로 움직이는 것처럼 보여요. 달리는 차 안에서 창밖을 보면 창밖의 건물들이 움직이는 것처럼 보이는 것과 같은 원리이지요.

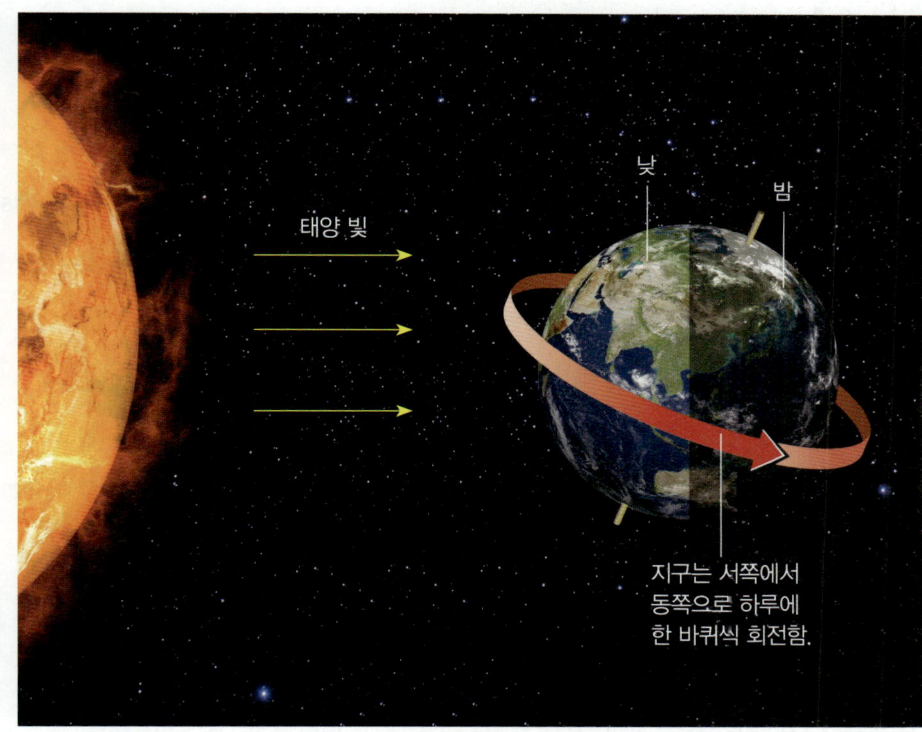

핵심 용어 다음 빈칸에 들어갈 알맞은 용어를 쓰세요.

(1) ☐ ☐ ☐

자(스스로 自) 전(회전할 轉) 축(중심을 꿰뚫는 것 軸): 스스로 회전하는 지구의 중심을 꿰뚫는 것.
- 뜻: 지구가 스스로 회전할 때 중심이 되는, 남극과 북극을 이은 가상의 선.

(2) **지구의** ☐ ☐

자(스스로 自) 전(회전할 轉): 지구가 스스로 회전하는 것.
- 뜻: 지구가 자전축을 중심으로 하루에 한 바퀴씩 서쪽에서 동쪽으로 도는 것.

- **가상** 사실이 아니거나 사실 여부가 분명하지 않은 것을 사실이라고 가정하여 생각함.
- **천체** 우주에 존재하는 모든 물체.

천동설과 지동설

지문 분석

글자 수 1059
950 1050 1150

1 우주의 중심은 어디일까? 지구가 속해 있는 태양계에서는 지구를 포함한 여러 행성들이 태양을 중심으로 돈다. 이처럼 한 천체가 다른 천체의 주위를 주기적으로 도는 것을 공전이라고 한다. 그러나 지구가 태양 주위를 공전한다는 이론이 받아들여지는 데까지는 무려 이천 년이 넘는 시간이 걸렸다. 과거에는 태양이 아닌 지구가 우주의 중심이라고 생각했기 때문이다. 5

2 기원전 4세기경 그리스의 학자들이 지구가 둥글다는 것을 발견한 후, 우주에 대한 과학적 접근이 시작되며 사람들은 우주의 중심이 지구라고 생각하였다. 눈으로 관찰했을 때 땅은 움직이지 않기 때문에 하늘의 별들과 태양이 움직이고 있다고 생각한 것이다. 그리고 2세기 무렵의 과학자 프톨레마이오스가 우주의 중심은 지구이며, 모든 천체는 지구를 중심으로 돈다는 천동설을 **체계화** 10 **하였다.** 그는 달, 수성, 금성, 태양, 화성, 목성, 토성이 지구를 중심으로 정확한 원 모양의 **궤도**를 따라 돌고 있다고 주장하였다. 실제로 프톨레마이오스의 주장은 태양과 달의 움직임을 일부 설명할 수 있었기 때문에 많은 사람들의 **지지**를 받았다.

3 천동설은 약 1,400여 년 넘게 계속되다가 16세기에 이르러 우주에 대한 15 새로운 **관점**이 제시되었다. 과학자 코페르니쿠스는 천동설을 **반박하며** 우주의 중심은 태양이고 지구가 태양의 중심을 돈다는 지동설을 주장하였다. ◯◯ 과학자 갈릴레이는 천체를 관측할 수 있는 망원경을 개발해 천동설의 한계를 **지적하였다.** 천동설에 따르면 별들은 일정하게 지구의 중심을 돌고 있어서 별들의 순서가 변화할 수 없고, 금성은 지구에서 관측할 때 초승달이 20 나 그믐달 모양이여야 했다. 그러나 갈릴레이는 망원경을 통해 별들의 순서와 위치가 바뀌는 것을 확인하였고, 금성의 모습이 달처럼 변화하는 것을 관찰하여 천동설로는 설명할 수 없었던 현상들을 지동설로 설명해 **입증하였다.**

4 지동설은 처음에는 종교의 **탄압**으로 받아들여지지 않았으나, 지동설을 뒷받침하는 연구 결과가 잇달아 나오며 보편적인 이론으로 자리잡았다. 지동설 25 은 지구가 우주의 중심이라는 사고에서 벗어나 우주에 대한 이해를 근본적으로 변화시켰으며, 이는 현대 과학의 중요한 기초가 되었다.

- **체계화하였다** 일정한 원리에 따라서 낱낱의 부분이 짜임새 있게 조직되어 통일된 전체로 되게 하였다.
- **궤도** 행성, 혜성, 인공위성 따위가 중력의 영향을 받아 다른 천체의 둘레를 돌면서 그리는 곡선의 길.
- **지지**(支 지탱할 지, 持 가질 지) 어떤 사람이나 단체 따위의 생각에 뜻을 같이하여 이를 위하여 힘을 씀. 또는 그 도움.
- **관점** 사물이나 현상을 관찰할 때, 그 사람이 보고 생각하는 태도나 방향 또는 처지.
- **반박하며** 어떤 의견이나 주장 따위에 반대하여 말하며.
- **지적하였다** 잘못 따위를 드러내어 알렸다.
- **입증하였다** 어떤 증거 따위를 내세워 증명하였다.
- **탄압** 힘으로 억지로 눌러 꼼짝 못 하게 함.

내용 독해

목적

1 글쓴이가 이 글을 쓴 목적은 무엇인가요? (   )

① 태양계에 포함된 행성을 소개하기 위해
② 태양이 지구를 공전한다는 것을 주장하기 위해
③ 천동설에서 지동설로 발전한 과정을 소개하기 위해
④ 천동설과 지동설을 주장한 사람의 업적을 알리기 위해
⑤ 지구가 태양을 공전하여 일어나는 현상을 소개하기 위해

내용 이해

2 이 글을 통해 알 수 있는 내용이 <u>아닌</u> 것은 무엇인가요? (   )

① 천동설의 내용
② 지동설이 가지는 의의
③ 지동설이 가지는 한계
④ 천동설을 체계화한 사람
⑤ 지동설이 처음 제시된 때와 지동설을 제시한 사람

어휘·어법

3 ㉠에 들어갈 이어 주는 말로 알맞은 것은 무엇인가요? (   )

① 또한 　　② 하지만 　　③ 왜냐하면
④ 그럼에도 　　⑤ 그렇지 않아도

추론

4 이 글에 대한 반응으로 알맞은 것은 무엇인가요? (   )

① 지동설은 천동설에 비해 쉽게 받아들여졌군.
② 천동설과 지동설은 관점이 반대인 이론이군.
③ 지동설은 아직도 받아들여지지 않는 이론이군.
④ 천동설로 설명되지 않은 것은 지동설로도 설명되지 않겠군.
⑤ 천동설이 사실이 아니라면 지구가 둥근 것도 사실이 아니겠군.

**구조
분석**

5 다음은 이 글에 나타난 각 문단의 중심 내용입니다. 글의 내용에 맞게 순서대로 기호를 쓰세요.

> ㉮ 천동설의 주장과 근거
> ㉯ 지동설의 확립과 의의
> ㉰ 공전의 개념과 과거의 우주에 대한 생각
> ㉱ 천동설을 반박하는 지동설의 주장과 입증

(   ) → (   ) → (   ) → (   )

6 빈칸에 들어갈 알맞은 말을 이 글에서 찾아 쓰세요.

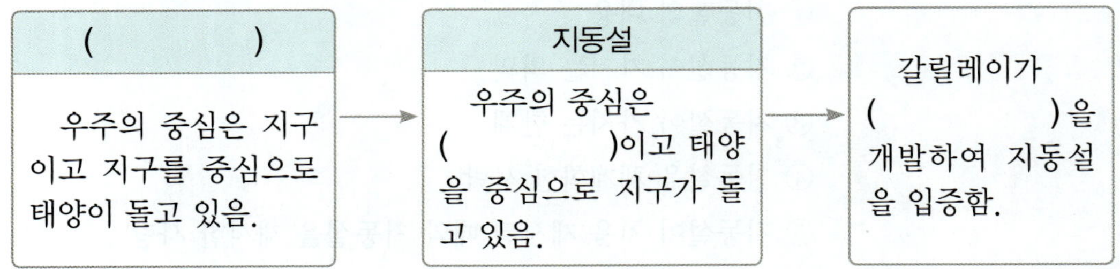

( )	지동설	갈릴레이가
우주의 중심은 지구이고 지구를 중심으로 태양이 돌고 있음.	우주의 중심은 ( )이고 태양을 중심으로 지구가 돌고 있음.	( )을 개발하여 지동설을 입증함.

어휘

7 낱말이 들어갈 문장을 찾아 선으로 알맞게 이으세요.

(1) 지지 •

• ㉮ 나는 친구들의 (   )을/를 받아 반장으로 뽑혔다.

(2) 관점 •

• ㉯ 환경 단체는 도시 개발이 숲을 훼손한다고 (   )하였다.

(3) 탄압 •

• ㉰ 그는 평생 식물을 연구하여 이론을 (   )한 후 책을 펴냈다.

(4) 지적 •

• ㉱ 일제의 (   ) 속에서도 우리 민족은 독립 운동을 이어 나갔다.

(5) 체계화 •

• ㉲ 나와 생각이 다른 것은 (   )이/가 다른 것일 뿐 틀린 것이 아니다.

지구의 공전

지구가 태양을 중심으로 서쪽에서 동쪽(시계 반대 방향)으로 도는 것을 **지구의 공전**이라고 해요. 태양계의 행성은 모두 태양을 중심으로 회전하지요. 지구가 태양의 주위를 한 바퀴 도는 데에는 약 365일이 걸리고, 화성은 약 687일, 금성은 약 255일이 걸린다고 해요. 이처럼 한 천체가 다른 천체의 주위를 한 바퀴 도는 데 걸리는 시간을 **공전 주기**라고 해요.

지구는 23.5도 기울어진 채로 공전하기 때문에 태양 빛을 받는 위치가 바뀌어 계절의 변화가 생겨요. 이때 **적도**를 기준으로 북반구와 남반구의 계절은 반대가 돼요. **동지** 때 적도의 북쪽에 위치한 북반구는 겨울이 되고, 적도의 남쪽에 위치한 남반구는 여름이 돼요.

핵심 용어 다음 빈칸에 들어갈 알맞은 용어를 쓰세요.

(1) **지구의** ☐☐

공(공평할 公) 전(회전할 轉): 일정하게 회전하는 것.
- 뜻: 지구가 태양을 중심으로 서쪽에서 동쪽(시계 반대 방향)으로 도는 것.

(2) **공전** ☐☐

주(돌 週) 기(기간 期): 도는 데 걸리는 기간.
- 뜻: 한 천체가 다른 천체의 주위를 한 바퀴 도는 데 걸리는 시간.

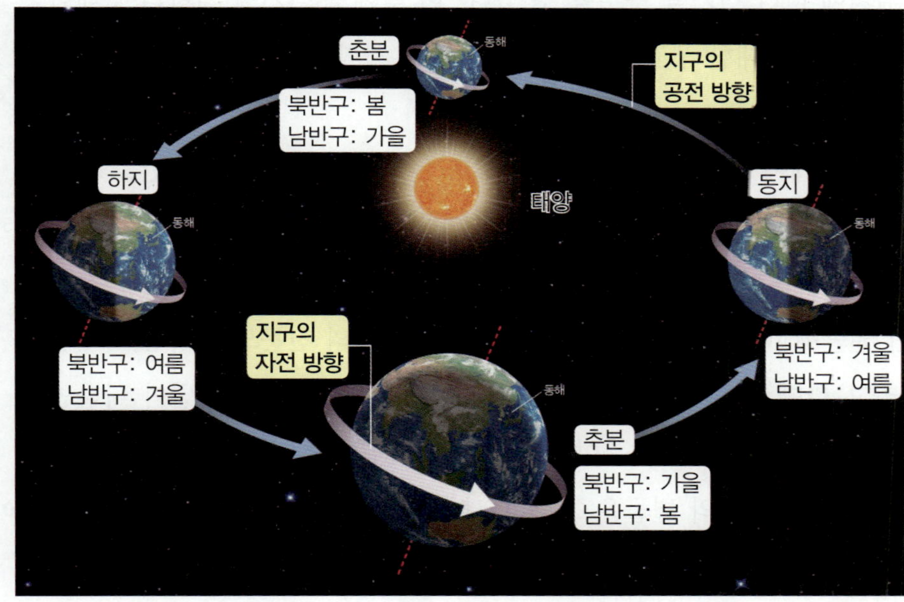

- **적도** 지구의 남극과 북극으로부터 같은 거리에 있는 지구 표면의 점을 이은 선.
- **동지** 이십사절기의 하나로, 북반구에서는 일 년 중 낮이 가장 짧고 밤이 가장 긴 12월 22일이나 23일경.

별자리의 변화

천상열차분야지도

1 우리나라의 만 원권 지폐의 뒷면을 살펴보면 **배경**에 천상열차분야지도가 그려져 있다. 천상열차분야지도에서 천상은 하늘의 생김새, 열차는 하늘을 12차례로 나누어 **배열한** 것, 분야는 하늘의 별자리를 구역을 나누어 늘어놓은 것을 뜻한다. 즉 천상열차분야지도는 하늘의 모습을 차례와 분야에 따라 늘어놓은 별자리 지도이다.

2 천상열차분야지도는 **북극성**을 중심으로 태양이 지나가는 길인 황도를 커다란 원으로 그려 나타냈다. 그리고 그 원을 12개로 나눈 뒤 그 안에 1,467개의 별과 별자리를 점과 선으로 표시하였다. 별은 밝기에 따라 밝은 별은 큰 점으로 희미한 별은 작은 점으로 차이를 두어 나타냈다. 또한 원의 주변에는 태양과 달, 수성, 금성, 토성, 화성, 목성의 움직임에 대한 설명이 있어 태양과 행성의 위치에 따라 **절기**를 구분할 수 있다. 이 밖에도 절기별 별자리에 대한 설명, 당시 우주에 대한 생각, 지도의 **내력**, 만든 사람의 이름과 만든 때 등을 기록해 놓았다.

3 조선 태조 때에 제작된 천상열차분야지도는 처음에 돌에 새겨 만들었고, 돌에 새긴 것을 **탁본하여** 만든 석각본, 조선 숙종 때 이를 베껴 만든 복각본과 조선 시대 말에 종이에 베낀 필사본 등이 있다. 천상열차분야지도의 제작을 **주도했던** 권근에 따르면 천상열차분야지도는 고구려의 **천문도**를 바탕으로 만든 것이라고 한다. 오늘날의 천문학자들이 천상열차분야지도의 별이 나타난 시기를 측정한 결과, 천상열차분야지도의 가운데 부분에 있는 별들은 조선 시대 초에, 그 바깥 부분의 별들은 고구려 시대 초에 나타난 것으로 밝혀졌다. 따라서 천상열차분야지도는 고구려의 천문도를 **참조하여** 새로 별을 관찰해 제작했음을 알 수 있다.

4 세계에서 두 번째로 오래된 석각 천문도인 천상열차분야지도는 앞서 중국에서 제작된 순우천문도와 비교했을 때 더 정확한 별자리 지도로 평가된다. 천상열차분야지도는 세계에서 가장 오래된 석각 천문도인 순우천문도와 달리 별의 밝기를 알 수 있으며, 당시 북반구에서 볼 수 있는 대부분의 별자리가 표시되어 있다. 이는 천상열차분야지도가 순우천문도를 베낀 것이 아니라는 사실을 입증하며, 천상열차분야지도가 정확한 관측에 기초한 ⓐ 인 별자리 지도라는 것을 나타낸다.

5

10

15

20

25

- **배경** 뒤쪽의 경치.
- **배열한** 일정한 차례나 간격에 따라 벌여 놓은.
- **북극성** 지구의 북극에 가장 가까이에서 빛나는, 1년 내내 볼 수 있는 별.
- **절기** 한 해를 스물넷으로 나눈, 계절의 표준이 되는 것.
- **내력** 지금까지 지내온 경로나 경력.
- **탁본하여** 비석, 기와, 기물 따위에 새겨진 글씨나 무늬를 종이에 그대로 떠내어.
- **주도했던** 앞장서서 어떤 일을 이끌거나 지도했던.
- **천문도**(天 하늘 천, 文 글월 문, 圖 그림 도) 천체의 위치와 움직임을 나타낸 그림.
- **참조하여** 참고로 비교하고 대조하여.

설명 대상

1 이 글에서 설명하지 <u>않은</u> 것은 무엇인가요? (   )

① 천상열차분야지도의 뜻
② 천상열차분야지도의 의의
③ 천상열차분야지도의 제작 목적
④ 천상열차분야지도에 나타난 별의 수
⑤ 천상열차분야지도를 제작할 때 참고한 자료

내용 이해

2 천상열차분야지도에 대한 설명으로 알맞은 것은 무엇인가요? (   )

① 천상열차분야지도에서 별의 밝기는 알 수 없다.
② 천상열차분야지도는 처음부터 종이에 그려졌다.
③ 천상열차분야지도는 순우천문도의 영향을 강하게 받았다.
④ 천상열차분야지도는 세계에서 가장 오래된 석각 천문도이다.
⑤ 천상열차분야지도에는 각기 다른 두 시기에 관찰한 별의 모습이 나타난다.

어휘·어법

3 ㉠에 들어갈 말로 알맞은 것은 무엇인가요? (   )

① 독자적　　　　② 주관적　　　　③ 규칙적
④ 상징적　　　　⑤ 배타적

비판

4 이 글의 내용에 맞게 천상열차분야지도를 바라보고 있는 친구는 누구인지 쓰세요.

> 진영: 현재의 과학 기술로 밝혀진 별의 위치와 완전히 똑같을 거야.
> 다경: 우주에 대한 믿음을 담아 상상해서 그림을 새겼다니 정말 대단해.
> 우진: 조상들은 예로부터 우주에 관심이 많았구나. 우리나라만의 천문도를 가지고
> 　　　있었다니 정말 자랑스러워.

(　　　　　　　　　)

구조 분석

문단 요약

5 다음 질문의 답을 찾을 수 있는 문단을 찾아 선으로 이으세요.

| 천상열차분야지도의 뜻은 무엇인가요? | • | • | **1** 문단 |

| 천상열차분야지도는 어떤 방법으로 제작했나요? | • | • | **2** 문단 |

| 천상열차분야지도에는 어떤 내용이 들어가 있나요? | • | • | **3** 문단 |

| 천상열차분야지도가 순우천문도와 다른 점은 무엇인가요? | • | • | **4** 문단 |

핵심 내용

6 빈칸에 들어갈 알맞은 말을 이 글에서 찾아 쓰세요.

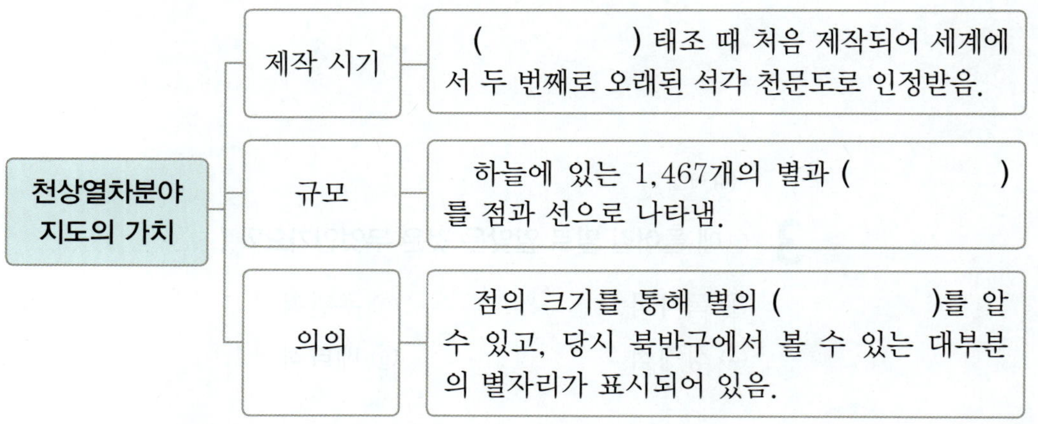

어휘

적용

7 다음 문장에 들어갈 알맞은 낱말에 ◯표 하세요.

⑴ 그는 자신이 살아온 (내력, 내역)을 책으로 엮었다.

⑵ 냉장고에 음료수가 종류별로 (분열, 배열)되어 있다.

⑶ 샛노란 꽃밭을 (배경, 광경)으로 가족들과 사진을 찍었다.

⑷ 자세한 내용을 살펴보기 위해 신문 기사를 (작성, 참조)하였다.

⑸ 내 짝은 말솜씨가 뛰어나 친구들 사이에서 이야기를 (주력, 주도)한다.

별자리의 변화

별자리는 옛날 사람들이 밤하늘에 **무리** 지어 있는 별의 모양을 보고 이름을 붙인 것이에요. 별자리는 계절에 따라 다른 것이 보이는데, 이는 지구의 공전 때문이에요. 계절별 대표적인 별자리로는 봄철에는 사자자리, 여름철에는 백조자리, 가을철에는 물고기자리, 겨울철에는 오리온자리가 있어요. 하나의 별자리를 한 계절에만 볼 수 있는 것이 아니에요. 별자리는 계절에 따라 동쪽에서 서쪽으로 이동하는 것처럼 보이기 때문이에요. 예를 들어 사자자리는 봄철의 대표적인 별자리지만 겨울철에는 동쪽에서 여름철에는 서쪽에서 볼 수 있어요.

별자리는 천문대에 가면 자세히 볼 수 있어요. **천문대**는 우주와 별의 현상을 **관측하는** 곳이에요. 천문대는 천체 현상을 잘 관측하기 위해 높고 앞이 탁 트인 곳에 위치해 있어요. 우리나라의 경우 중미산 천문대, 소백산 천문대 등에서 별을 관측할 수 있지요.

핵심 용어 다음 빈칸에 들어갈 알맞은 용어를 쓰세요.

(1) ☐☐☐
  • 옛날 사람들이 밤하늘에 무리 지어 있는 별에 이름을 붙인 것.

(2) ☐☐☐
  천(하늘 天) 문(현상 文) 대(대 臺): 하늘의 현상을 보는 높고 평평한 건축물.
  • 뜻: 우주와 별의 현상을 관측하는 곳.

• 우리나라의 계절별 별자리

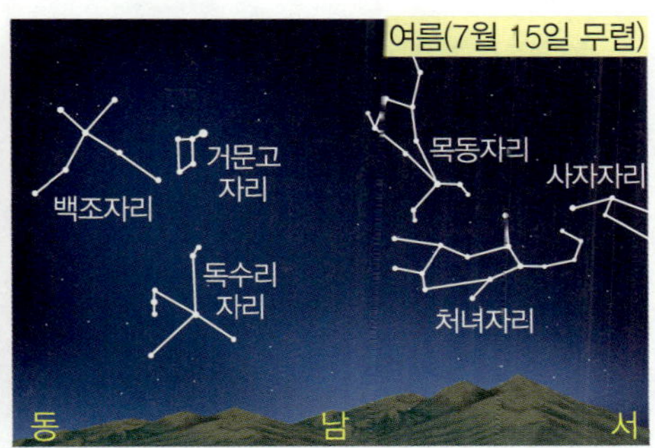

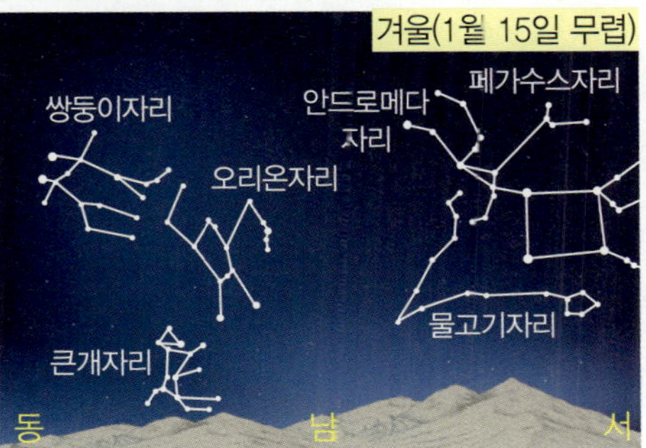

• **무리** 사람이나 짐승, 사물 따위가 모여서 뭉친 한 동아리.
• **관측하는** 맨눈이나 기계로 자연 현상을 관찰하는.

태양의 고도

경주 첨성대의 정체

1 신라 선덕 여왕 때에 세워진 것으로 알려진 경주 첨성대의 **용도**에 대한 논란은 오랫동안 계속되어 왔다. 첨성대의 쓰임에 대해서 태양의 **고도**에 따라 시간을 측정하는 곳이라는 주장과, 별을 **관측하는** 천문대라는 주장이 있다. 과연 첨성대의 정체는 무엇일까?

2 우선 첨성대가 시간을 측정하는 곳이라는 주장은 첨성대와 그 주변의 모습을 **근거**로 한다. 첨성대는 발견 당시 주위에 돌이 깔려 있었고, 돌의 일부는 질서 **정연한** 형태를 하고 있었다. 이를 통해 돌 주위에 **표지석**을 세운 후 그림자의 길이를 측정하여 시간을 알아냈을 것이라고 **추정하였다**. 태양의 고도가 낮은 아침과 저녁에는 그림자의 길이가 길어지고, 태양의 고도가 높은 점심에는 그림자의 길이가 짧아지기 때문이다. 또 다른 근거는 창과 비슷하게 생긴 네모난 구멍이다. 첨성대는 이 구멍을 통해 안쪽으로 태양 빛이 들어오는데, 시간에 따라 태양 빛이 도달하는 거리가 달라진다. 이를 통해 첨성대의 구멍에 태양 빛이 들어오는 각도, 즉 태양의 고도를 알아내 시간을 측정하였을 것이라고 추측한 것이다.

3 반면 첨성대가 별을 관측하는 천문대라는 주장은 역사에 기록된 내용을 근거로 한다. 고려 시대에 쓰인 『삼국유사』에는 첨성대에 대해 '별을 바라보는 시설'이라고 기록되어 있고, 조선 시대에 쓰인 『신증동국여지승람』 역시 '사람이 첨성대를 오르내리면서 **천문**을 관측했다.'라는 기록이 있다. 또 다른 근거는 첨성대의 네모난 구멍은 창이 아니라 출입구라는 것이다. 첨성대의 내부는 네모난 구멍 아래로 첨성대가 무너지지 않도록 흙과 자갈이 가득 차 있다. 따라서 첨성대 밖에서 사다리를 타고 이 구멍으로 들어간 다음, 이를 통해 꼭대기로 올라가 별을 관측했다는 것이다.

4 첨성대가 별을 관측하기에 너무 낮다는 주장도 있지만, 대기 오염이 심하지 않았던 과거에는 높은 곳이 아니더라도 어디서든 밤하늘을 관찰할 수 있었을 것이다. 또한 조선 시대의 천문대인 관천대의 높이가 첨성대와 큰 차이가 나지 않는 것이 그 근거라고 할 수 있다. 마지막으로 첨성대를 건설한 후 신라인들의 별 관측 기록이 늘었다는 것도 첨성대가 별을 관측하던 천문대라는 주장에 힘을 실어 주고 있다.

- **용도**(用 쓸 용, 途 길 도) 쓰이는 곳.
- **고도** 천체가 지평선이나 수평선과 이루는 각도.
- **관측하는** 맨눈이나 기계로 자연 현상을 관찰하는.
- **근거** 어떤 일이나 판단, 주장 따위가 나오게 된 바탕이나 까닭.
- **정연한** 가지런하고 질서가 있는.
- **표지석** 어떤 사물을 다른 것과 구별하기 위하여 그 앞에 세운 돌.
- **추정하였다** 미루어 생각해 판정하였다.
- **천문**(天 하늘 천, 文 글월 문) 우주 전체의 운동과 변화.

설명 대상

1 이 글에서 설명하는 것은 무엇인가요? (　　　)

① 첨성대의 크기　　　　　　② 첨성대의 용도
③ 첨성대의 유래　　　　　　④ 첨성대의 예술적 가치
⑤ 첨성대를 보존하는 방법

내용 이해

2 이 글의 내용과 일치하지 <u>않는</u> 것은 무엇인가요? (　　　)

① 첨성대는 고려 시대에 건축되었다.
② 태양 빛이 비치는 각도를 통해 시간을 알 수 있다.
③ 첨성대는 역사에 별을 관측하는 시설이라고 기록되어 있다.
④ 조선 시대에 만들어진 관천대는 첨성대와 높이가 비슷하다.
⑤ 첨성대 내부의 흙과 자갈은 첨성대가 무너지지 않도록 돕는 역할을 한다.

추론

3 이 글을 통해 답을 알 수 있는 질문이 <u>아닌</u> 것은 무엇인가요? (　　　)

① 첨성대에 대한 기록은 어디에서 찾을 수 있나요?
② 첨성대에 네모난 구멍이 있는 까닭은 무엇인가요?
③ 첨성대를 이용해 별을 관측하는 방법은 무엇인가요?
④ 신라인들의 별 관측 기록이 늘어난 것은 언제 이후인가요?
⑤ 밤하늘을 쉽게 관찰할 수 있었는데 첨성대를 만든 까닭은 무엇인가요?

적용

4 다음 중 **3** 문단의 주장을 뒷받침하는 자료로 알맞은 것의 기호를 쓰세요.

> ㉮ 출입구에 사다리를 놓았던 흔적이 남아 있다.
> ㉯ 첨성대를 짓는 데 사용된 돌의 개수는 365개에 가깝다.
> ㉰ 첨성대의 주위에는 두께가 얇고 넓적한 돌이 넓게 깔려 있어서 그림자의 길이를
>   재기에 적합했다.

(　　　　　　　)

구조 분석

5 다음 빈칸에 들어갈 알맞은 말을 쓰며 이 글의 내용을 정리하세요.

문단	중심 내용
1	(　　　　　)의 용도에 대한 논란
2	첨성대가 (　　　　)을 측정하는 곳이라는 주장과 근거
3	첨성대가 (　　　　)을 관측하는 곳이라는 주장과 근거
4	첨성대가 천문대가 아니라는 반론에 대한 반박

6 빈칸에 들어갈 알맞은 말을 이 글에서 찾아 쓰세요.

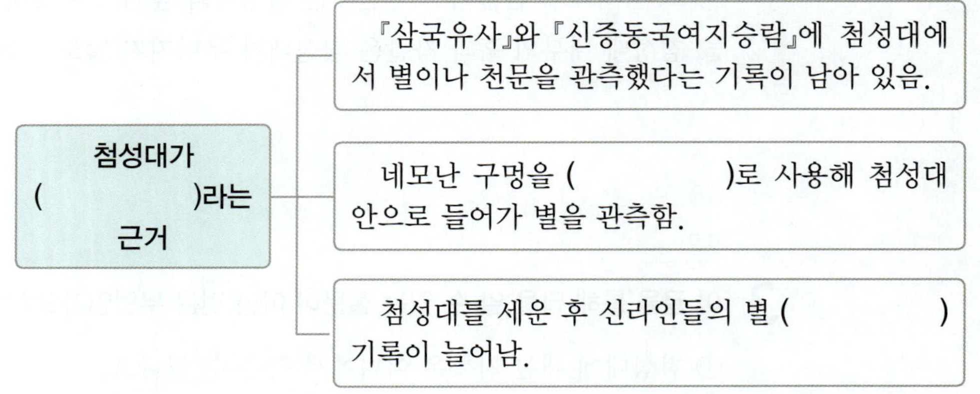

어휘

7 다음 낱말의 뜻을 찾아 선으로 알맞게 이으세요.

(1) 천문 • | • ㉮ 쓰이는 곳.

(2) 용도 • | • ㉯ 가지런하고 질서가 있다.

(3) 근거 • | • ㉰ 우주 전체의 운동과 변화.

(4) 추정하다 • | • ㉱ 미루어 생각하여 판정하다.

(5) 정연하다 • | • ㉲ 어떤 일이나 판단, 주장 따위가 나오게 된 바탕이나 까닭.

태양의 고도

태양의 높이는 하루 동안 계속 달라지는데, 태양이 높이 떠 있는 정도를 나타낼 때 태양의 고도라는 표현을 써요. **태양의 고도**란 태양 빛이 평평한 땅과 이루는 **각**이에요. 태양의 고도가 높을수록 태양이 높이 떠 있다는 것을 뜻해요. 아침이나 저녁에는 태양이 지구의 표면 가까이에 있어 태양의 고도가 낮고, 점심에는 태양이 남쪽으로 높이 떠 태양의 고도가 높아요.

태양의 고도에 따라 그림자의 길이가 달라져요. **그림자**는 태양 빛이 물체를 통과하지 못해서 그 물체의 뒷면에 나타나는 검은 그늘이에요. 태양의 고도가 낮을 때는 그림자의 길이가 길어지고, 태양의 고도가 높을 때는 그림자의 길이가 짧아져요.

핵심 용어 다음 빈칸에 들어갈 알맞은 용어를 쓰세요.

(1) **태양의** ☐☐

고(높을 高) 도(정도 度): 높이 있는 정도.
- 뜻: 태양 빛이 평평한 땅과 이루는 각.

(2) ☐☐☐
- 뜻: 태양 빛이 물체를 통과하지 못해서 그 물체의 뒷면에 나타나는 검은 그늘.

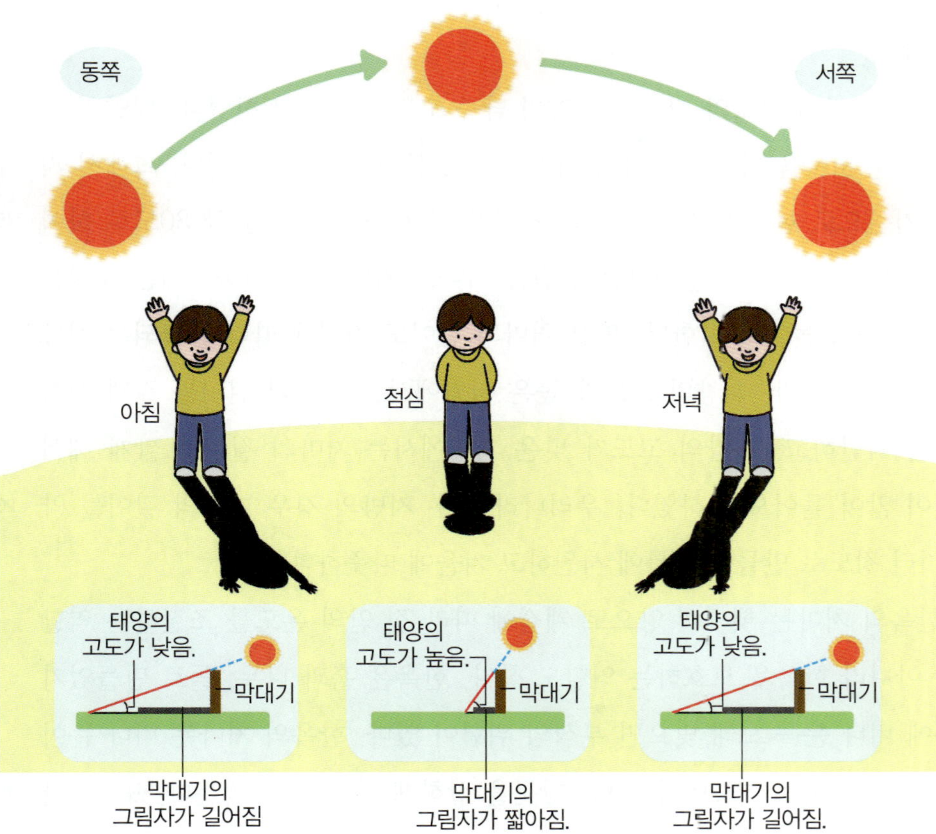

● **각** 한 점에서 갈리어 나간 두 직선의 벌어진 정도.

지문 분석

글자 수 1088
950 1050 1150

계절에 따라 달라지는 태양의 남중 고도
한옥의 지붕에 숨어 있는 과학

1 한옥은 곡선과 직선이 조화로운, 우리나라의 **전통** 가옥이다. 한옥에서 가장 아름다운 선을 보여 주는 것은 지붕의 **처마**이다. 한옥의 처마는 양쪽 끝이 곡선으로 휘어져 올라간 모양을 하고 있어 편안하면서도 부드러운 느낌을 준다. 이처럼 아름다운 한옥의 처마에는 과학적 원리가 숨어 있다.

2 한옥의 처마는 태양의 남중 고도를 고려해 만들어졌다. 태양의 남중 고도란 태양이 남쪽 하늘 가운데에 위치할 때, 즉 하루 중 태양의 높이가 가장 높을 때의 고도이다. 지구는 자전축이 23.5도 기울어진 채로 태양을 일 년에 한 바퀴씩 공전하므로 지구의 위치에 따라 태양의 남중 고도가 달라진다. 북반구에 있는 우리나라는 여름에 태양의 남중 고도가 가장 높고, 겨울에 태양의 남중 고도가 가장 낮다. 여름에는 태양의 남중 고도가 높아 햇빛이 **지면**을 수직에 가깝게 비추고, 겨울에는 태양의 남중 고도가 낮아 햇빛이 지면을 **완만하게** 비춘다.

3 한옥 처마의 각도와 길이는 태양의 남중 고도에 따라 정하였다. 태양의 남중 고도는 서울을 기준으로 **하지** 때 약 77도, **동지** 때 약 28도이다. 그래서 지면을 기준으로 한옥의 바깥쪽 기둥과 처마 끝 사이의 각도를 약 30도로 하여 여름철에는 집 안으로 들어오는 햇빛을 처마로 차단하고, 겨울철에는 햇빛을 집 안 깊숙이 들어오게 한다. 또한 처마의 길이도 지역에 따라 **돌출되는** 정도가 다르게 지었다. 태양의 고도가 높은 지역에서는 처마의 길이를 길게 해서 햇빛을 차단하고, 태양의 고도가 낮은 지역에서는 처마의 길이를 짧게 해서 햇빛이 많이 들어오게 하였다. 우리나라 중부 지방의 경우 처마의 길이를 약 1.2미터 정도로 만들어 여름에 시원하고 겨울에 따뜻하다.

4 한옥의 처마는 햇빛의 양으로 계절에 따라 집 안의 온도를 조절하는 역할뿐만 아니라 한옥을 보호하는 역할도 한다. 한옥은 흙과 나무, 돌로 만들었기 때문에 비나 눈을 오래 맞으면 **부식**의 위험이 있다. 한옥의 처마는 비나 눈이 집 안으로 들이쳐 기둥이나 바닥, 창문을 상하게 하는 것을 막는다. 또한, 한옥의 처마는 우아한 곡선으로 한옥의 아름다움을 살리는 ⓐ 기능을 한다. 이처럼 한옥의 처마는 우리 조상들의 지혜가 담긴 매우 과학적인 건축물이다.

5

10

15

20

25

- **전통** 어떤 집단이나 공동체에서 전해 내려오는 사상·관습·행동 따위의 양식.
- **처마** 기둥 밖으로 내민 지붕.
- **지면**(地 땅 지, 面 낯 면) 땅의 겉 부분.
- **완만하게** 경사가 급하지 않게.
- **하지**(夏 여름 하, 至 이를 지) 양력 6월 21일경으로, 일 년 중 낮이 가장 길고 밤이 가장 짧은 이십사절기 중 하나.
- **동지**(冬 겨울 동, 至 이를 지) 양력 12월 22일경으로, 낮이 가장 짧고 밤이 가장 긴 이십사절기 중 하나.
- **돌출되는** 쑥 내밀거나 불거지는.
- **부식** 썩어서 문드러짐.

목적

1 글쓴이가 이 글을 쓴 목적은 무엇인가요? (　　　)

① 한옥을 계승해야 한다고 주장하기 위해
② 한옥에 나타난 선의 아름다움을 소개하기 위해
③ 한옥의 처마에 담긴 과학적 원리를 소개하기 위해
④ 자연 친화적인 건축에 대한 관심을 일깨우기 위해
⑤ 서양 건축과 비교하여 한옥의 우수성을 알리기 위해

내용 이해

2 한옥의 처마에 대한 설명으로 알맞지 <u>않은</u> 것은 무엇인가요? (　　　)

① 태양의 남중 고도를 고려하여 만들었다.
② 처마의 각도는 방 안의 온도에 영향을 주지 않는다.
③ 처마는 양쪽 끝이 곡선으로 올라간 모습을 하고 있다.
④ 우리나라 중부 지방의 경우 처마의 길이는 1미터를 넘는다.
⑤ 지면을 기준으로 한옥의 바깥쪽 기둥과 처마 끝 사이의 각도는 약 30도이다.

어휘·어법

3 ㉠에 들어갈 말로 알맞은 것은 무엇인가요? (　　　)

① 소통　　　　　　② 보안　　　　　　③ 보존
④ 혁신　　　　　　⑤ 장식

추론

4 이 글을 읽고 답을 알 수 있는 질문은 무엇인가요? (　　　)

① 적도 지방의 경우, 태양의 남중 고도가 몇 도인가요?
② 겨울철에 햇빛이 한옥에 머무는 시간은 얼마나 되나요?
③ 태양의 남중 고도를 정확히 측정하는 방법은 무엇인가요?
④ 우리나라 북부 지방의 경우 적절한 처마의 길이는 몇 미터인가요?
⑤ 지구가 기울어진 채로 공전하기 때문에 발생하는 현상은 무엇인가요?

구조 분석

문단 요약

5 각 문단의 중심 내용으로 알맞은 것에 ○표, 틀린 것에 ✕표를 하세요.

1 문단	한옥 처마의 아름다움	( )
2 문단	계절에 따른 온도의 변화	( )
3 문단	태양의 남중 고도를 고려한 한옥의 처마	( )
4 문단	한옥 처마의 역할과 한계	( )

핵심 내용

6 빈칸에 들어갈 알맞은 말을 이 글에서 찾아 쓰세요.

태양의 남중 고도
여름에 태양의 남중 고도가 가장 ( ), 겨울에 태양의 남중 고도가 가장 ( ).

지면을 기준으로 한옥의 바깥쪽 기둥과 처마 끝 사이의 각도를 약 30도로 함.

처마의 ( )를 지역에 따라 다르게 돌출시킴.

( )에 따라 햇빛의 양을 조절하여 여름에는 시원하고, 겨울에는 따뜻함.

어휘

이해

7 다음 낱말의 뜻을 보기 에서 찾아 기호를 쓰세요.

보기
㉠ 썩어서 문드러짐.
㉡ 경사가 급하지 않다.
㉢ 쑥 내밀거나 불거지다.
㉣ 기둥 밖으로 내민 지붕.
㉤ 어떤 집단이나 공동체에서 전해 내려오는 사상·관습·행동 따위의 양식.

(1) 부식 ( ) (2) 처마 ( )
(3) 전통 ( ) (4) 돌출하다 ( )
(5) 완만하다 ( )

계절에 따라 달라지는 태양의 남중 고도

태양의 남중 고도란 태양이 남쪽 하늘의 가운데에 위치해 하루 중 태양의 높이가 가장 높을 때의 고도를 뜻해요. 지구는 23.5도 기울어진 채로 태양을 공전하기 때문에 지구의 위치에 따라 태양의 남중 고도가 달라져요.

계절은 규칙적으로 반복되는 자연 현상에 따라서 일 년을 **구분한** 것이에요. 계절이 생기는 까닭은 태양의 남중 고도가 달라지기 때문이에요. 우리나라는 6~7월에 태양의 남중 고도가 가장 높아져요. 그래서 태양 빛을 받는 시간이 늘어나 낮이 길어지고 **기온**이 높아져요. 반면 12~1월은 태양의 남중 고도가 가장 낮아져요. 그래서 태양 빛을 받는 시간이 줄어들어 낮이 짧아지고 기온이 낮아져요.

핵심 용어 다음 빈칸에 들어갈 알맞은 용어를 쓰세요.

(1) **태양의** ☐☐ **고도**

남(남녘 南) 중(가운데 中): 남쪽의 가운데.
- 뜻: 태양이 남쪽 하늘의 가운데에 위치할 때의 고도.

(2) ☐☐

계(계절 季) 절(철 節): 계절의 때.
- 뜻: 규칙적으로 반복되는 자연 현상에 따라서 일 년을 구분한 것.

• 계절별 태양의 남중고도

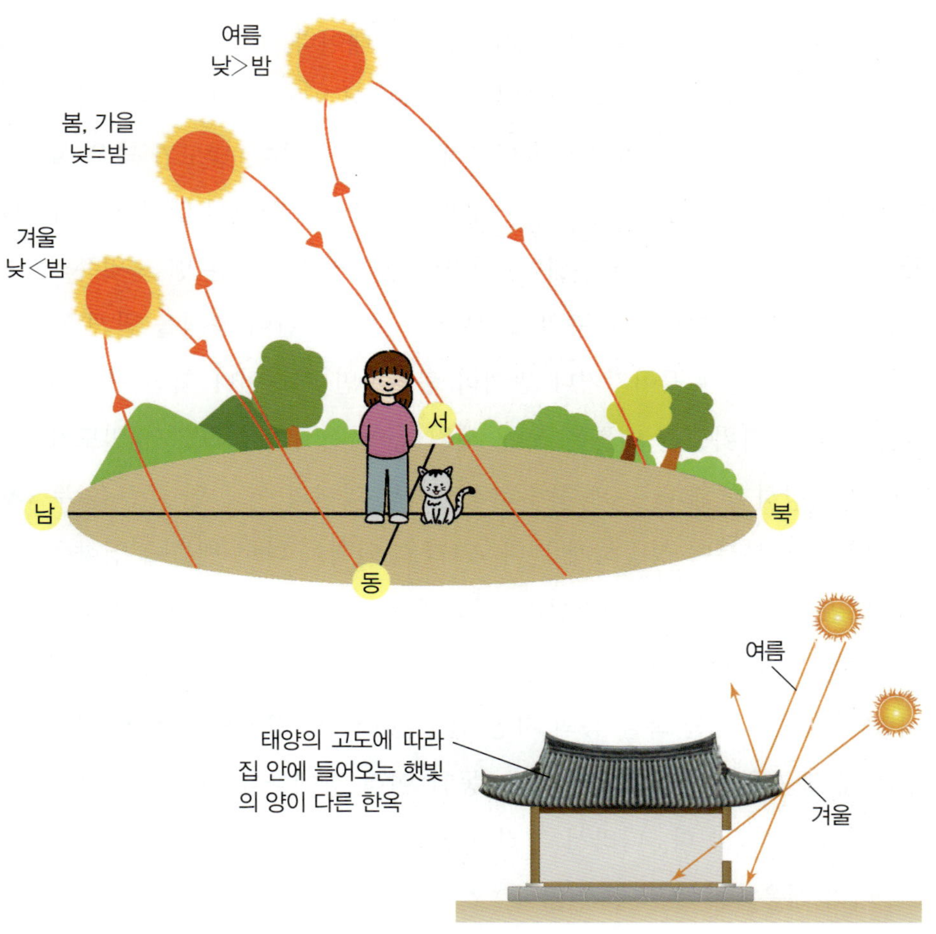

● **구분한** 일정한 기준에 따라 전체를 몇 개로 갈라 나눈.
● **기온** 지구를 둘러싸고 있는 공기의 온도.

지문 분석

글자 수　1038
950　1050　1150

지구의 모양

지구는 살아 있다

1 지구의 내부는 단단하여 움직이지 않을 것 같지만, 사실 지구의 내부는 끊임없이 운동하며 강한 에너지를 **방출한다**. 이 때문에 지구 표면에서는 지진이나 화산 폭발 등의 자연 현상이 발생한다. 지구의 내부가 운동하는 까닭은 무엇일까?

2 지구의 내부는 지각, 맨틀, 외핵, 내핵으로 이루어져 있다. 지각은 지구의 표면을 얇게 싸고 있으며 흙과 **암석**으로 구성되어 있다. 그리고 지각 아래에는 맨틀이 자리잡고 있다. 지구의 80퍼센트 이상을 차지하는 맨틀도 주로 암석으로 이루어져 있지만, 맨틀의 위쪽은 단단한 암석인 반면 맨틀의 아래쪽은 뜨거운 핵과 **밀접해** 있어 말랑말랑한 고체 상태이다. 금속으로 이루어진 것으로 **추정되는** 핵은 지구의 중심부로 갈수록 온도가 높아지고 압력이 커진다. 핵 중에서 바깥쪽에 있는 외핵은 온도의 영향을 크게 받아 액체 상태이고, 안쪽에 있는 내핵은 압력의 영향을 크게 받아 고체 상태이다.

3 온도가 약 4,000도가 넘는 외핵이 맨틀 아래에서 맨틀의 한 부분을 가열하면 이 부분은 열로 인해 **팽창하면서 밀도**가 낮아지게 된다. 밀도가 낮은 물질은 위로 떠오르고 밀도가 높은 물질은 아래로 가라앉는 성질이 있기 때문에 뜨거워진 맨틀의 일부는 상승하게 된다. 이러한 맨틀의 움직임은 맨틀 윗쪽의 단단한 암석과 지각에 전해져 지구의 겉 부분을 둘러싼 판이 충격을 받게 된다. 이때 충격으로 판이 끊어지거나 판끼리 충돌하면 지진이나 화산 폭발이 발생한다. 한편 뜨거워졌던 맨틀은 오랜 세월 동안 서서히 식으면서 밀도가 높아져 다시 **하강하게** 된다. ㉠맨틀이 하강하면서 외핵의 어느 한 부분을 누르면 외핵의 다른 부분이 상승하게 된다. 그리고 외핵이 다시 맨틀에 영향을 주어 맨틀도 또다시 상승하기 시작한다. 이렇게 지구의 내부는 끊임없이 움직이며 서로 영향을 주고받으며 운동한다.

4 이처럼 지진이나 화산 폭발 등의 자연 현상은 맨틀의 움직임 때문에 일어난다. 그런데 맨틀은 상승하고 하강하는 동안 여러 장애물을 만나기 때문에 그 움직임이 불규칙적이다. 따라서 지진이나 화산 폭발과 같은 자연 현상을 예측하고 미리 **대응하는** 것도 쉽지 않다.

- **방출한다** 에너지를 내보낸다.
- **암석** 지각을 구성하고 있는 단단한 바위와 같은 물질.
- **밀접해** 아주 가깝게 맞닿아. 또는 그런 관계에 있어.
- **추정되는** 미루어져 생각되어 판정되는.
- **팽창하면서** 부풀어서 부피가 커지면서.
- **밀도** 빽빽이 들어선 정도.
- **하강하게** 높은 곳에서 아래로 향하여 내려오게.
- **대응하는** 어떤 일이나 사태에 맞추어 태도나 행동을 취하는.

설명 대상

1 이 글에서 설명하는 것은 무엇인가요? (   )

① 지진과 화산 폭발의 위험성
② 지구의 내부가 운동하는 까닭
③ 지진이나 화산 폭발을 막는 방법
④ 지구의 표면을 이루는 판의 개수와 종류
⑤ 지진이나 화산 폭발이 일어났을 때의 대처 방법

내용 이해

2 이 글의 내용과 일치하지 <u>않는</u> 것은 무엇인가요? (   )

① 지구의 겉 부분은 흙과 암석으로 이루어져 있다.
② 지구 외핵의 온도는 약 4,000도 이상의 고온이다.
③ 지구의 내부는 고정되어 있지 않고 계속하여 운동한다.
④ 맨틀의 위쪽은 액체 상태이고 아래쪽은 단단한 고체 상태이다.
⑤ 상승한 맨틀이 판에 충격을 주면 지진이나 화산 폭발이 발생한다.

추론

3 ㉠의 까닭으로 가장 알맞은 것은 무엇인가요? (   )

① 외핵이 액체 상태이기 때문이다.
② 외핵이 기체 상태이기 때문이다.
③ 지구 내부가 매우 차갑기 때문이다.
④ 맨틀과 외핵 사이에 판이 존재하기 때문이다.
⑤ 맨틀과 외핵이 비슷한 물질로 이루어져 있기 때문이다.

적용

4 **2** 문단에서 글의 이해를 돕기 위해 활용하면 좋은 자료로 알맞은 것의 기호를 쓰세요.

> ㉮ 지구 내부의 단면이 나타나 각 구조의 두께를 알 수 있는 그림
> ㉯ 지구가 처음 생겨났을 때와 현재 지구의 성분 차이를 나타내는 표
> ㉰ 지구의 표면이 여러 개의 판으로 나누어져 있다는 것을 표시한 세계 지도

(   )

구조 분석

문단 요약

5 다음 빈칸에 들어갈 알맞은 말을 쓰며 이 글의 내용을 정리하세요.

문단	중심 내용
1	지구 내부의 (　　　　　)
2	(　　　　　), 맨틀, 외핵, 내핵으로 이루어진 지구 내부의 구조
3	지진이나 (　　　　　)이 발생하는 까닭
4	자연 현상의 예측과 (　　　　　)의 어려움

핵심 내용

6 빈칸에 들어갈 알맞은 말을 이 글에서 찾아 쓰세요.

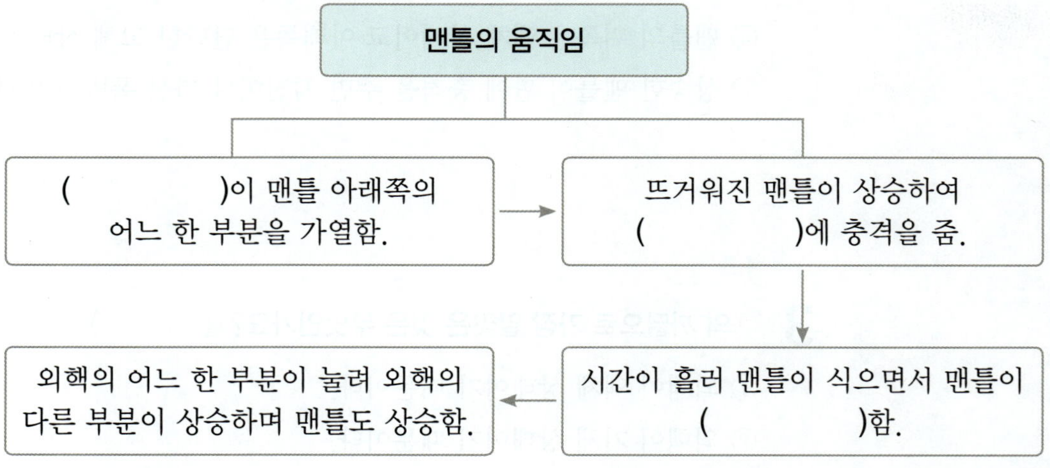

어휘

적용

7 다음 문장의 빈칸에 들어갈 알맞은 낱말을 보기 에서 찾아 쓰세요.

보기

　　　　　팽창　　하강　　방출　　암석　　밀접

⑴ 우리 몸은 땀을 통해 열을 (　　　　　)한다.
⑵ 땅에서 멀어질수록 기온이 (　　　　　)한다.
⑶ 문화는 대중 매체와 (　　　　　)한 관련이 있다.
⑷ 우리나라의 산은 대부분 (　　　　　)으로 이루어져 있다.
⑸ 고무풍선에 공기를 불어 넣으면 고무풍선이 (　　　　　)한다.

지구의 모양

정답과 해설 **28** 쪽

지구의 내부는 지각, 맨틀, 외핵, 내핵으로 이루어져 있어요. **지각**은 지구의 맨 바깥쪽을 차지하는 부분이에요. 흙과 암석으로 이루어진 지각의 두께는 지표면에서 약 40킬로미터 정도예요. 맨틀은 지각 아래부터 깊이 약 2,900킬로미터까지의 부분으로 지구의 부피 중 가장 많은 부분을 차지해요. 맨틀은 윗부분과 아랫부분 모두 고체 상태이지만, 맨틀 윗부분은 단단한 상태이고 맨틀 아랫부분은 지구 중심부의 열에 의해 말랑말랑한 상태예요. 외핵은 맨틀 아래부터 깊이 약 2,900~5,100킬로미터에 해당하는 부분이고, 매우 뜨거운 **액체** 상태로 되어 있어요. **내핵**은 지구의 가장 안쪽을 이루는 부분으로 깊이 약 5,100킬로미터에서 지구 중심부까지의 부분이에요. 내핵은 외핵과 달리 단단한 **고체** 상태예요.

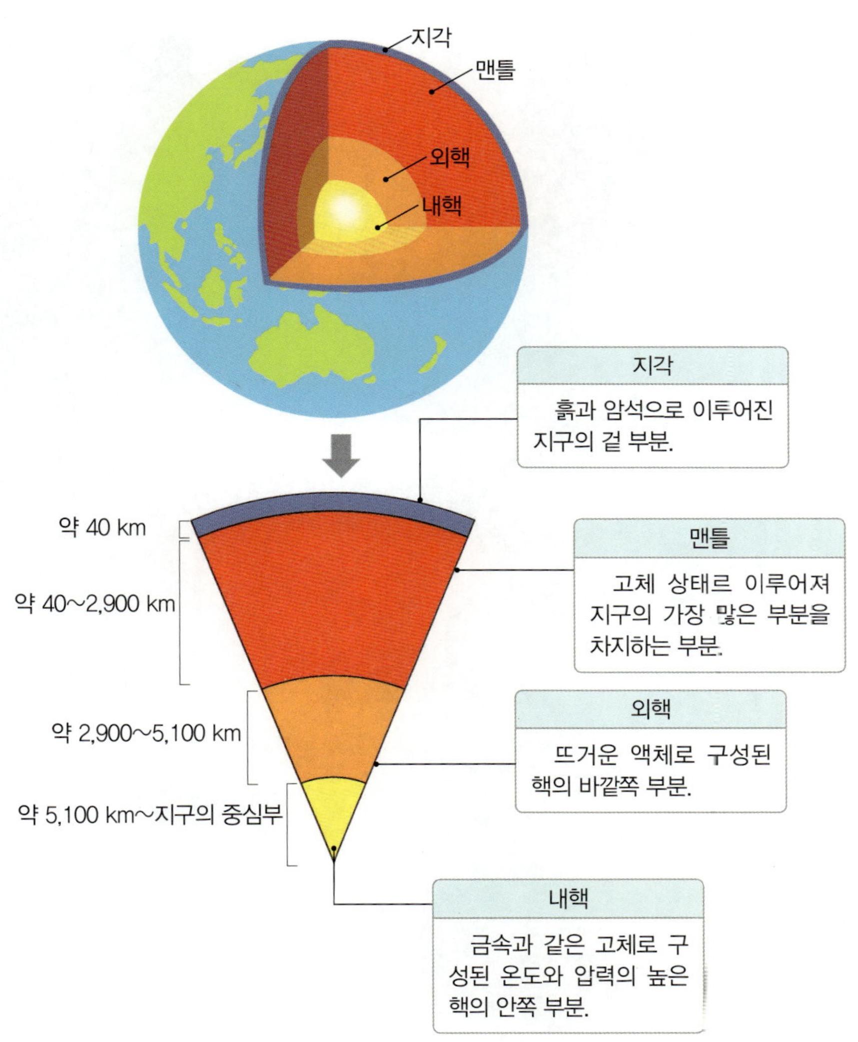

- **액체** 담는 그릇에 따라 모양은 변하지만 부피가 일정한 성질을 가지고 있는 물질의 상태.
- **고체** 담는 그릇이 바뀌어도 모양과 부피가 일정한 성질을 가지고 있는 물질의 상태.

핵심 용어 다음 빈칸에 들어갈 알맞은 용어를 쓰세요.

(1) 

지(땅 地) 각(껍질 殼): 땅의 겉을 싸고 있는 껍질.
- 뜻: 지구의 바깥쪽을 차지하는 부분.

(2) 

내(안 內) 핵(중심 核): 안에 있는 중심.
- 뜻: 지구의 가장 안쪽을 이루는 부분.

과학과 사회

생명을 살리는 프린터

1 종이에 잉크를 뿌려 글이나 그림을 인쇄하는 일반적인 잉크젯 프린터와 달리, 설계도를 **구현해** **입체적**인 물건을 인쇄하는 프린터를 3차원 프린터라고 한다. 3차원 프린터는 인쇄할 물건에 따라 플라스틱이나 고무, 금속 등의 재료를 사용한다. 이러한 재료를 가루나 액체, 실의 형태로 바꾼 후 재료를 조금씩 쌓아 굳히는 과정을 반복하여 물건을 인쇄한다.

2 3차원 프린터는 **제조업**에서 주로 활용되었으나 2008년부터 의료 분야에 도입되었다. 당시 일본의 한 교수는 프린터에 사용하는 잉크 입자의 크기가 인체 세포의 크기와 비슷하다는 점에 **착안하여** 생체 세포를 재료로 생체 구조물을 만드는 3차원 바이오 프린터를 개발하였다. 그 후 연구가 활발하게 진행되면서 3차원 바이오 프린터로 인쇄한 인공 귀와 인공 간을 쥐에게 이식하는 데 성공하였고, 이어서 인공 혈관을 원숭이에게 이식하는 실험도 성공하였다.

3 이처럼 3차원 프린터와 의료 기술을 결합하여 사람에게 이식할 수 있는 인공 장기나 인공 조직을 만드는 **바이오 기술**을 3차원 바이오 프린팅 기술이라고 한다. 3차원 바이오 프린팅 기술의 핵심은 3차원 바이오 프린터의 재료인 바이오 잉크이다. 바이오 잉크는 인체에 안전하면서도 **인공** 장기나 인공 조직을 만들기에 적합해야 한다. 그래서 바이오 잉크는 주로 생체 재료인 세포나 단백질로 만든다. 환자의 세포를 이용하여 바이오 잉크를 만들면 **면역** 체계의 거부 반응이 없어 부작용을 최소화할 수 있다. 그러나 세포와 단백질만으로는 인쇄가 어렵기 때문에 부드러우면서 형태를 구성할 수 있는 재료를 추가로 섞어 사용한다. 이러한 재료는 세포가 살 수 있는 환경을 만들고 세포에 영양분을 제공하는 역할도 한다. 또한 인체의 장기마다 세포와 단백질 구성이 다르기 때문에 재료도 이에 맞춰 사용한다.

4 3차원 바이오 프린팅 시대는 이미 우리 눈앞에 다가와 있다. 최근에는 3차원 바이오 프린터로 만든 인공 뼈나 인공 피부를 치료에 이용하고 있다. 머지않아 3차원 바이오 프린터로 인쇄하여 만들어 낸 인공 장기를 환자에게 이식하는 수술도 **상용화**될 것이다. ㉠3차원 바이오 프린팅 기술은 장기 **기증자**가 부족한 문제를 해결하고, 인간이 질병과 노화를 극복하는 열쇠가 될 것이다.

- **구현해** 어떤 내용이 구체적인 사실로 나타나게 해.
- **입체적** 삼차원의 공간적 부피를 가진 물체를 보는 것과 같은 느낌을 주는 것.
- **제조업** 물품을 대량으로 만드는 사업.
- **착안하여** 어떤 일을 주의하여 보아. 또는 어떤 문제를 해결하기 위한 실마리를 잡아.
- **바이오 기술** 생체의 기능이나 구조를 인위적으로 조작하는 기술.
- **인공**(人 사람 인, 工 장인 공) 사람의 힘으로 자연에 대하여 가공하거나 작용을 하는 일.
- **면역** 몸속에 들어온 균이나 바이러스에 대하여 항체가 생겨서, 같은 균이나 바이러스가 일으키는 병에 걸리지 않도록 된 상태. 또는 그런 작용.
- **상용화** 일상적으로 쓰게 됨.
- **기증자** 남에게 어떤 것을 거저 주는 사람.

내용 독해

1 글쓴이가 이 글을 쓴 목적은 무엇인가요? (   )

① 장기 기증의 중요성을 일깨우기 위해

② 프린터의 종류를 비교하여 설명하기 위해

③ 3차원 프린터의 활용 방법을 알려 주기 위해

④ 3차원 바이오 프린팅 기술의 한계를 지적하기 위해

⑤ 3차원 바이오 프린팅 기술의 발전에 대한 기대를 나타내기 위해

내용 이해

2 이 글의 내용과 일치하는 것은 무엇인가요? (   )

① 바이오 잉크는 세포나 단백질로만 만든다.

② 3차원 프린터는 처음부터 의료용으로 만들어졌다.

③ 3차원 프린터는 재료를 조립하여 만드는 방식을 사용한다.

④ 3차원 바이오 프린팅 기술은 아직 의료 기술로 활용되지 않는다.

⑤ 잉크 입자와 인체 세포의 크기가 비슷하다는 점에 착안하여 3차원 바이오 프린터가 개발되었다.

추론

3 이 글을 통해 추론할 수 있는 내용의 기호를 쓰세요.

> ㉮ 3차원 바이오 프린터는 기대할 수 있는 효과보다 위험성이 더 크다.
>
> ㉯ 이식 받을 수 있는 장기가 없어 질병을 치료하지 못하는 사람들이 있다.
>
> ㉰ 3차원 바이오 프린터는 3차원 프린터에서 인쇄 방법을 바꾸어 개발한 것이다.

(   )

어휘·어법

4 ㉠에 어울리는 한자 성어는 무엇인가요? (   )

① 소탐대실: 작은 것을 욕심내다가 큰 것을 잃음.

② 일석이조: 동시에 두 가지 이득을 봄을 이르는 말.

③ 설상가상: 어려운 일이나 불행한 일이 잇따라 일어남을 이르는 말.

④ 토사구팽: 필요할 때는 쓰고 필요 없을 때는 야박하게 버리는 경우를 이르는 말.

⑤ 각주구검: 융통성 없이 현실에 맞지 않는 낡은 생각을 고집하는 어리석음을 이르는 말.

구조 분석

문단 요약

5 다음 질문의 답을 찾을 수 있는 문단을 찾아 선으로 이으세요.

| 3차원 프린터는 무엇인가요? | · | · | **1** 문단 |

| 3차원 바이오 프린팅 기술의 핵심은 무엇인가요? | · | · | **2** 문단 |

| 3차원 바이오 프린팅 기술의 기대 효과는 무엇인가요? | · | · | **3** 문단 |

| 3차원 바이오 프린터는 어떤 점에 착안해 개발되었나요? | · | · | **4** 문단 |

핵심 내용

6 빈칸에 들어갈 알맞은 말을 이 글에서 찾아 쓰세요.

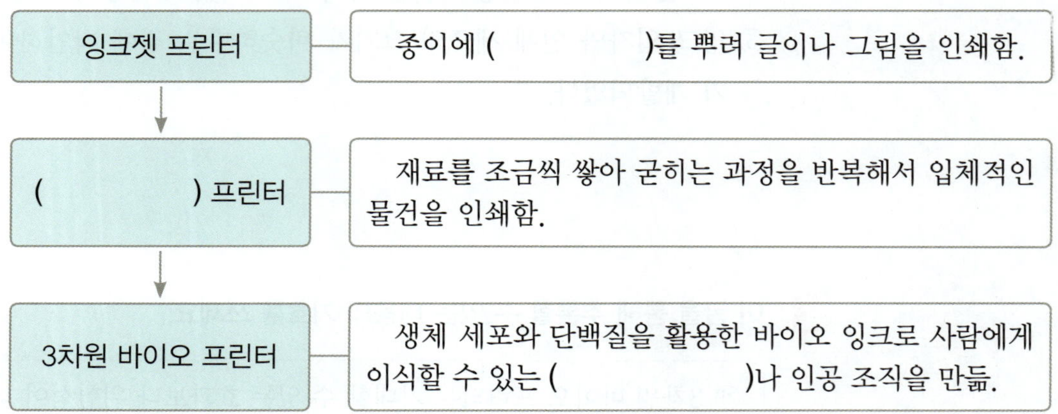

어휘

이해

7 다음 낱말의 뜻을 보기 에서 찾아 기호를 쓰세요.

보기
㉮ 물품을 대량으로 만드는 사업.
㉯ 남에게 어떤 것을 거저 주는 사람.
㉰ 어떤 내용이 구체적인 사실로 나타나게 함.
㉱ 사람의 힘으로 자연에 대하여 가공하거나 작용을 하는 일.
㉲ 어떤 일을 주의하여 봄. 또는 어떤 문제를 해결하기 위한 실마리를 잡음.

(1) 구현   (   )   (2) 착안   (   )
(3) 인공   (   )   (4) 제조업   (   )
(5) 기증자   (   )

의료 기술이란 병을 고치고 건강을 지키는 데 쓰이는 기술을 뜻해요. 과학 기술이 빠르게 발달하면서 의료 기술도 함께 발전하고 있지요. 예를 들어 직접 병원에 가지 않고도 원격으로 진료가 가능하고, 르봇이 사람의 손을 대신해 **정밀한** 수술을 진행하기도 해요.

바이오 기술이란 생체의 기능이나 구조를 **인위적**으로 **조작하는** 기술이에요. 몸속 세포에서 노화나 질병을 일으키는 물질을 제거하거나, 유전자를 수정해 질병을 예방하거나 치료하고 질병이 유전되는 것을 막기도 해요. 바이오 기술의 발달로 이전에는 치료가 어렵거나 불가능했던 질병도 치료할 수 있게 되었어요. 이에 따라 인간의 평균 수명이 더 길어질 것으로 기대되고 있어요.

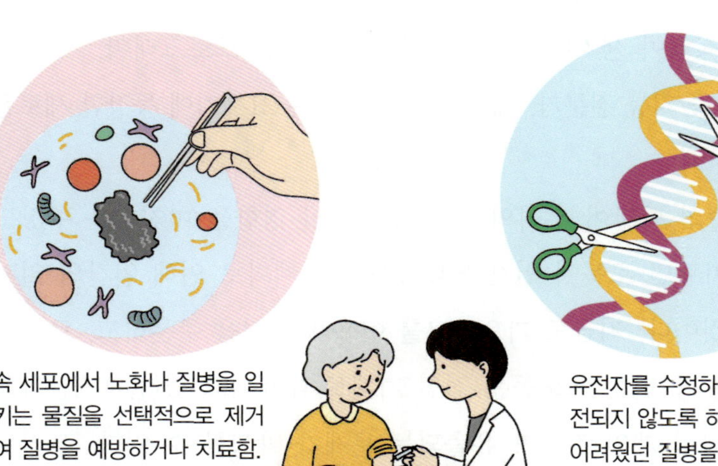

몸속 세포에서 노화나 질병을 일으키는 물질을 선택적으로 제거하여 질병을 예방하거나 치료함.

유전자를 수정하여 질병이 유전되지 않도록 하거나 치료가 어려웠던 질병을 치료함.

핵심 용어 다음 빈칸에 들어갈 알맞은 용어를 쓰세요.

(1) ☐☐ **기술**

의(의학 醫) 료(고칠 療): 의학으로 병을 고치는 기술.
- 뜻: 병을 고치고 건강을 지키는 데에 쓰이는 기술.

(2) ☐☐☐ **기술**

- 뜻: 생체의 기능이나 구조를 인위적으로 조작하는 기술.

- **정밀한** 아주 정교하고 치밀하여 빈틈이 없고 자세한.
- **인위적** 자연의 힘이 아닌 사람의 힘으로 이루어지는 것.
- **조작하는** 일정한 방식에 따라 다루어 움직이는.

진로와 과학

과학 기술의 양면성

1 현대 사회는 4차 산업 혁명 시대이다. 4차 산업 혁명이란 로봇이나 인공 지능(AI)과 같은 정보 통신 기술이 사회 전반에 **융합되어** 일어나는 변화를 뜻한다. 4차 산업 혁명으로 인해 인간은 **방대한** 양의 정보인 빅 데이터를 활용할 수 있게 되었고, 빅 데이터를 바탕으로 사물을 손쉽게 **조작할** 수 있게 되었다. 이러한 과학 기술의 변화는 우리의 삶에 어떤 영향을 미칠까? 　5

2 우선 과학 기술의 발달이 우리의 삶에 긍정적인 영향을 미친다는 주장이 있다. 과학 기술이 효율성을 높여 업무를 더 편리하게 하도록 돕는다는 것이다. 예를 들어 택시 기사는 내비게이션을 이용하여 길을 찾고 막히지 않는 도로로 빠르게 이동해 더 많은 승객에게 서비스를 제공할 수 있게 된다. 또한 과학 기술의 발달로 일자리가 **창출되기도** 한다. 이전에 없던 새로운 분야가 개 　10 척되면서 새로운 직업이 생겨나기 때문이다. 모바일 앱 프로그래머, 자율 **주행** 차량 개발자, 인공 지능 전문가, 데이터 분석가 등은 21세기에 등장한 새로운 직업이다.

3 반면 과학 기술의 발달이 우리의 삶에 부정적인 영향을 미친다는 주장도 있다. 이 주장에 따르면 로봇이 인간을 대체하는 기계화로 인해 인간의 일자 　15 리가 감소한다는 것이다. 지금도 키오스크를 이용해 음식을 주문하고, 로봇이 음식을 가져다주는 등 단순한 노동은 점점 기계로 대체되고 있다. 또한 과학 기술이 발달함에 따라 개인 정보가 **유출되는** 문제가 발생할 수 있다. 우리는 인터넷을 이용하면서 개인 정보를 제공하기 때문에 정보 관리자가 개인 정보 관리를 소홀히 하면 자신도 모르는 사이에 개인 정보가 새어 나가기도 한다. 　20 이에 따라 타인의 개인 정보를 **악용하는** 범죄도 꾸준하게 증가하고 있다.

4 이처럼 과학 기술은 어떻게 사용하는지에 따라 우리의 삶에 긍정적인 영향을 미치기도 하고 부정적인 영향을 미치기도 한다. 따라서 과학 기술이 더 이로운 방향으로 발전하기 위해서는 과학 기술의 발달로 발생하는 문제에 대해 사회적이고 **윤리적인 논의**가 함께 이루어져야 한다. 과학 기술의 발달에 대한 　25 균형 있는 접근은 우리의 미래를 더욱 밝게 만들어 줄 것이다.

- **융합되어** 녹아서 합하게 되어.
- **방대한** 규모나 양이 매우 크거나 많은.
- **조작할** 기계 따위를 일정한 방식에 따라 다루어 움직일.
- **창출되기도** 전에 없던 것을 처음으로 지어내거나 만들어 내기도.
- **주행** 주로 동력으로 움직이는 자동차나 열차 따위가 달림.
- **유출되는** 귀한 물건이나 정보 따위가 불법적으로 나라나 조직의 밖으로 나가 버리는.
- **악용하는** 알맞지 않게 쓰거나 나쁜 일에 쓰는.
- **윤리적** 올바른 사회생활을 하기 위하여 따라야 하는 행동의 규범과 관련되거나 이를 따르는 것.
- **논의** 어떤 문제에 대하여 서로 의견을 내어 토의함. 또는 그런 토의.

1 이 글에서 글쓴이가 주장하는 내용은 무엇인가요? (　　　)

① 과학 기술의 발달은 인간의 생존을 위협한다.
② 인공 지능 개발에 대한 사회적 제한이 필요하다.
③ 과학 기술의 발달을 위해 국가적 지원을 늘려야 한다.
④ 과학 기술의 발달을 통해 새로운 일자리를 창출해야 한다.
⑤ 과학 기술의 발달로 인한 문제에 대해 사회적·윤리적 논의가 필요하다.

2 이 글의 내용과 일치하지 <u>않는</u> 것은 무엇인가요? (　　　)

① 단순한 노동은 기계로 대체하기 쉽다.
② 빅 데이터를 이용하면 사물을 손쉽게 조작할 수 있다.
③ 과학 기술을 활용하여 업무를 편리하게 처리할 수 있다.
④ 4차 산업 혁명은 로봇이나 인공 지능을 중심으로 일어났다.
⑤ 과학 기술이 발달함에 따라 개인 정보 유출 문제가 감소하고 있다.

3 이 글을 통해 답을 알 수 있는 질문은 무엇인가요? (　　　)

① 개인 정보를 지키는 방법은 무엇인가요?
② 사물을 자동으로 제어하는 원리는 무엇인가요?
③ 과학 기술의 발달로 새로 생긴 직업은 무엇인가요?
④ 4차 산업 혁명이 3차 산업 혁명과 다른 점은 무엇인가요?
⑤ 인간의 일자리가 기계로 대체되지 않기 위해서는 어떻게 해야 하나요?

4 이 글의 내용에 맞게 과학 기술을 바라보고 있는 친구는 누구인지 쓰세요.

> 소희: 과학 기술이 발달하면서 일자리가 줄어들기만 해서 너무 안타까워.
> 서진: 과학 기술이 발달하면 인간의 삶이 편리해지므로 다른 것은 고려하지 않아도 돼.
> 유나: 과학 기술의 발달도 중요하지만, 과학 기술의 발달로 발생하는 문제를 해결
> 　　　하려는 자세가 필요해.

(　　　　　　　　　)

**구조
분석**

문단 요약

5 각 문단의 중심 내용으로 알맞은 것에 ○표, 틀린 것에 ✕표를 하세요.

1문단	산업 혁명의 역사	( )
2문단	과학 기술의 발달이 우리의 삶에 미치는 긍정적 영향	( )
3문단	개인 정보의 유출을 막는 방법	( )
4문단	과학 기술의 발달에 대한 균형 있는 접근의 필요성	( )

핵심 내용

6 빈칸에 들어갈 알맞은 말을 이 글에서 찾아 쓰세요.

과학 기술의 발달에 긍정적인 입장		과학 기술의 발달에 부정적인 입장
• 업무의 ( )이 높아짐. • 새로운 직업이 생겨나 일자리가 창출됨.	↔	• ( )이 인간을 대체하는 기계화로 일자리가 감소함. • ( )가 유출되기 쉬움.

어휘

이해

7 다음 낱말의 뜻을 찾아 선으로 알맞게 이으세요.

(1) 악용 • • ㉮ 녹아서 합하여짐.

(2) 조작 • • ㉯ 알맞지 않게 쓰거나 나쁜 일에 씀.

(3) 주행 • • ㉰ 기계 따위를 일정한 방식에 따라 다루어 움직임.

(4) 창출 • • ㉱ 주로 동력으로 움직이는 자동차나 열차 따위가 달림.

(5) 융합 • • ㉲ 전에 없던 것을 처음으로 생각하여 지어내거나 만들어 냄.

진로와 과학

과학 기술의 발달로 우리는 점점 더 편리한 생활을 하고 있어요. 휴대 전화나 컴퓨터로 공부를 하거나 여가를 즐길 수도 있고, 손쉽게 가전제품을 작동시킬 수도 있지요. 특히 은행이나 관공서에 직접 가지 않고도 핸드폰이나 컴퓨터로 돈을 거래하거나 서류를 **발급받을** 수 있게 되었어요. 이처럼 사람이 하던 노동을 기계가 대신하는 것을 **기계화**라고 해요.

최근 인간이 가진 고도의 능력을 갖춘 컴퓨터 시스템인 **인공 지능**이 등장해 빅 데이터를 활용하며 기존 직업의 모습도 바뀌고 있어요. 예를 들어 농부들은 인공 지능을 활용하여 날씨의 영향을 받지 않고 농작물이 자라기 적합한 환경을 **조성해** 농작물을 키워요. 또한 사람이 했던 노동을 기계로 대체하며 큰 **노동력**을 들이지 않고도 질 좋은 농작물을 얻을 수 있게 되었지요. 이 밖에도 인공 지능은 자율 주행 차량, 인공 지능 스피커, 수술용 로봇 등에 활용돼요.

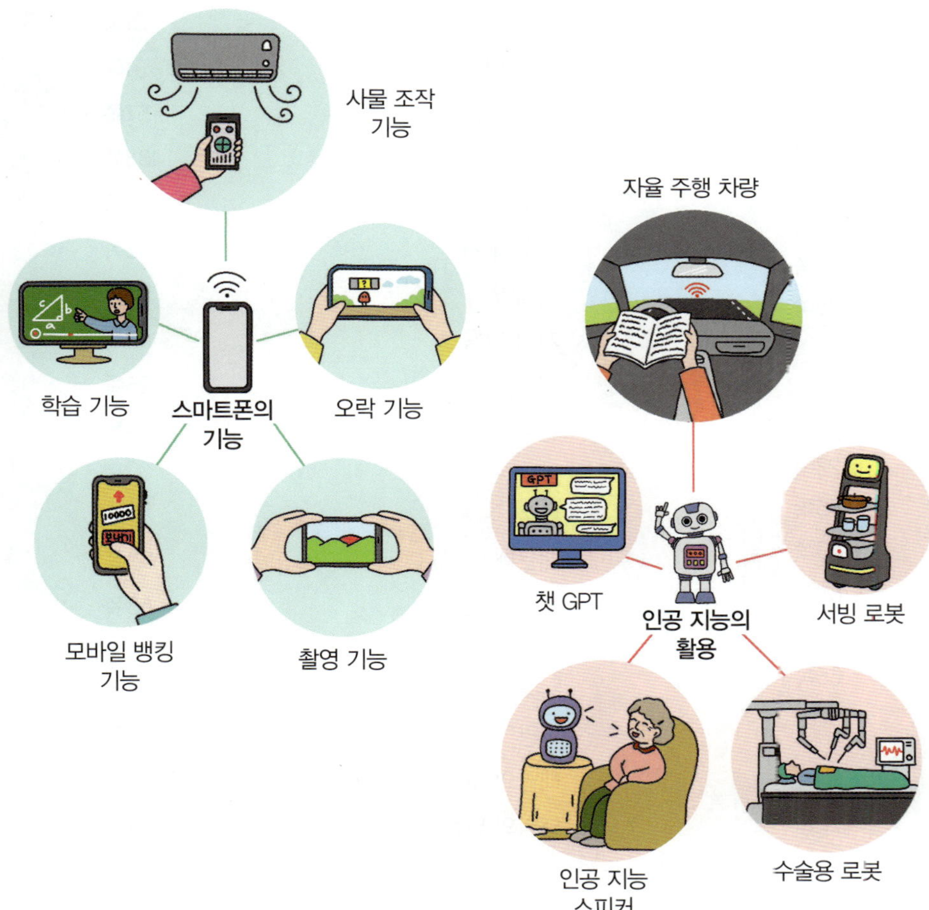

- **발급받을** 공공기관에서 증명서 따위를 만들어 준 것을 받을.
- **조성해** 무엇을 만들어서 이루어.
- **노동력** 물품을 만드는 데에 사용되는 인간의 정신적·육체적 모든 능력.

핵심 용어 다음 빈칸에 들어갈 알맞은 용어를 쓰세요.

(1) ☐ ☐ ☐

기(기계 機) 계(기계 械) 화(될 化): 기계가 하게 됨.
- 뜻: 사람이나 동물이 하는 노동을 기계가 대신함. 또는 그렇게 함.

(2) ☐ ☐ ☐ ☐

인(사람 人) 공(기능 工) 지(알 知) 능(능할 能): 사람의 기능을 할 수 있는 것.
- 뜻: 인간의 지능이 가지는 학습, 추리, 적응 따위의 기능을 갖춘 컴퓨터 시스템.

초등 **고학년**을 위한 중학교 **필수** 영역 **초고필**

국어

비문학 독해 1·2 / 문학 독해 1·2 / 국어 어휘 / 국어 문법

수학

유리수의 사칙연산 / 방정식 / 도형의 각도

한국사

한국사 1권 / 한국사 2권

과학 교과 연계 비문학 독해 특화 훈련서

초등 비문학 독해

통합과학

6학년

정답과 해설

동아출판

- **글의 종류** 설명문
- **글의 특징** 우연히 발생한 사건이 과학적 발견으로 이어진 사례를 소개하며, 과학자들의 노력을 통해 과학적 발견을 이룰 수 있었음을 설명하는 글입니다.
- **주제** 우연한 사건에서 시작된 과학적 발견

017~018쪽

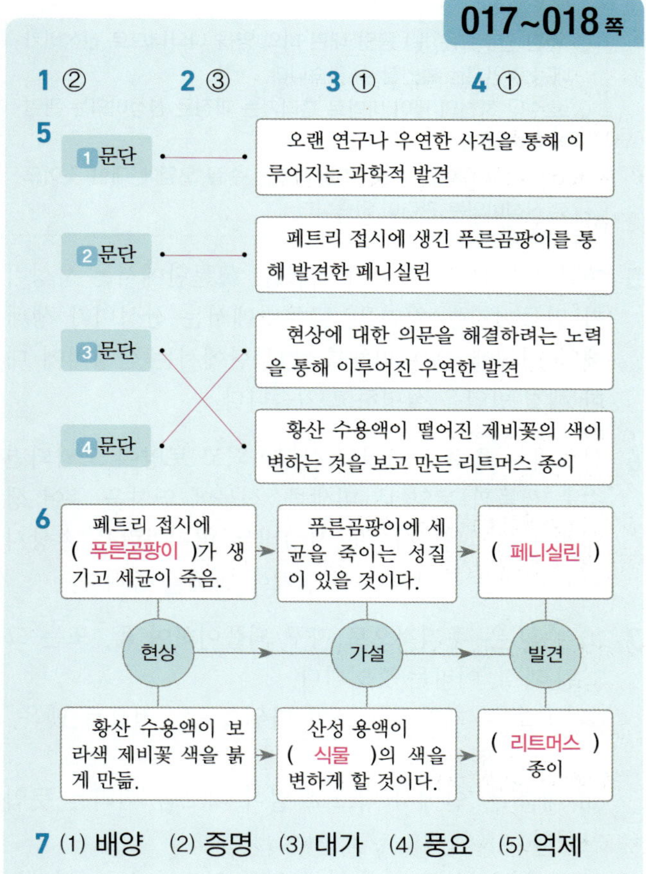

1 이 글은 우연한 사건이 과학적 발견으로 이어진 사례를 소개하고 있습니다.

2 ③문단에서 보일은 리트머스이끼로 만든 리트머스 색소를 사용해 산과 염기를 구별했습니다.

오답 풀이

① ②문단에서 푸른곰팡이는 세균을 죽이거나 세균의 성장을 억제한다고 했습니다.
② ①문단에서 대부분의 과학적 발견은 오랜 연구의 결과라고 했습니다.
④ ②문단에서 페니실린을 항생제로 만든 것은 플로리와 체인이라고 했습니다.
⑤ ③문단에서 황산 수용액이 보라색 제비꽃에 떨어지자 보라색 제비꽃이 붉게 변했다고 했습니다.

3 ②문단에 따르면 푸른곰팡이는 포도상 구균을 모두 죽였으므로 푸른곰팡이가 세균을 죽이거나 성장을 억제한다는 것을 알 수 있습니다.

오답 풀이

② 리트머스 종이를 사용하면 용액의 성질을 손쉽게 확인할 수 있다고 하였으나 리트머스 종이를 사용할 때의 단점은 알 수 없습니다.
③ 이 글은 우연한 사건을 통해 이룬 과학적 발견에 대해 설명하고 있습니다.
④ 플레밍이 페니실린을 발견한 것을 토대로 플로리와 체인이 항생제 페니실린을 개발하였으나, 플레밍이 항생제 페니실린을 개발하지 못한 까닭은 알 수 없습니다.
⑤ 산성 용액에 푸른 리트머스 색소를 넣으면 푸른 리트머스 색소가 붉게 변합니다.

4 힉스 입자가 존재할 것이라는 가설이 원래 있었고, 이를 증명하기 위한 실험으로 가설이 확인된 것입니다.

5 ①문단에서는 과학적 발견이 이루어지는 방법을, ②문단에서는 페니실린을 발견한 과정을, ③문단에서는 리트머스 종이를 만든 과정을, ④문단에서는 우연한 사건이 과학적 발견으로 이어질 수 있었던 까닭을 설명하고 있습니다.

6 플레밍은 페트리 접시에 생긴 푸른곰팡이를 보고 세균의 성장을 억제하거나 세균을 죽이는 페니실린을 발견했습니다. 보일은 황산 수용액이 보라색 제비꽃에 떨어지자 제비꽃의 색이 변하는 것을 보고 산에 반응하는 식물이 있다고 생각해 리트머스 색소를 이용한 리트머스 종이를 만들었습니다.

7 (1) '배양'은 '인공적인 환경을 만들어 동식물 세포와 조직의 일부나 미생물 따위를 가꾸어 기름.'이라는 뜻입니다.
(2) '증명'은 '어떤 사항이나 판단 따위에 대하여 그것이 진실인지 아닌지 증거를 들어서 밝힘.'이라는 뜻입니다.
(3) '대가'는 '일정한 결과를 얻기 위하여 하는 노력이나 희생.'이라는 뜻입니다.
(4) '풍요한'은 '흠뻑 많아서 넉넉함이 있는.'이라는 뜻입니다.
(5) '억제'는 '정도나 한도를 넘어서 나아가려는 것을 억눌러 그치게 함.'이라는 뜻입니다.

비주얼 과학 교과서 개념　**019쪽**

(1) 용액　　(2) 지시약

(1) '두 가지 이상의 물질이 고르게 섞여 있는 액체.'를 '용액'이라고 합니다.

(2) '어떤 용액을 넣었을 때 그 용액의 성질에 따라 색깔 변화가 나타나는 물질.'을 '지시약'이라고 합니다.

- **글의 종류** 논설문
- **글의 특징** 산성비의 개념과 원인을 설명한 후 산성비로 인한 문제점과 그 해결 방안을 제시하는 글입니다.
- **주제** 산성비로 인한 문제점과 해결 방안

021~022 쪽

1 ⑤   **2** ③   **3** 매연   **4** ⑤

5
- ㉮ 산성비를 줄이기 위한 해결 방안
- ㉯ 산성비가 생태계와 인체에 주는 피해
- ㉰ 산성비로 분류되는 수소 이온 농도 지수의 기준
- ㉱ 사람이 배출하는 오염 물질에 의해 만들어지는 산성비

(㉰) → (㉱) → (㉯) → (㉮)

6

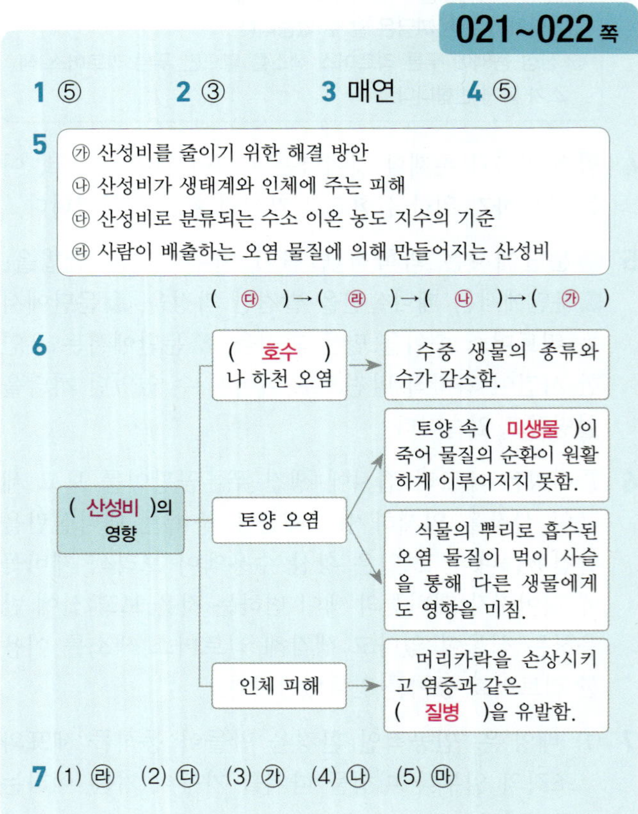

7 (1) ㉱   (2) ㉰   (3) ㉮   (4) ㉯   (5) ㉲

1 이 글은 산성비의 발생 원인과 문제점, 그리고 그 해결 방안을 제시하고 있습니다.

2 2문단에서 대기 중의 산성 물질은 자연적 요인에 의해 만들어지기도 하지만 대부분 사람이 배출하는 오염 물질에 의해 만들어진다고 했습니다.

> **오답 풀이**
> ① 3문단에서 산성비를 맞으면 머리카락이 손상되고, 눈과 피부에 염증이 생기는 등 질병이 발생할 수 있다고 했습니다.
> ② 2문단에서 대기 오염이 심해지면 산성비의 수소 이온 농도 지수가 더 낮아져 산성이 강해진다고 했습니다.
> ④ 3문단에서 산성비로 인해 호수나 하천의 물이 산성을 띠면 수중 생물의 종류와 수가 감소한다고 했습니다.
> ⑤ 1문단에서 산성비는 수소 이온 농도 지수가 5.6 미만인 비이며 일부 국가는 기준이 다르다고 했습니다.

3 2문단에서 공장이나 자동차가 배출하는 매연이 대기 중의 수증기와 만나 강한 산성 물질을 만들고, 이 때문에 산성비가 만들어진다고 했습니다. 그러므로 가까운 거리를 이동할 때 걸어 다니거나 자전거를 이용

하고, 먼 거리를 이동할 때 대중교통을 이용하는 것은 매연을 줄이는 방법이라는 것을 추론할 수 있습니다.

4 이 글은 산성비로 인한 문제점을 제시하고 있으므로 산성비가 토양에 미치는 피해를 보여 주는 ⑤를 활용하는 것이 알맞습니다.

> **오답 풀이**
> ① 비가 내리고 있는 모습을 통해서는 산성비인지 아닌지를 알기 어렵습니다.
> ② 연간 강수량은 1년 동안 내린 비의 양을 나타내므로 산성비가 내린 것인지는 확인할 수 없습니다.
> ③ 호수나 하천의 물이 바다로 흘러가는 과정은 산성비와는 관련이 없습니다.
> ④ 바다에서 일어난 기름 유출 사고는 수질 오염에 대한 것이므로 산성비와는 관련이 없습니다.

5 1문단에서는 산성비의 개념을, 2문단에서는 산성비가 만들어지는 원인을, 3문단에서는 산성비가 생태계와 인체에 주는 피해를, 4문단에서는 산성비에 대한 해결 방안을 설명하고 있습니다.

6 산성비로 호수나 하천이 산성화되고 토양이 오염되면 수중 생물과 토양 내 미생물, 식물에 영향을 주어 생태계가 파괴됩니다. 또 산성비는 머리카락을 손상시키고 질병을 유발하는 등 인체에 피해를 줍니다.

7 (1) '순환'은 '주기적으로 자꾸 되풀이하여 돎. 또는 그런 과정.'이라는 뜻입니다.
(2) '체결'은 '계약이나 조약 따위를 공식적으로 맺음.'이라는 뜻입니다.
(3) '배출'은 '안에서 밖으로 밀어 내보냄.'이라는 뜻입니다.
(4) '유발'은 '어떤 것이 다른 일을 일어나게 함.'이라는 뜻입니다.
(5) '친환경'은 '자연환경을 오염하지 않고 자연 그대로의 환경과 잘 어울리는 일.'이라는 뜻입니다.

비주얼 과학 교과서 개념　　**023 쪽**

(1) 산도　　(2) 산성

(1) '산성의 세기를 나타내는 정도.'를 '산도'라고 합니다.
(2) '산도가 7보다 작고 신맛이 나는 용액.'을 '산성 용액'이라고 합니다.

- **글의 종류** 설명문
- **글의 특징** 염기성 물질의 성질을 이용하여 만든 생활용품을 소개하는 글입니다.
- **주제** 우리 생활에 유용하게 쓰이는 염기성 물질

025~026 쪽

1 ⑤　　**2** ④　　**3** 정우　　**4** ⑤

5

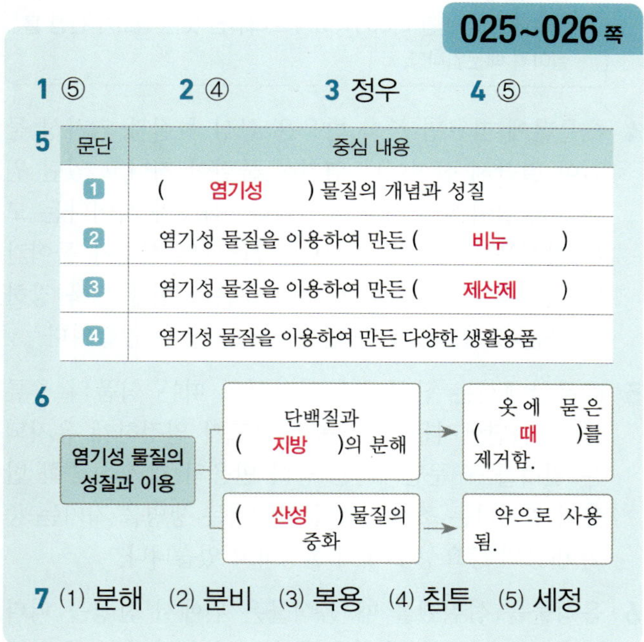

문단	중심 내용
1	(**염기성**) 물질의 개념과 성질
2	염기성 물질을 이용하여 만든 (**비누**)
3	염기성 물질을 이용하여 만든 (**제산제**)
4	염기성 물질을 이용하여 만든 다양한 생활용품

6

염기성 물질의 성질과 이용
- 단백질과 (**지방**)의 분해 → 옷에 묻은 (**때**)를 제거함.
- (**산성**) 물질의 중화 → 약으로 사용됨.

7 (1) 분해　(2) 분비　(3) 복용　(4) 침투　(5) 세정

1 이 글은 염기성 물질을 이용하여 만든 생활용품을 소개하며 염기성 물질의 유용성에 대해 설명하고 있습니다.

2 **2** 문단에서 비누는 단백질과 지방을 녹이는 염기성 물질의 성질을 이용해 때를 제거한다고 했습니다.

> **오답 풀이**
>
> ① **1** 문단에서 염기성 물질은 대체로 쓴맛이 난다고 했습니다.
> ② **1** 문단에서 염기성 물질은 산성 물질과 반대되는 성질을 가졌다고 했습니다.
> ③ **1** 문단에서 염기성 물질은 산성 물질을 중화한다고 했습니다.
> ⑤ **4** 문단에서 모기에 물리면 포름산이라는 산성 물질이 피부에 침투하므로, 염기성 물질로 중화시켜야 가려움증이 가라앉는다고 했습니다.

3 제산제는 위산이 지나치게 많이 분비될 때 염기성 물질로 산성인 위산을 중화시켜서 속 쓰림을 사라지게 하는 약입니다. 모기에게 물렸을 때 피부에 바르는 약 또한 가려움증을 유발하는 포름산이라는 산성 물질을 염기성 물질로 중화시켜서 가려움증을 가라앉게 합니다.

> **오답 풀이**
>
> 하진: 제산제는 소화를 돕는 약이 아니라, 위산이 지나치게 분비될 때 느껴지는 속 쓰림을 없애 주는 약입니다.
> 소은: 제산제는 염기성을 띠어 산성인 위산을 중화시켜 위가 헐게 되는 것을 막아 줍니다.

4 염기성 물질은 우리 생활 속 다양한 곳에 유용하게 쓰여 우리 생활에 꼭 필요하다고 했으므로 '여러 곳에 중요하게 쓰이는 물건을 이르는 말.'인 '십맹일장'이 ㉠에 어울립니다.

5 **1** 문단에서는 염기성 물질의 개념과 성질을, **2** 문단에서는 염기성 물질로 만들어진 비누의 세정 원리를, **3** 문단에서는 염기성 물질로 만들어진 제산제의 작용 원리를, **4** 문단에서는 염기성 물질을 이용해 만든 다양한 생활용품에 대해 설명하고 있습니다.

6 염기성 물질은 단백질과 지방을 분해하고, 산성 물질을 중화시키는 성질이 있다고 했습니다. 염기성 물질이 단백질과 지방을 녹이는 성질을 이용하여 비누를 만드는 데 염기성 물질을 사용합니다. 또 염기성 물질이 산성 물질을 중화시키는 성질을 이용하여 속 쓰림을 없애 주는 약인 제산제나 모기에 물렸을 때 피부에 바르는 약에 염기성 물질을 사용합니다.

7 (1) '분해'는 '여러 부분이 결합되어 이루어진 것을 그 낱낱으로 나눔.'이라는 뜻입니다.
(2) '분비'는 '몸속에서 어떤 작용을 일으키는 물질을 만들어 몸에서 퍼지거나 나오는 일.'이라는 뜻입니다.
(3) '복용'은 '약을 먹음.'이라는 뜻입니다.
(4) '침투'는 '세균이나 병균 따위가 몸속에 들어옴.'이라는 뜻입니다.
(5) '세정'은 '씻어서 깨끗이 함.'이라는 뜻입니다.

> **오답 어휘 설명**
>
> (1) '분류'는 '종류에 따라서 가름.'이라는 뜻입니다.
> (2) '분사'는 '액체나 기체에 압력을 가하여 세차게 뿜어 내보냄.'이라는 뜻입니다.
> (3) '남용'은 '일정한 기준이나 한도를 넘어서 함부로 씀.'이라는 뜻입니다.
> (4) '침수'는 '물에 잠김.'이라는 뜻입니다.
> (5) '세탁'은 '기계를 이용하여 더러운 옷이나 천을 빠는 일.'이라는 뜻입니다.

비주얼 과학 교과서 개념　**027 쪽**

(1) **염기성**　(2) **제산제**

(1) '산도가 7보다 크고 쓴맛이 나는 용액.'을 '염기성 용액'이라고 합니다.

(2) '위산을 중화해 속 쓰림을 치료하는 약.'을 '제산제'라고 합니다.

- **글의 종류** 설명문
- **글의 특징** 인체의 산도가 유지되는 까닭이 중화 반응임을 설명하며, 인체에서 일어나는 중화 반응의 사례와 중요성을 알려 주는 글입니다.
- **주제** 인체의 건강을 지키는 중화 반응

029~030 쪽

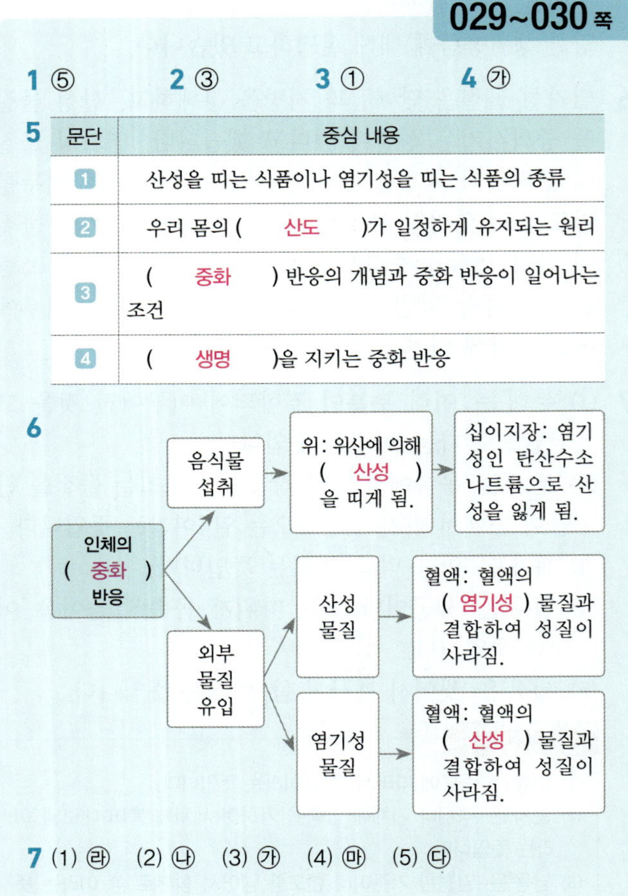

5

문단	중심 내용
1	산성을 띠는 식품이나 염기성을 띠는 식품의 종류
2	우리 몸의 (산도)가 일정하게 유지되는 원리
3	(중화) 반응의 개념과 중화 반응이 일어나는 조건
4	(생명)을 지키는 중화 반응

1 이 글은 인체에서 일어나는 중화 반응의 사례와 원리, 중요성을 설명하고 있습니다.

2 2문단에서 섭취한 음식물은 위에서 위산에 의해 산성을 띠다가 십이지장에서 염기성 물질인 탄산수소나트륨과 결합하여 산성을 잃게 된다고 했습니다.

> **오답 풀이**
> ① 4문단에서 인체의 산도는 7.4 정도라고 했습니다.
> ② 3문단에서 중화 반응이란 산성 물질과 염기성 물질이 만나 원래의 성질을 잃는 것이라고 했습니다.
> ④ 2문단에서 혈액은 산성 물질과 염기성 물질을 모두 가지고 있어서 외부에서 들어온 물질을 중화한다고 했습니다.
> ⑤ 2문단에서 산성이나 염기성을 띠는 식품을 섭취해도 우리 몸은 일정한 산도를 유지한다고 했습니다.

3 염기성 물질인 비누와 산성 물질인 식초가 만나 중화 반응이 일어난 것입니다.

> **오답 풀이**
> ② 식초는 산성을 띠므로 식초를 떨어뜨린 물은 산성 용액이 됩니다.
> ③ 비누의 염기성은 산성 물질인 식초와 만나 중화 반응을 일으키므로 머리를 식초로 헹구고 난 뒤 염기성 성분은 약해지게 됩니다.
> ④ 머리카락은 처음에 비누로 인해 염기성을 띠었다가 산성 물질인 식초에 의해 중화되어 중성으로 변할 것입니다.
> ⑤ 염기성으로 변한 머리카락이 부드러워진 것은 식초가 산성 물질이기 때문입니다.

4 3문단에 따르면 중화 반응은 산성 물질과 염기성 물질이 결합해 산성이나 염기성 물질이 지니고 있던 원래의 성질이 없어지는 것입니다. 식초와 사이다는 모두 산성을 띠는 식품입니다. 그러므로 식초가 들어간 냉면을 먹고 사이다를 마시는 것은 산성을 더욱 강하게 하는 것이므로 중화 반응이라고 할 수 없습니다.

5 1문단에서는 산성이나 염기성을 띠는 식품의 종류를, 2문단에서는 우리 몸의 산도가 일정하게 유지되는 원리를, 3문단에서는 중화 반응의 개념과 중화 반응이 일어나는 조건을, 4문단에서는 생명을 지키는 중화 반응의 중요성에 대해 설명하고 있습니다.

6 음식물을 섭취했을 때 음식물은 위에서 산성을 띠다가 십이지장에서 염기성 물질을 만나 산성을 잃게 됩니다. 또 혈액에 산성 물질이 들어오면 혈액의 염기성 물질과 결합하고, 혈액에 염기성 물질이 들어오면 혈액의 산성 물질과 결합하여 그 성질이 사라져 우리 몸은 일정한 산도를 유지합니다.

7 (1) '섭취'는 '생물체가 양분 따위를 몸속에 빨아들이는 일.'이라는 뜻입니다.
(2) '일종'은 '한 종류. 또는 한 가지.'라는 뜻입니다.
(3) '무해'는 '해로움이 없음.'이라는 뜻입니다.
(4) '결합'은 '둘 이상의 사물이나 사람이 서로 관계를 맺어 하나가 됨.'이라는 뜻입니다.
(5) '초래'는 '일의 결과로서 어떤 현상을 생겨나게 함.'이라는 뜻입니다.

비주얼 과학 교과서 개념 **031 쪽**

(1) 중화   (2) 중성

(1) '산성과 염기성이 반응하여 원래의 성질을 잃고 소금물이 되는 일.'을 '중화 반응'이라고 합니다.
(2) '산도가 7이며 산성도 아니고 염기성도 아닌 중간의 성질을 지닌 용액.'을 '중성 용액'이라고 합니다.

- **글의 종류** 설명문
- **글의 특징** 불에 대한 오해를 바탕으로 연소의 개념과 조건에 대해 알려 주는 글입니다.
- **주제** 불의 정체와 연소의 조건

033~034 쪽

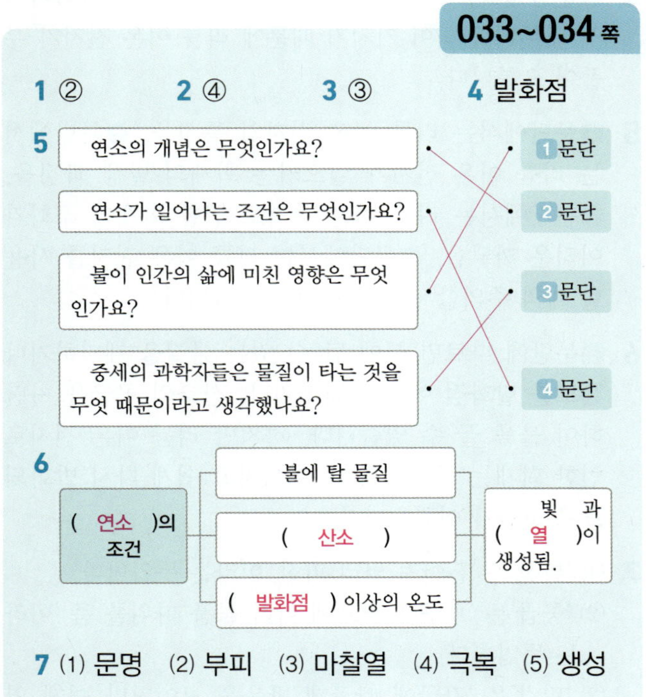

1 이 글은 불이 고체, 액체, 기체에 모두 해당하지 않고 빛과 열을 생성하는 현상임을 밝히며, 연소의 조건을 설명하고 있습니다. 불에 탈 물질과 산소가 있고, 발화점 이상의 온도가 되어야 연소가 일어납니다.

2 중세의 과학자들은 모든 물질에 플로지스톤이 들어 있어 물질이 불에 탄다고 생각하였고, 물질이 불에 타 플로지스톤이 모두 빠져 나가 재만 남으면 불이 꺼진다고 생각했습니다.

> **오답 풀이**
> ① 중세의 과학자들은 물질이 타는 원인은 물질에 플로지스톤이라는 성분이 있기 때문이라고 생각했습니다.
> ② 중세의 과학자들은 금속 물질을 태우면 무게가 증가하는 것을 보고 플로지스톤의 존재를 의심했습니다.
> ③ 라부아지에는 중세 과학자들의 이론이 틀렸음을 증명한 화학자입니다.
> ⑤ 남은 재가 아니라 물질이 불에 탈 때 물질에서 빠져나간 성분을 플로지스톤이라고 생각했습니다.

3 중세의 과학자들은 물질이 불에 타는 까닭이 물질에 들어 있는 플로지스톤 때문이라고 생각하였습니다. 그러나 플로지스톤을 최초로 발견한 사람이 누구인지는 알 수 없습니다.

> **오답 풀이**
> ① 2문단에 따르면 물질이 탈 때 빛과 열을 생성합니다.
> ② 3문단에 따르면 금속은 타기 전에 비해 타고 난 후 무게가 증가합니다.
> ④ 3문단에 따르면 라부아지에는 물질이 탈 때 산소가 필요하다는 것을 알아냈습니다.
> ⑤ 1문단에 따르면 인간은 불을 사용해 어둠을 몰아내고 추위를 피할 수 있었고 야생 동물의 위협으로부터 벗어날 수 있었습니다.

4 물질이 연소하기 위해서는 불에 탈 물질, 산소, 발화점 이상의 온도의 세 가지 조건을 갖추어야 합니다. 돋보기로 햇빛을 모아 검은 종이를 계속 비추면 검은 종이의 발화점에 도달하여 불이 붙게 됩니다.

5 1문단에서는 인류 문명에서 불의 중요성을 제시하고. 2문단에서는 연소의 개념에 대해, 3문단에서는 불에 대한 중세 과학자들의 오해에 대해 설명하고 있습니다. 이를 바탕으로 4문단에서는 연소의 조건을 설명하고 있습니다.

6 연소가 일어나기 위해서는 불에 탈 물질과 산소, 발화점 이상의 온도가 필요하다고 했습니다. 세 가지 조건이 모두 만족되어야 연소가 일어나며, 연소 중에는 빛과 열이 발생합니다.

7 (1) '문명'은 '사람의 사회적·기술적·정신적 생활이 발전한 상태.'라는 뜻입니다.
(2) '부피'는 '넓이와 높이를 가진 물건이 공간에서 차지하는 크기.'라는 뜻입니다.
(3) '마찰열'은 '서로 맞닿아 있는 두 물체가 비벼질 때 생기는 열.'이라는 뜻입니다.
(4) '극복'은 '나쁜 조건이나 고생 따위를 이겨 냄.'이라는 뜻입니다.
(5) '생성'은 '사물이 생겨남. 또는 사물이 생겨 이루어지게 함.'이라는 뜻입니다.

비주얼 과학 교과서 개념　**035 쪽**

(1) 연소　(2) 발화점

(1) '물질이 산소와 반응하여 빛과 열을 내는 현상.'을 '연소'라고 합니다.

(2) '물질이 가열되어 타기 시작하는 온도.'를 '발화점'이라고 합니다.

- **글의 종류** 설명문
- **글의 특징** 리튬 이온 전지의 위험성과 리튬 이온 전지를 사용할 때의 주의할 점을 알리는 글입니다.
- **주제:** 리튬 이온 전지의 위험성

037~038 쪽

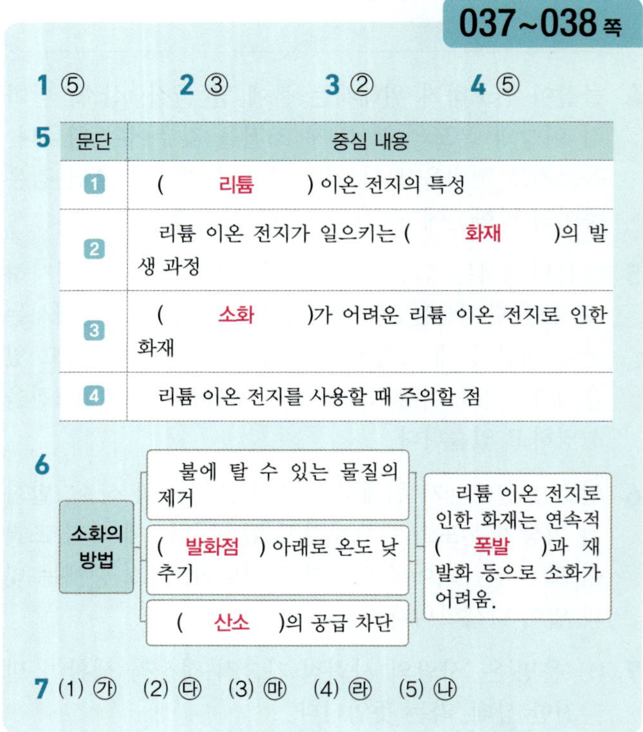

1 이 글은 리튬 이온 전지로 인한 화재 발생 과정과 소화의 어려움을 알리며, 리튬 이온 전지를 사용할 때의 주의할 점을 제시하고 있습니다.

2 리튬 이온 전지는 온도 변화에 민감하여 더운 날씨나 충전할 때 발생하는 열 때문에 화재가 발생한다고 했습니다. 그러나 리튬 이온 전지는 저온인 장소에 보관해서도 안 된다고 했으므로, 고온의 상태보다 저온의 상태가 안전한지는 알 수 없습니다.

오답 풀이

① 2문단에서 리튬 이온 전지는 충전할 때 발생하는 열 때문에 화재가 나기도 한다고 했습니다.
② 3문단에서 리튬 이온 전지는 한번 불이 붙으면 폭발로 이어지고, 공기를 만나면 다시 발화한다고 했습니다.
④ 1문단에서 리튬 이온 전지는 2차 전지 중에서도 담을 수 있는 에너지의 양이 많다고 했습니다.
⑤ 1문단에서 리튬 이온 전지는 반복적으로 충전해 사용할 수 있다고 했습니다.

3 '으레'는 '두말할 것 없이 당연히.', '틀림없이 언제나.'라는 뜻이므로 '같은 일이 잇따라 잦게.'라는 뜻의 '자주'와 바꾸어 쓸 수 없습니다.

오답 풀이

① '흔히'는 '보통보다 더 자주 있거나 일어나서 쉽게 접할 수 있게.'라는 뜻입니다.
③ '곧잘'은 '제법 잘.'이라는 뜻입니다.
④ '잦게'는 '잇따라 자주 있게.'라는 뜻입니다.
⑤ '빈번히'는 '번거로울 정도로 횟수가 잦게.'라는 뜻입니다.

4 3문단에 따르면 리튬 이온 전지의 온도가 올라가면서 내부의 압력이 커지기 때문에 리튬 이온 전지가 부풀어 오릅니다.

5 1문단에서는 리튬 이온 전지의 특성을, 2문단에서는 리튬 이온 전지가 일으키는 화재의 발생 과정을, 3문단에서는 리튬 이온 전지로 인한 화재의 소화가 어려운 까닭을, 4문단에서는 리튬 이온 전지를 사용할 때의 주의할 점을 설명하고 있습니다.

6 3문단에 따르면 불에 탈 수 있는 물질을 제거하거나 온도를 발화점 아래로 낮추거나, 산소의 공급을 차단하여 불을 끌 수 있습니다. 하지만 리튬 이온 전지로 인한 화재는 폭발로 쉽게 이어지고 쉽게 다시 발화되므로 소화가 어렵습니다.

7 (1) '확산'은 '흩어져 널리 퍼짐.'이라는 뜻입니다.
(2) '공급'은 '요구나 필요에 따라 물품 따위를 줌.'이라는 뜻입니다.
(3) '민감'은 '자극에 빠르게 반응을 보이거나 쉽게 영향을 받음. 또는 그런 상태.'라는 뜻입니다.
(4) '손상'은 '물체가 깨지거나 상함.'이라는 뜻입니다.
(5) '진압'은 '강한 힘으로 억눌러 진정시킴.'이라는 뜻입니다.

비주얼 과학 교과서 개념 **039 쪽**

(1) 화재   (2) 소화

(1) '불이 나는 재앙. 또는 불로 인한 재앙.'을 '화재'라고 합니다.

(2) '연소가 일어날 때 연소가 일어나는 조건을 없애 불을 끄는 것.'을 '소화'라고 합니다.

- **글의 종류** 설명문
- **글의 특징** 동물 세포와의 차이점을 들어 식물 세포의 특징을 자세하게 설명하는 글입니다.
- **주제** 동물 세포와 다른 식물 세포만의 특징

043~044 쪽

1 ④　　2 ③　　3 ③　　4 ⑤

5
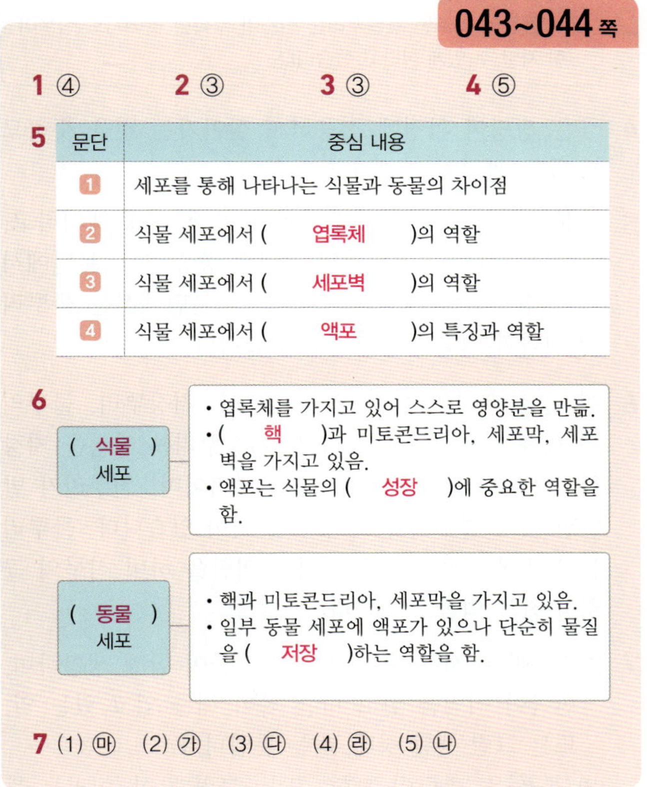

문단	중심 내용
1	세포를 통해 나타나는 식물과 동물의 차이점
2	식물 세포에서 (엽록체)의 역할
3	식물 세포에서 (세포벽)의 역할
4	식물 세포에서 (액포)의 특징과 역할

6

(식물) 세포
- 엽록체를 가지고 있어 스스로 영양분을 만듦.
- (핵)과 미토콘드리아, 세포막, 세포벽을 가지고 있음.
- 액포는 식물의 (성장)에 중요한 역할을 함.

(동물) 세포
- 핵과 미토콘드리아, 세포막을 가지고 있음.
- 일부 동물 세포에 액포가 있으나 단순히 물질을 (저장)하는 역할을 함.

7 (1) ㉤　(2) ㉮　(3) ㉠　(4) ㉣　(5) ㉡

1 이 글은 식물 세포와 동물 세포의 차이점을 비교하여 식물 세포만의 특징을 자세히 설명하고 있습니다. 식물 세포는 동물 세포와 달리 엽록체와 세포벽이 있고, 액포가 중요한 역할을 합니다.

2 엽록체는 식물 세포의 에너지원을 만드는 역할을 합니다. 엽록체는 주로 식물의 잎에 존재하며, 태양의 빛 에너지를 받아 물과 이산화 탄소로 광합성을 하고 포도당과 산소를 만들어 냅니다. 광합성으로 만들어진 포도당은 식물의 성장을 위해 쓰입니다.

① 1문단에서 동물과 식물의 차이는 생명체의 가장 기본 단위인 세포에서부터 나타난다고 했습니다.
② 1문단에서 동물과 식물은 주변 환경을 이용해 영양분을 얻어 성장한다고 했습니다.
④ 4문단에서 동물 세포의 액포는 크기가 작다고 했습니다.
⑤ 3문단에서 식물 세포의 세포벽은 주어진 환경의 변화에 적응하기 위해 필요하다고 했습니다.

3 '이어 나간다'는 '끊기지 않게 계속한다.'라는 뜻을 가지고 있으므로 '온전하게 보호하여 유지한다.'의 뜻을 가진 '보전한다'로 바꾸어 쓰는 것이 알맞습니다.

4 핵과 미토콘드리아, 세포막은 식물 세포와 동물 세포 모두 가지고 있습니다. 식물 세포만 가지고 있는 것은 세포벽입니다.

① 2문단에 따르면 식물은 세포의 에너지원을 얻기 위해 광합성을 한다고 했습니다.
② 4문단에 따르면 어린 식물의 세포에는 작은 액포가 많다고 했습니다.
③ 4문단에 따르면 액포의 수가 변하는 것은 식물 세포입니다.
④ 3문단에 따르면 식물이 모양을 유지할 수 있는 것은 세포벽 때문이라고 했습니다.

5 1문단에서는 세포를 통해 나타나는 식물과 동물의 차이점에 대해, 2문단에서는 식물 세포에서 엽록체의 역할을, 3문단에서는 식물 세포에서 세포벽의 역할을, 4문단에서는 식물 세포에서 액포의 특징과 역할을 설명하고 있습니다.

6 식물 세포와 동물 세포는 모두 핵과 미토콘드리아, 세포막을 갖고 있으나, 세포벽은 식물 세포에만 있습니다. 식물 세포에서 액포는 식물의 성장에 도움을 주고, 동물 세포의 액포는 단순히 물질을 저장하는 역할만 합니다.

7 (1) '유입'은 '액체나 기체, 열 따위가 어떤 곳으로 흘러 듦.'이라는 뜻입니다.
(2) '번식'은 '붇고 늘어서 많이 퍼짐.'이라는 뜻입니다.
(3) '성숙'은 '생물의 발육이 완전히 이루어짐.'이라는 뜻입니다.
(4) '종족'은 '같은 종류의 생물 전체를 이르는 말.'이라는 뜻입니다.
(5) '조달'은 '자금이나 물자 따위를 대어 줌.'이라는 뜻입니다.

비주얼 과학 교과서 개념　　**045 쪽**

(1) 세포　　(2) 핵

(1) '생물체를 이루고 있는 기본 단위.'를 '세포'라고 합니다.
(2) '세포에서 유전 정보가 들어 있고, 세포의 모든 생명 활동을 조절하는 부분.'을 '핵'이라고 합니다.

- **글의 종류** 설명문
- **글의 특징** 뿌리의 종류를 공기뿌리, 저장뿌리, 물뿌리로 나눈 후 각 뿌리에 해당하는 식물의 예를 들어 설명하는 글입니다.
- **주제** 식물의 뿌리의 종류

047~048쪽

1 뿌리 **2** ③ **3** ① **4** ⑤

5

다양한 뿌리의 종류	(**1**)문단
물뿌리의 개념과 역할	(**4**)문단
공기뿌리의 개념과 종류	(**2**)문단
저장뿌리의 개념과 종류	(**3**)문단

6

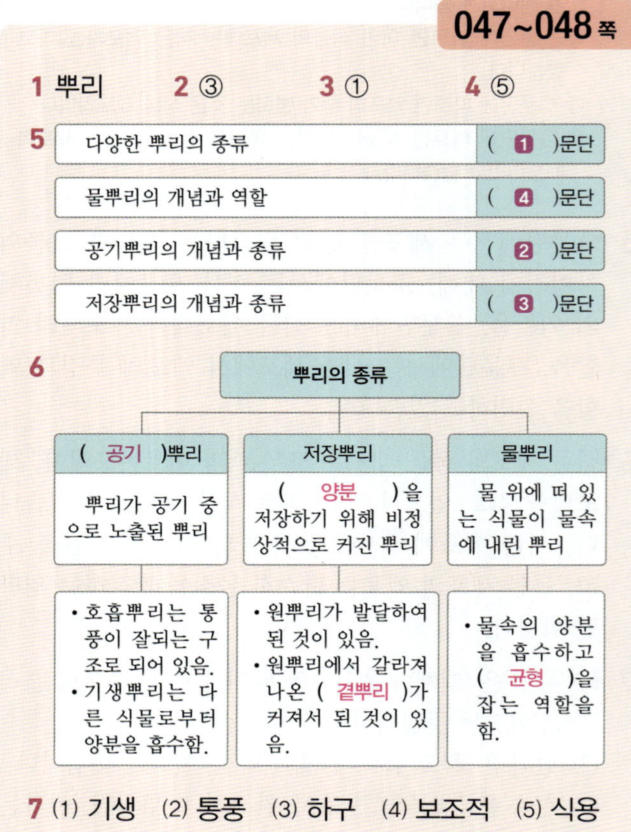

7 (1) 기생 (2) 통풍 (3) 하구 (4) 보조적 (5) 식용

1 이 글은 뿌리의 종류를 공기뿌리, 저장뿌리, 물뿌리로 나누어, 각 뿌리를 가진 식물의 예를 들어 설명하고 있습니다.

2 이 글에서 기생뿌리의 특징과 기생뿌리를 가진 식물에 대해 설명하고 있으나, 기생뿌리의 종류에 대해서는 알 수 없습니다.

오답 풀이

① **4**문단에서 물뿌리는 물속에 녹아 있는 양분을 흡수하고, 식물이 뒤집히지 않도록 균형을 잡는다고 했습니다.
② **2**문단에서 공기뿌리에는 호흡뿌리와 기생뿌리 등이 있다고 했습니다.
④ **3**문단에서 고구마와 달리아가 덩이뿌리를 가진 식물이라고 했습니다.
⑤ **2**문단에서 공기뿌리는 기근이라고 불리기도 한다고 했습니다.

3 물뿌리를 가진 식물은 광합성을 하여 양분을 얻고, 보조적으로 뿌리를 통해 물속에 녹아 있는 양분을 흡수합니다.

오답 풀이

② **2**문단에 따르면 기생뿌리를 가진 식물은 다른 식물의 양분을 흡수한다고 했습니다.
③ **4**문단에 따르면 물뿌리는 물 위에 떠 있는 식물이 물속에 내리고 있는 뿌리라고 하였으므로, 물을 흡수하는 역할도 한다는 것을 추론할 수 있습니다.
④ **3**문단에 따르면 저장뿌리는 양분을 저장하기 위해 뿌리가 굵게 발달한다고 했습니다.
⑤ **2**문단에 따르면 호흡뿌리는 산소가 부족한 곳에서도 식물이 잘 자랄 수 있게 한다고 했습니다.

4 ㉠은 생명이 환경에 적응하여 살아가는 것을 뜻하므로 ⑤는 관련이 없습니다.

5 **1**문단에서는 다양한 뿌리의 종류에 대해 제시하고, **2**문단에서는 공기뿌리의 개념과 종류를, **3**문단에서는 저장뿌리의 개념과 종류를, **4**문단에서는 물뿌리의 개념과 역할을 설명하고 있습니다.

6 이 글은 뿌리의 종류 중 공기뿌리, 저장뿌리, 물뿌리에 대해 설명하고 있습니다. 저장뿌리는 양분을 저장하기 위해 비정상적으로 커진 뿌리이며, 원뿌리가 발달한 것과 곁뿌리가 커져서 된 것이 있습니다. 물뿌리는 물속에서 양분을 흡수하는 역할을 하며 식물의 균형을 잡는 역할도 합니다.

7 (1) '기생'은 '서로 다른 종류의 생물이 함께 생활하며, 한쪽이 이익을 얻고 다른 쪽이 해를 입고 있는 일. 또는 그런 생활 형태.'라는 뜻입니다.
(2) '통풍'은 '바람이 통함. 또는 그렇게 함.'이라는 뜻입니다.
(3) '하구'는 '강물이 바다로 흘러 들어가는 부분.'이라는 뜻입니다.
(4) '보조적'은 '주된 것에 덧붙거나 도움을 주는 것.'이라는 뜻입니다.
(5) '식용'은 '먹을 것으로 씀. 또는 그런 물건.'이라는 뜻입니다.

비주얼 과학 교과서 개념 **049쪽**

(1) **지지** (2) **흡수** (3) **저장**

(1) '뿌리가 땅속 깊이 뿌리를 내려서 식물이 쓰러지지 않게 하는 작용.'을 '지지 작용'이라고 합니다.
(2) '뿌리가 땅속의 물과 양분을 빨아들이는 작용.'을 '흡수 작용'이라고 합니다.
(3) '뿌리가 양분을 저장하는 작용.'을 '저장 작용'이라고 합니다.

- **글의 종류** 기사문
- **글의 특징** 거품 집을 만들어 성장하는 거품벌레의 강한 흡입력과 점프력에 대해 소개하는 글입니다.
- **주제** 강한 흡입력과 점프력을 가진 거품벌레

051~052쪽

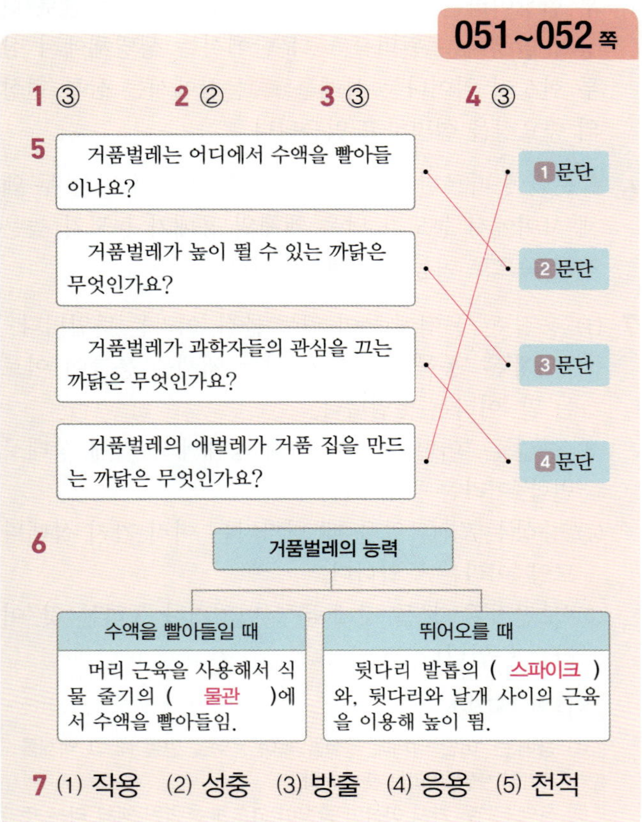

1 이 글은 거품벌레의 흥미로운 특성인 흡입력과 점프력에 대해 소개하고 있습니다.

2 2문단에서 거품벌레는 식물의 물관에서 수액을 빨아들인다고 했습니다.

오답 풀이

① 3문단에서 거품벌레는 몸길이의 50배가 넘는 높이를 뛰어오르지만 메뚜기는 몸길이의 20배 정도의 높이를 뛰어오른다고 했습니다.
③ 1문단에서 거품벌레의 애벌레는 거품 집을 만들어 천적과 햇볕으로부터 자신을 보호한다고 했습니다.
④ 3문단에서 거품벌레의 뒷다리 발톱에 있는 스파이크는 미끄러지지 않도록 바닥을 단단히 움켜쥘 수 있게 한다고 했습니다.
⑤ 2문단에서 식물의 물관에는 강한 압력이 작용한다고 했습니다.

3 '빨아들인다'는 '수분, 양분, 기체 따위를 끌어들이거나 흡수한다.'라는 뜻이므로, '기체나 액체 따위를 빨아들인다.'라는 뜻의 '흡입한다'와 바꾸어 쓸 수 있습니다.

오답 풀이

① '형성한다'는 '어떤 형상을 이룬다.'라는 뜻입니다.
② '정화한다'는 '불순하거나 더러운 것을 깨끗하게 한다.'라는 뜻입니다.
④ '주입한다'는 '흘러 들어가도록 부어 넣는다.'라는 뜻입니다.
⑤ '채취한다'는 '풀, 나무 따위를 찾아서 베거나 캐거나 하여 얻어 낸다.'라는 뜻입니다.

4 홍합의 분비물을 이용해 만든 수술용 접착제는 자연물 자체를 재료로 이용해 만들어 낸 물건입니다. 따라서 자연에서 실마리를 얻어 이와 비슷한 기능을 하는 새로운 물건을 만든 ⓒ과는 차이가 있습니다.

5 1문단에서는 거품 집을 만들어 자신을 보호하고 환경에 적응하는 거품벌레에 대해, 2문단에서는 식물의 물관에서 강한 힘으로 수액을 빨아들이는 거품벌레에 대해, 3문단에서는 스파이크와, 뒷다리와 날개 사이의 근육으로 높게 뛰어오르는 거품벌레에 대해 설명하고, 4문단에서는 거품벌레 연구에 대한 기대를 제시하고 있습니다.

6 대부분의 곤충들은 쉽게 수액을 빨아들일 수 있는 체관을 통해 수액을 빨아들이지만, 거품벌레는 머리에 있는 근육을 사용하여 강한 힘으로 물관에서 수액을 빨아들입니다. 또 뒷다리 발톱의 스파이크로 바닥을 움켜쥔 후 뒷다리와 날개 사이의 근육에 비축한 힘을 한꺼번에 방출하여 뛰어오릅니다.

7 (1) '어떠한 현상을 일으키거나 영향을 미침.'이라는 뜻의 '작용'이 알맞습니다.
(2) '다 자라서 번식할 수 있는 능력이 있는 곤충.'이라는 뜻의 '성충'이 알맞습니다.
(3) '모아 놓은 것을 내놓음.'이라는 뜻의 '방출'이 알맞습니다.
(4) '어떤 이론이나 이미 얻은 지식을 구체적인 낱낱의 사례나 다른 분야의 일에 적용하여 이용함.'이라는 뜻의 '응용'이 알맞습니다.
(5) '잡아먹는 동물을 잡아먹히는 동물에 상대하여 이르는 말.'이라는 뜻의 '천적'이 알맞습니다.

비주얼 과학 교과서 개념 **053쪽**

(1) 물관   (2) 체관

(1) '뿌리에서 흡수한 물이 식물의 다른 부분으로 이동하는 통로.'를 '물관'이라고 합니다.
(2) '잎에서 만들어진 양분이 식물의 다른 부분으로 이동하는 통로.'를 '체관'이라고 합니다.

① 물질의 상태 변화로 부피가 변화한 사례입니다.
② 압력을 가하자 물질의 녹는점이 높아진 사례입니다.
③ 물질을 저어 물질의 용해를 더욱 빠르게 한 사례입니다.
④ 물질의 증발로 상태 변화가 일어난 사례입니다.

생명 04 자연의 기본 원리, 삼투 현상

- **글의 종류** 설명문
- **글의 특징** 삼투 현상의 개념을 설명하고, 생물체에서 삼투 현상이 일어나는 사례를 통해 삼투 현상의 중요성을 알려 주는 글입니다.
- **주제** 삼투 현상의 원리와 중요성

055~056쪽

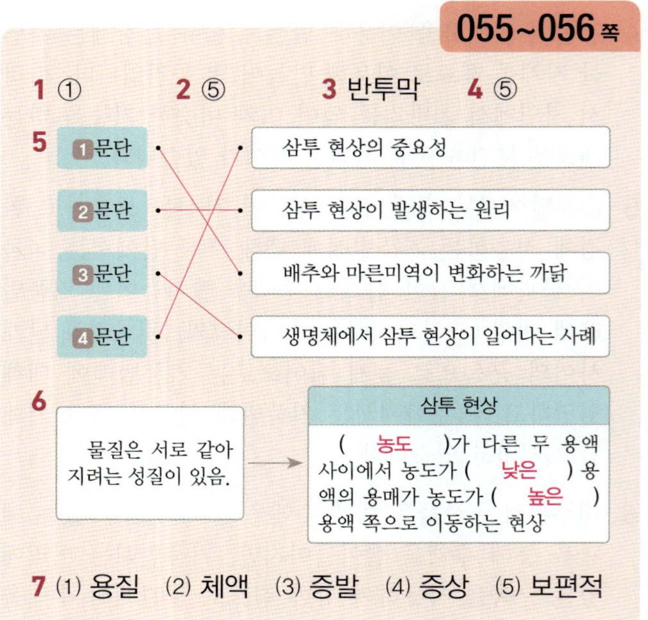

1 ① **2** ⑤ **3** 반투막 **4** ⑤

5
1문단 — 배추와 마른미역이 변화하는 까닭
2문단 — 생명체에서 삼투 현상이 일어나는 사례
3문단 — 삼투 현상이 발생하는 원리
4문단 — 삼투 현상의 중요성

6
물질은 서로 같아지려는 성질이 있음. → 삼투 현상: (농도)가 다른 두 용액 사이에서 농도가 (낮은) 용액의 용매가 농도가 (높은) 용액 쪽으로 이동하는 현상

7 (1) 용질 (2) 체액 (3) 증발 (4) 증상 (5) 보편적

1 이 글은 삼투 현상의 개념을 설명하고 다양한 사례를 들어 생물체에서 삼투 현상의 중요성에 대해 설명하고 있습니다.

2 3문단에서 소화가 덜 된 음식물이 분해되지 않고 농도가 높은 채로 대장으로 이동할 때, 음식물의 농도가 체액의 농도보다 높아 몸속의 수분이 빠져나가게 되어 묽은 변이 만들어진다고 하였습니다.

① 3문단에서 삼투 현상은 생명체의 모든 세포에서 일어난다고 했습니다.
② 3문단에서 뿌리가 흡수한 물은 잎에 도달한 후 기공을 통해 증발한다고 했습니다.
③ 3문단에서 흙 속 물이 뿌리로 이동하는 것은 흙보다 뿌리 세포의 물질 농도가 높아서라고 했습니다.
④ 4문단에서 농도가 낮은 배추의 수분이 밖으로 빠져나온다고 했습니다.

3 거름종이는 용액에 녹지 않은 물질을 거르는 역할을 하므로 용액 속의 용매만 통과시키고 용질은 통과시키지 않는 반투막과 유사한 역할을 한다는 것을 추론할 수 있습니다.

4 삼투 현상은 농도가 다른 두 물질 사이에서 일어납니다. ⑤는 과일 내 농도보다 설탕의 농도가 높아 과일 속의 과즙이 설탕 쪽으로 이동한 것입니다.

5 1문단에서는 배추와 마른미역이 변화하는 까닭이 삼투 현상이라는 것을 제시하고, 2문단에서는 삼투 현상이 발생하는 원리를, 3문단에서는 생명체에서 삼투 현상이 일어나는 사례를, 4문단에서는 삼투 현상의 중요성을 설명하고 있습니다.

6 2문단에 따르면 삼투 현상은 농도 차이가 나는 두 액체 사이에서 농도가 낮은 액체의 용매가 농도가 높은 액체 쪽으로 이동하는 현상입니다.

7 (1) '용질'은 '용액에 녹아 있는 물질.'이라는 뜻입니다.
(2) '체액'은 '동물의 몸속에 있는 액체를 통틀어 이르는 말.'이라는 뜻입니다.
(3) '증발'은 '어떤 물질이 액체 상태에서 기체 상태로 변함.'이라는 뜻입니다.
(4) '증상'는 '병을 앓을 때 나타나는 여러 가지 상태나 모양.'이라는 뜻입니다.
(5) '보편적'은 '모든 것에 두루 미치거나 통하는 것.'이라는 뜻입니다.

(1) '용매'는 '어떤 액체에 물질을 녹여 용액을 만들 때 그 액체를 가리키는 말.'이라는 뜻입니다.
(2) '용액'은 '두 가지 이상의 물질이 고르게 혼합된 액체.'라는 뜻입니다.
(3) '증진'은 '기운이나 세력 따위가 점점 더 늘어 가고 나아감.'이라는 뜻입니다.
(4) '일상'은 '날마다 반복되는 생활.'이라는 뜻입니다.
(5) '개별적'은 '여럿 중에서 하나씩 따로 나뉘어 있는 것.'이라는 뜻입니다.

비주얼 과학 교과서 개념 **057쪽**

(1) 증산 (2) 기공

(1) '식물의 생명 활동에 사용되고 남은 물이 잎에서 밖으로 빠져나가는 현상.'을 '증산 작용'이라고 합니다.
(1) '식물의 잎 표면에 있는 숨쉬기와 증산 작용을 하는 구멍.'을 '기공'이라고 합니다.

- **글의 종류** 설명문
- **글의 특징** 지구 온난화를 해결하는 데 도움이 되는 인공 광합성 기술의 원리와 의의에 대해 소개하는 글입니다.
- **주제** 식물의 광합성을 모방한 인공 광합성 기술의 원리

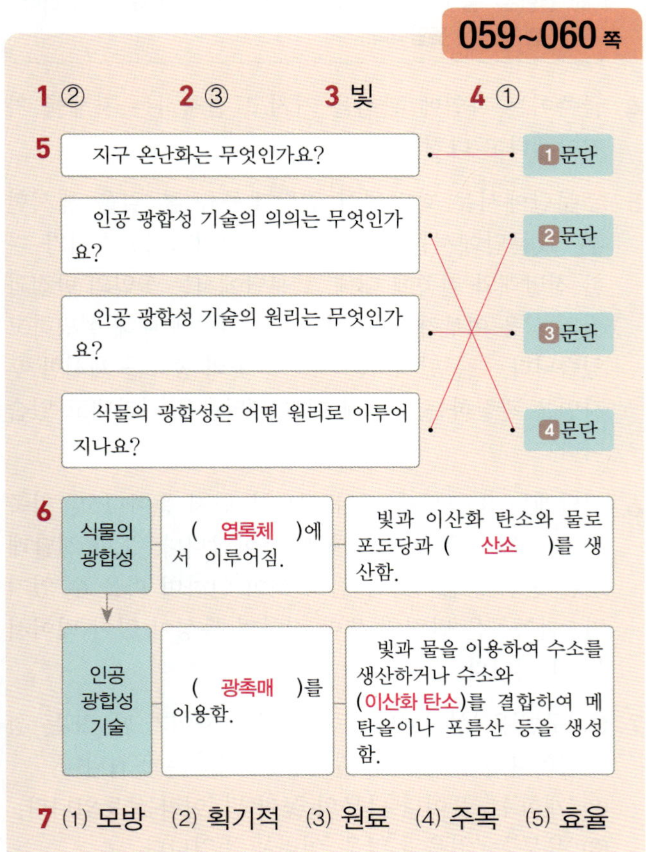

1 이 글은 식물의 광합성에 대해 설명한 후, 식물의 광합성을 모방하여 빛 에너지, 이산화 탄소, 물을 이용하는 인공 광합성 기술의 원리와 의의에 대해 설명하고 있습니다.

2 2문단에서 식물의 광합성은 엽록체라는 세포 기관에서 빛을 받아 이산화 탄소와 물을 이용하여 포도당과 산소를 만드는 과정이라고 했습니다. 따라서 이산화 탄소는 광합성의 결과가 아닌 광합성을 할 때 필요한 재료입니다.

오답 풀이

① 2문단에서 식물의 광합성은 이산화 탄소를 흡수하고 산소를 배출하기 때문에 지구 온난화를 해결하는 데 도움이 된다고 했습니다.
② 2문단에서 광합성은 엽록체라는 세포 기관을 통해 이루어진다고 했습니다.
④, ⑤ 2문단에서 광합성으로 만들어진 포도당은 녹말로 형태가 바뀌어 잎에 저장되었다가 다시 설탕으로 형태를 바꾼 후, 식물이 성장하는 데 필요한 부분으로 이동한다고 했습니다.

3 2문단에 따르면 식물의 광합성은 빛을 받아 일어나는 현상이라고 했습니다. 따라서 창가에 둔 강낭콩이 그늘진 곳에 둔 강낭콩보다 더 잘 자란 것은 광합성에 필요한 빛을 충분히 받았기 때문이라는 것을 추론할 수 있습니다.

4 인공 광합성 기술은 식물의 광합성 과정을 모방하여 빛 에너지, 이산화 탄소, 물을 이용해 다른 에너지를 생산하는 기술입니다.

5 1문단에서는 지구 온난화로 인해 주목 받고 있는 인공 광합성 기술을, 2문단에서는 식물의 광합성 과정을, 3문단에서는 식물의 광합성과 같은 인공 광합성 기술의 원리를, 4문단에서는 인공 광합성 기술의 의의와 한계를 설명하고 있습니다.

6 식물의 광합성은 엽록체에서 빛을 흡수하여 이산화 탄소와 물로 포도당과 산소를 만듭니다. 식물의 광합성을 모방한 인공 광합성 기술은 광촉매로 빛을 흡수해 물에서 수소 이온을 분리하여 청정에너지인 수소를 생산하거나 수소와 이산화 탄소를 결합해 유용한 화학 물질을 생성합니다.

7 ⑴ '다른 것을 본뜨거나 본받음.'이라는 뜻의 '모방'이 어울립니다.
⑵ '어떤 과정이나 분야에서 새로운 시기를 열어 놓을 만큼 뚜렷이 구분되는 것.'이라는 뜻의 '획기적'이 어울립니다.
⑶ '어떤 물건을 만드는 데 들어가는 재료.'라는 뜻의 '원료'가 어울립니다.
⑷ '관심을 가지고 주의 깊게 살핌. 또는 그 시선.'이라는 뜻의 '주목'이 어울립니다.
⑸ '들인 노력과 얻은 결과의 비율.'이라는 뜻의 '효율'이 어울립니다.

비주얼 과학 교과서 개념　**061 쪽**

(1) 광합성 (2) 엽록체

⑴ '식물이 빛을 받아 이산화 탄소, 물을 이용하여 포도당과 산소를 만드는 작용.'을 '광합성'이라고 합니다.

⑵ '잎의 세포 안에 들어 있는 광합성이 일어나는 기관.'을 '엽록체'라고 합니다.

진달래와 철쭉의 차이점

- **글의 종류** 생활문
- **글의 특징** '나'가 진달래와 철쭉의 차이점을 알아보며 새롭게 알게 된 점과 체험을 통해 느낀 깨달음을 전달하는 글입니다.
- **주제** 진달래와 철쭉의 차이점

063~064 쪽

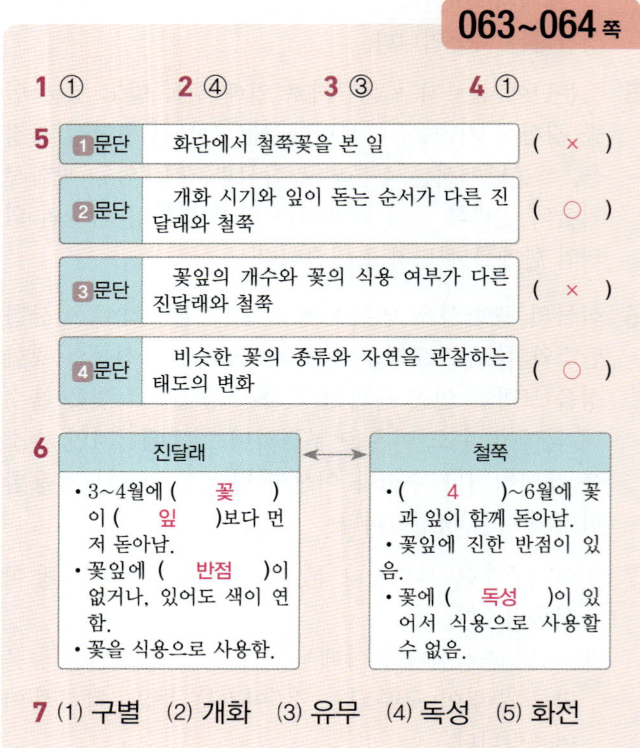

1 ①   **2** ④   **3** ③   **4** ①

5

1문단	화단에서 철쭉꽃을 본 일	(×)
2문단	개화 시기와 잎이 돋는 순서가 다른 진달래와 철쭉	(○)
3문단	꽃잎의 개수와 꽃의 식용 여부가 다른 진달래와 철쭉	(×)
4문단	비슷한 꽃의 종류와 자연을 관찰하는 태도의 변화	(○)

6

진달래	↔	철쭉
• 3~4월에 (꽃)이 (잎)보다 먼저 돋아남. • 꽃잎에 (반점)이 없거나, 있어도 색이 연함. • 꽃을 식용으로 사용함.		• (4)~6월에 꽃과 잎이 함께 돋아남. • 꽃잎에 진한 반점이 있음. • 꽃에 (독성)이 있어서 식용으로 사용할 수 없음.

7 (1) **구별**   (2) **개화**   (3) **유무**   (4) **독성**   (5) **화전**

1 이 글은 '나'가 화단에서 진달래꽃을 본 후, 진달래와 철쭉의 차이점을 알아보고 두 식물을 구별하는 방법을 전달하고 있습니다. 더불어 자연을 대하는 태도의 변화를 고백하고 있습니다.

2 철쭉꽃을 식용으로 쓰지 않는 이유는 꽃잎의 반점 때문이 아니라 '그라야노톡신'이라는 독성이 있기 때문입니다.

오답 풀이
① 2문단에서 진달래는 꽃이 잎보다 먼저 돋아나고, 철쭉은 꽃과 잎이 동시에 돋아난다고 했습니다.
② 2문단에서 진달래꽃은 3~4월에, 철쭉꽃은 4~6월에 핀다고 하였습니다.
③ 3문단에서 진달래와 철쭉은 둘 다 꽃잎이 다섯 갈래로 갈라져 있다고 했습니다.
⑤ 3문단에서 진달래꽃과 철쭉꽃은 10개의 수술과 1개의 긴 암술이 있어 이를 통해 꽃가루받이를 한다고 했습니다.

3 2문단에서는 진달래와 철쭉의 차이점을 들어 두 꽃을 구별하는 방법을 설명하고 있으므로, '구별하지 못하고 뒤섞어서 생각함.'이라는 뜻의 '혼동'이 알맞습니다.

오답 풀이
① '대응'은 '어떤 일이나 사태에 맞추어 태도나 행동을 취함.'이라는 뜻입니다.
② '보완'은 '모자라거나 부족한 것을 보충하여 완전하게 함.'이라는 뜻입니다.
④ '경쟁'은 '같은 목적에 대하여 이기거나 앞서려고 서로 겨룸.'이라는 뜻입니다.
⑤ '결합'은 '둘 이상의 사물이나 사람이 서로 관계를 맺어 하나가 됨.'이라는 뜻입니다.

4 글쓴이는 자연에 관심을 가지고 관찰하는 자세를 가져야겠다고 다짐했습니다.

5 1문단에서는 화단에서 진달래꽃을 본 일을 제시한 후, 2문단에서는 개화 시기와 잎이 돋는 순서가 다른 진달래와 철쭉에 대해, 3문단에서는 꽃잎의 반점과 꽃의 식용 여부가 다른 진달래와 철쭉에 대해 설명하고 있습니다. 4문단에서는 비슷한 꽃의 종류를 제시한 후 자연을 관찰하는 태도에 대한 깨달음을 나타내고 있습니다.

6 진달래는 3~4월에 꽃이 잎보다 먼저 돋아나고, 철쭉은 4~6월에 꽃과 잎이 함께 돋아납니다. 또한 진달래꽃은 반점이 없거나 반점의 색이 연하며 먹을 수 있지만, 철쭉꽃은 반점의 색이 진하며 독성이 있어 먹어서는 안 됩니다.

7 (1) '구별'은 '성질이나 종류에 따라 차이가 남. 또는 성질이나 종류에 따라 갈라놓음.'이라는 뜻입니다.
(2) '개화'는 '풀이나 나무의 꽃이 핌.'이라는 뜻입니다.
(3) '유무'는 '있음과 없음.'이라는 뜻입니다.
(4) '독성'은 '독이 있는 성분.'이라는 뜻입니다.
(5) '화전'은 '찹쌀가루를 반죽하여 진달래나 개나리, 국화 따위의 꽃잎이나 대추를 붙여서 기름에 지진 떡.'이라는 뜻입니다.

비주얼 과학 교과서 개념   **065 쪽**

(1) **수술**   (2) **암술**   (3) **수분**

(1) '꽃에서 꽃가루를 만드는 부분.'을 '수술'이라고 합니다.

(2) '꽃의 수술에서 꽃가루를 받아 씨를 만드는 부분.'을 '암술'이라고 합니다.

(3) '식물의 수술에서 만들어진 꽃가루가 암술의 끝부분에 옮겨 붙는 일.'을 '수분'이라고 합니다.

- **글의 종류** 설명문
- **글의 특징** 멘델이 발견한 유전 법칙을 통해 우성과 열성을 설명하고, 돌연변이의 개념과 영향에 대해 설명하는 글입니다.
- **주제** 유전의 원리와 돌연변이

067~068 쪽

1 ⑤　　**2** ⑤　　**3** ④　　**4** 돌연변이

5

문단	중심 내용
1	멘델이 발표한 (유전) 법칙
2	(우열)의 법칙의 개념
3	유전을 일으키는 것과 우성, (열성)의 종류
4	(돌연변이)의 개념과 영향

6

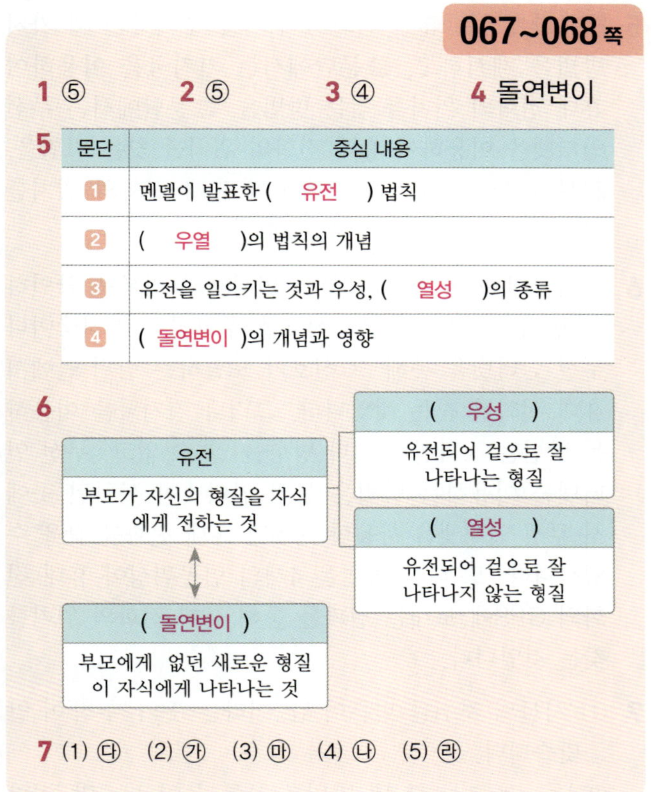

7 (1) ㉲　(2) ㉮　(3) ㉳　(4) ㉯　(5) ㉱

1 이 글은 멘델이 발견한 우열의 법칙을 설명하며 우성과 열성의 종류를 제시한 후, 우열의 법칙의 예외인 돌연변이의 개념과 원인, 생물에게 미치는 영향 등을 설명하고 있습니다.

2 2문단에서 우성은 열성에 비해 겉으로 잘 나타나는 형질이라고 하였으나 우성이 유전되는 까닭에 대해서는 알 수 없습니다.

오답 풀이
① 1문단에서 멘델은 완두콩을 교배했다고 했습니다.
② 4문단에서 돌연변이는 유전자의 이상으로 생겨난다고 했으므로 일반적인 현상이 아닙니다.
③ 3문단에서 쌍꺼풀은 우성이고, 외까풀은 열성이라고 하였으므로 우성인 쌍꺼풀이 유전되어 나타날 확률이 더 높습니다.
④ 1문단에서 멘델의 연구 이전 사람들은 부모의 두 형질 사이의 중간 성질을 가진 형질이 자식에게 나타난다고 믿었습니다.

3 돌연변이는 유전자의 이상으로 앞 세대에는 없던 새로운 형질이 나타나는 것입니다. 하지만 유전자에 이상이 생기는 까닭에 대해서는 이 글을 통해 알 수 없습니다.

오답 풀이
① 3문단에 따르면 곱슬머리, 흑발, 갈색 눈, 쌍꺼풀, 긴 속눈썹, 두꺼운 입술 등이 우성에 해당합니다.
② 3문단에 따르면 유전을 일으키는 것은 세포의 핵 안에 들어 있는 염색체입니다.
③ 1문단에 따르면 멘델은 완두콩의 색깔과 모양을 형질로 살펴보았습니다.
⑤ 4문단에 따르면 돌연변이는 생물이 진화하는 밑바탕이 되기도 하고, 질병을 유발하기도 합니다.

4 4문단에 따르면 이전 세대에 없던 새로운 형질이 다음 세대에 나타나는 것을 돌연변이라고 합니다.

5 1문단에서는 멘델이 유전 법칙을 발표했다는 것을 제시하고, 2문단에서는 우열의 법칙의 개념을 설명하고 있습니다. 3문단에서는 유전을 일으키는 염색체와 우성, 열성의 종류를 제시하고 4문단에서는 돌연변이의 개념과 영향을 설명하고 있습니다.

6 유전이 되는 형질 중에서 유전되어 겉으로 잘 나타나는 형질을 우성이라고 하고, 유전되어 겉으로 잘 나타나지 않는 형질을 열성이라고 합니다. 반면 부모에게 없던 형질이 자식에게 새로 나타나는 것을 돌연변이라고 합니다.

7 (1) '증식'은 '늘려서 많아짐. 또는 늘려서 많게 함.'이라는 뜻입니다.
(2) '이상'은 '정상적인 상태와 다름.'이라는 뜻입니다.
(3) '발현'은 '속에 있거나 숨은 것이 밖으로 나타나거나 그렇게 나타나게 함. 또는 그런 결과'라는 뜻입니다.
(4) '열등하다'는 '보통의 수준이나 등급보다 낮다.'라는 뜻입니다.
(5) '교배하다'는 '생물의 암수로부터 인공적으로 다음 세대를 얻다.'라는 뜻입니다.

비주얼 과학 교과서 개념　　**069 쪽**

(1) 유전　　(2) 진화

(1) '부모의 특성이 자식에게 전해지는 것.'을 '유전'이라고 합니다.
(2) '생물이 살아가기 유리한 방향으로 변해 가는 것.'을 '진화'라고 합니다.

- **글의 종류** 설명문
- **글의 특징** 휴대 전화의 위치를 찾는 세 가지 방법과 각각의 한계점에 대해 알려 주는 글입니다.
- **주제** 휴대 전화의 위치를 찾는 방법과 그 한계

073~074 쪽

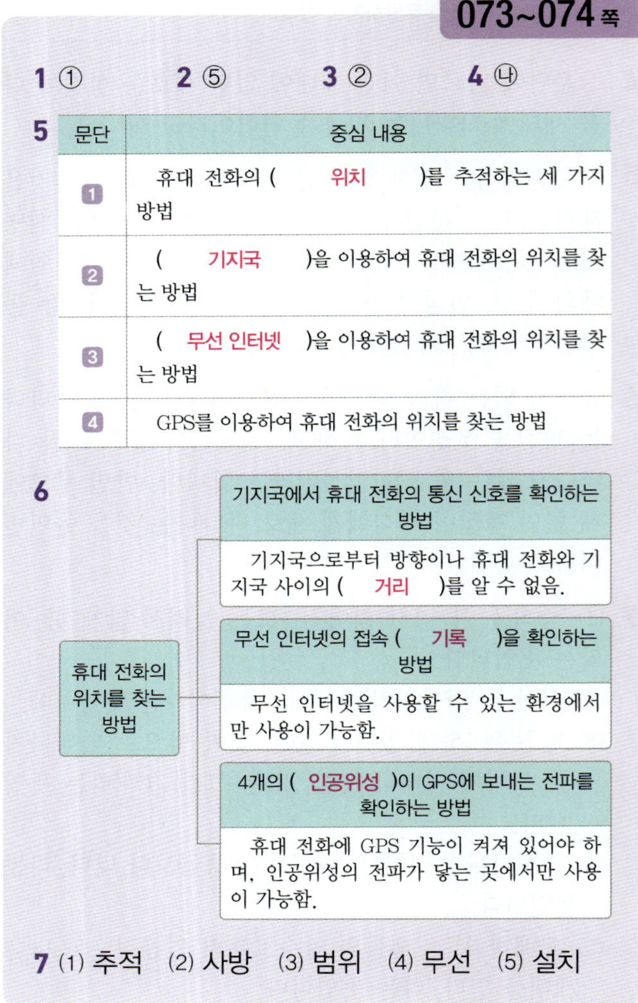

1 이 글은 기지국, 무선 인터넷, GPS를 이용하여 휴대 전화의 위치를 찾는 방법을 설명하고 있습니다.

2 4문단에서 GPS를 이용하는 방법은 추적 범위가 20미터 이내로, 휴대 전화의 위치를 비교적 정확히 알 수 있다고 했습니다.

> **오답 풀이**
> ① 3문단에서 무선 인터넷이 신호를 주고받을 수 있는 범위는 약 100미터라고 했습니다.
> ② 2문단에서 기지국은 사방 50~2,000미터 범위 안의 휴대 전화와 신호를 주고받기 때문에 정확한 방향은 알 수 없습니다.
> ③ 4문단에서 GPS를 이용하는 방법은 4개의 인공위성에서 보내는 전파를 확인하는 것이라고 했습니다.
> ④ 3문단에서 무선 인터넷이 설치되지 않은 곳에서는 무선 인터넷을 이용하여 휴대 전화를 찾을 수 없다고 했습니다.

3 '주고받는'은 '서로 주기도 하고 받기도 하는.'이라는 뜻이므로 '서로 주고받고 하는.'이라는 뜻을 가진 '교환하는'과 바꾸어 쓸 수 있습니다.

4 3문단과 4문단에 따르면 무선 인터넷 사용 기능과 GPS 기능이 켜져 있어야 무선 인터넷과 GPS를 이용해 휴대 전화의 위치를 찾을 수 있습니다.

5 1문단에서는 휴대 전화의 위치를 추적하는 세 가지 방법을 제시하고, 2문단에서는 기지국을 이용하여 휴대 전화의 위치를 찾는 방법을, 3문단에서는 무선 인터넷을 이용하여 휴대 전화의 위치를 찾는 방법을, 4문단에서는 GPS를 이용하여 휴대 전화의 위치를 찾는 방법을 설명하고 있습니다.

6 기지국의 통신 신호와 무선 인터넷의 기록을 확인하는 방법은 휴대 전화와 신호를 주고받는 기지국이나 무선 인터넷을 통해 그 신호가 도달하는 범위 안에서 휴대 전화를 찾는 것입니다. 그러나 기지국을 이용하는 방법은 정확한 거리나 방향을 알 수 없고, 무선 인터넷을 이용하는 방법은 무선 인터넷이 설치된 곳에서 무선 인터넷을 사용할 때에만 휴대 전화를 찾을 수 있습니다. 또 다른 방법은 4개의 인공위성이 휴대 전화의 GPS에 보내는 전파를 통해 휴대 전화의 위치를 찾는 것입니다.

7 (1) '사물의 자취를 더듬어 감.'이라는 뜻의 '추적'이 알맞습니다.
(2) '동, 서, 남, 북 네 방위를 통틀어 이르는 말.'이라는 뜻의 '사방'이 알맞습니다.
(3) '일정하게 한정된 영역.'이라는 뜻의 '범위'가 알맞습니다.
(4) '통신이나 방송을 전선 없이 함.'이라는 뜻의 '무선'이 알맞습니다.
(5) '어떤 일을 하는 데 필요한 기관이나 설비 따위를 베풀어 둠.'이라는 뜻의 '설치'가 알맞습니다.

비주얼 과학 교과서 개념　　**075 쪽**

(1) 위치　　(2) 기준점

(1) '물체가 일정한 곳에 차지하고 있는 자리.'를 '물체의 위치'라고 합니다.

(2) '계산하거나 측정할 때 기준이 되는 점.'을 '기준점'이라고 합니다.

02 파리와 데카르트 좌표

- **글의 종류** 설명문
- **글의 특징** 물체의 위치를 정확하게 표현할 수 있는 데카르트 좌표의 원리를 설명하고, 데카르트 좌표의 수학적 의의와 과학적 활용에 대해 설명하는 글입니다.
- **주제** 데카르트 좌표의 원리와 의의

077~078쪽

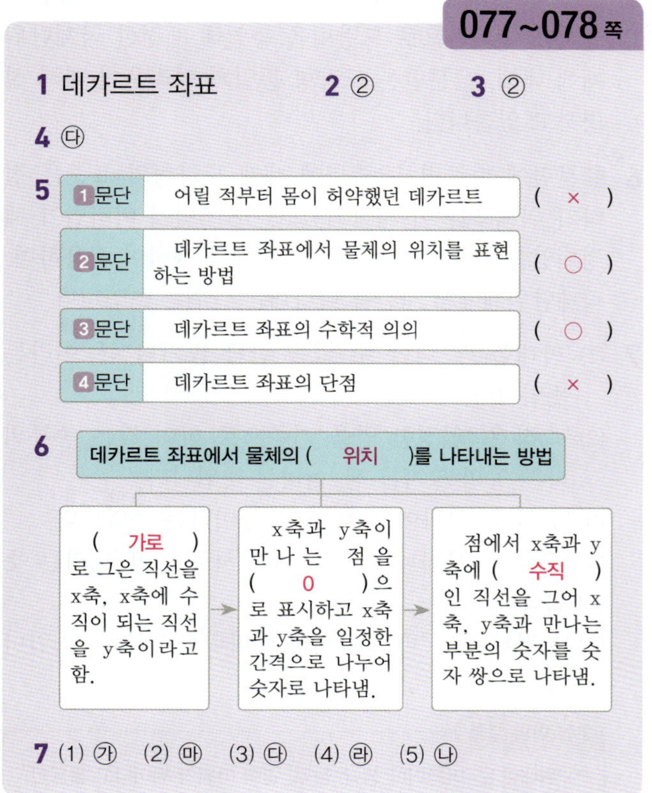

1 이 글은 데카르트 좌표에 대해 설명하고 있습니다.

2 1문단에서 데카르트는 몸이 허약해 침대에 누워 있다가 데카르트 좌표를 떠올리게 되었다고 했습니다. 그러나 데카르트의 몸이 허약했던 까닭은 알 수 없습니다.

오답 풀이
① 3문단에서 데카르트는 물체의 위치를 숫자로 표현하기 위해 음수를 도입하고 음수의 개념을 구체화했다고 했습니다.
③ 1문단에서 데카르트는 천장에 날아다니는 파리를 보고 좌표를 떠올리게 되었습니다.
④ 2문단에서 x축은 좌표에 가로로 그은 직선이고, y축은 x축과 수직이 되는 직선이라고 했습니다.
⑤ 2문단에서 물체의 위치는 점으로 나타내어, 그 점에서 x축과 y축에 수직인 직선을 그어 x축, y축과 만나는 부분의 숫자를 숫자 쌍으로 나타낸다고 했습니다.

3 2문단에 따르면 데카르트 좌표는 점에서 x축과 y축에 수직인 직선을 그어 x축, y축과 만나는 부분의 숫자를 차례대로 나타내므로 두 개의 숫자로 물체의 위치를 표현합니다.

4 데카르트 좌표처럼 물체의 위치를 한 점으로 나타내고 그 점을 지나는 직선으로 위치를 설명한 것은 ㉰입니다.

오답 풀이
㉮ 기준점인 도서관을 중심으로 방향을 말하여 물체의 위치를 나타냈습니다.
㉯ 기준점인 집으로부터 방향과 이동 거리를 말하여 물체의 위치를 나타냈습니다.

5 1문단에서는 데카르트 좌표를 만든 계기가 된 사건을 제시하고, 2문단에서는 데카르트 좌표에서 물체의 위치를 표현하는 방법을, 3문단에서는 데카르트 좌표의 수학적 의의를 설명하고 있습니다. 4문단에서는 데카르트 좌표의 과학적 활용에 대해 설명하고 있습니다.

6 데카르트 좌표는 물체의 위치를 정확하게 표현하기 위해 만들어졌습니다. 데카르트 좌표에서 가로로 그은 직선을 x축이라고 하고, x축에 수직이 되게 그은 직선을 y축이라고 합니다. 데카르트 좌표에서 물체의 위치를 나타낼 때에는 x축과 y축이 만나는 점을 0으로 표시하고, x축과 y축을 일정한 간격으로 나누어 양수와 음수로 나타냅니다. 그리고 점에서 x축과 y축에 수직인 직선을 각각 그어 x축, y축과 만나는 부분의 숫자를 차례대로 나타내 숫자 쌍으로 표현합니다.

7 (1) '쌍'은 '둘씩 짝을 이룬 것.'이라는 뜻입니다.
(2) '구성'은 '몇 가지 부분이나 요소들을 모아서 일정한 전체를 짜 이룸. 또는 그 이룬 결과.'라는 뜻입니다.
(3) '개척'은 '새로운 영역, 운명, 진로 따위를 처음으로 열어 나감.'이라는 뜻입니다.
(4) '평면'은 '일정한 표면 위의 두 점을 지나는 직선이 항상 그 표면 위에 놓이는 면.'이라는 뜻입니다.
(5) '허약'은 '힘이나 기운이 없고 약함.'이라는 뜻입니다.

비주얼 과학 교과서 개념 **079쪽**

(1) 운동   (2) 변화

⑴ '물체의 위치가 시간이 지남에 따라 변하는 것.'을 '물체의 운동'이라고 합니다.
⑵ '사물의 위치가 바뀌어 달라짐.'을 '위치 변화'라고 합니다.

03 사회의 기준이 되는 도량형

• **글의 종류** 설명문
• **글의 특징** 도량형을 통일한 역사적 사건과 국제단위계의 제정을 사례로 들어 도량형을 통일하는 것이 중요하지만 쉽지 않은 일임을 알리는 글입니다.
• **주제** 도량형 통일의 중요성

081~082쪽

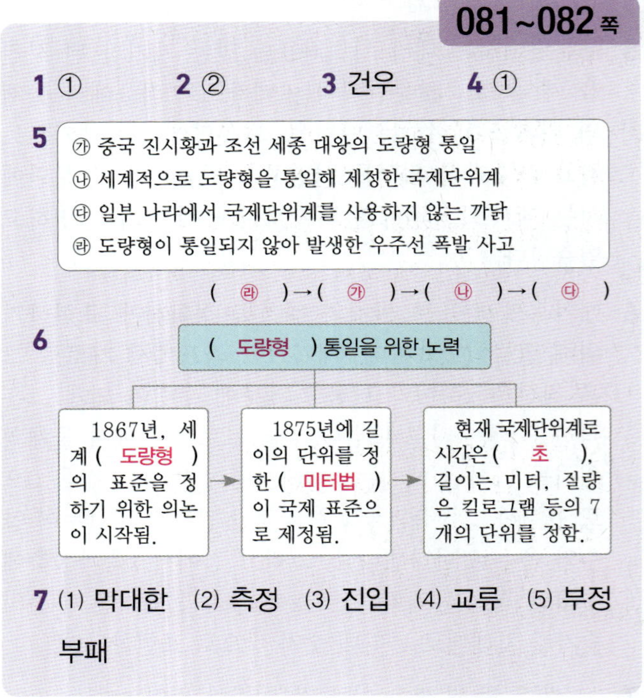

1 이 글은 도량형 통일의 중요성을 제시하며 도량형을 통일한 사례를 소개하고 있습니다.

2 ❸문단에서 국제단위계에서 지정하지 않은 단위인 속력의 단위는 국제단위계를 활용하여 미터/초(m/초)로 나타낸다고 했습니다.

> **오답 풀이**
> ① ❸문단에서 국제단위계는 시간, 길이, 질량 등 7개의 단위를 정한 것이라고 했습니다.
> ③ ❶문단에서 거리를 측정할 때 다른 도량형을 사용하여 우주선이 폭발한 사례를 제시했습니다.
> ④ ❷문단에서 진시황은 진나라를 세운 후 가장 먼저 도량형을 통일했다고 했습니다.
> ⑤ ❷문단에서 세종 대왕은 도량형을 통일하여 백성들의 세금의 부담을 덜어 주었다고 했습니다.

3 국제단위계와 같이 도량형을 통일하면 정보를 정확하게 전달할 수 있어서 국가 간 교류가 편리해지고, 소통이 활발해질 수 있습니다.

4 모양이 맞지 않는 부속품을 사용하여 고장이 난 자동차는 도량형이 다르거나, 도량형이 정해지지 않아 생긴 문제가 아닙니다.

> **오답 풀이**
> ②, ③, ④ 각각 옷의 크기, 음료의 용량, 쌀의 양을 나타내는 도량형이 통일되어 있지 않고 의류 회사, 카페, 마을별로 달라서 생긴 문제입니다.
> ⑤ 비행기 연료의 양을 측정하는 도량형을 통일하지 않아 생긴 문제입니다.

5 ❶문단에서는 도량형의 개념과 중요성을, ❷문단에서는 도량형 통일의 역사를 설명하고 있습니다. ❸문단에서는 세계적으로 도량형을 통일해 제정한 국제단위계에 대해, ❹문단은 도량형 통일의 어려움에 대해 설명하고 있습니다.

6 ❸문단에 따르면 1867년에 세계 도량형의 표준을 정하기 위해 의논이 시작되었고, 1875년에 미터법이 제정되었습니다. 현재는 국제단위계를 정하여 사용하며, 국제단위계에서 시간을 나타내는 단위는 초입니다.

7 (1) '막대한'은 '더할 수 없을 만큼 많거나 큰.'이라는 뜻입니다.
(2) '측정'은 '일정한 양을 기준으로 하여 같은 종류의 다른 양의 크기를 잼.'이라는 뜻입니다.
(3) '진입'은 '향하여 내처 들어감.'이라는 뜻입니다.
(4) '교류'는 '문화나 사상 따위가 서로 통함.'이라는 뜻입니다.
(5) '부정부패'는 '바르지 못하고 타락함.'이라는 뜻입니다.

> **오답 어휘 설명**
> (1) '위대한'은 '마음이나 생각, 능력, 업적 따위가 뛰어나고 훌륭한.'이라는 뜻입니다.
> (2) '선정'은 '여럿 가운데 어떤 것을 뽑아 정함.'이라는 뜻입니다.
> (3) '진압'은 '강압적인 힘으로 억눌러 진정시킴.'이라는 뜻입니다.
> (4) '체류'는 '자기 집을 떠나 임시로 있는 곳에 머물러 있음.'이라는 뜻입니다.
> (5) '일희일비'는 '한편으로는 기뻐하고 한편으로는 슬퍼함. 또는 기쁨과 슬픔이 번갈아 일어남.'이라는 뜻입니다.

비주얼 과학 교과서 개념   **083쪽**

(1) 속력   (2) 단위

(1) '일정한 시간 동안 물체가 이동한 거리.'를 '물체의 속력'이라고 합니다.
(2) '속력의 값을 나타낼 때의 기준.'을 '속력의 단위'라고 합니다.

- **글의 종류** 전기문
- **글의 특징** 벤저민 프랭클린의 삶을 통해 철저한 시간 관리와 자기반성, 행동력의 중요성을 일깨워 주는 글입니다.
- **주제** 벤저민 프랭클린의 삶에서 배워야 할 교훈

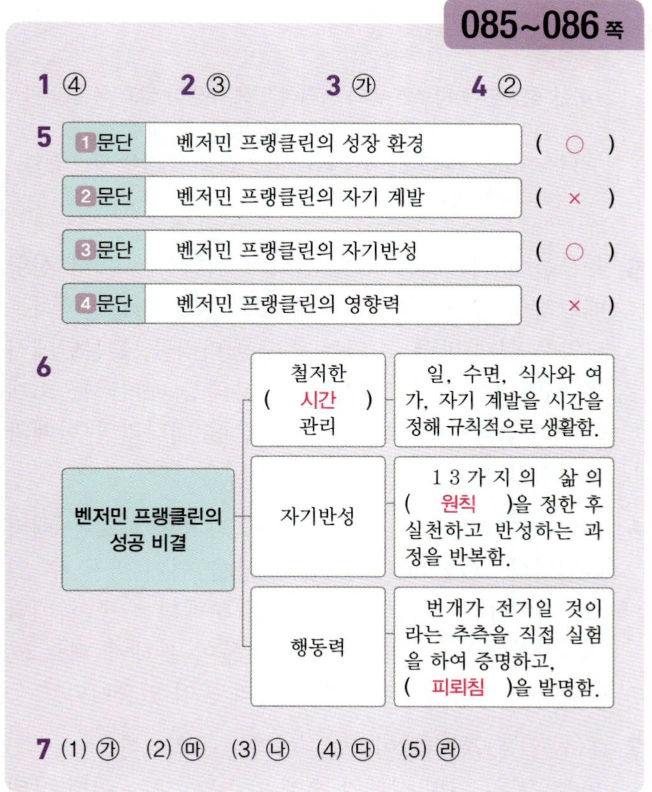

1 이 글은 벤저민 프랭클린의 삶을 통해 시간 관리와 자기반성, 행동력의 중요성을 일깨우고 있습니다.

2 벤저민 프랭클린은 위인들의 삶에서 배울 만한 13가지 원칙을 실천하기 위해 노력하였습니다.

> **오답 풀이**
> ① **1**문단에서 프랭클린은 10살 때 학교를 그만두었다고 했습니다.
> ② **1**문단에서 프랭클린은 100달러 지폐에 그려져 있다고 했습니다.
> ④ **2**문단에서 프랭클린은 하루 중 가장 많은 시간인 9시간은 일을 했다고 하였습니다.
> ⑤ **1**문단에서 벤저민 프랭클린은 하는 일마다 성공을 거두었다고 했습니다.

3 금속에는 전기가 흐르므로 번개에서 흐르는 전기는 연을 따라 철사와 금속 열쇠로 흘렀을 것입니다.

> **오답 풀이**
> ㉱ 금속에 전기가 흐르는 성질을 이용한 것이므로 나무 열쇠에는 전기가 흐르지 않을 것입니다.
> ㉲ 금속 열쇠를 손으로 만져 전기가 흐르는지 여부를 확인한 것이지 전기의 세기를 알 수 있는 것은 아닙니다.

4 이 글의 교훈은 벤저민 프랭클린처럼 시간을 효과적으로 관리하고 자기반성을 하며, 행동력을 본받자는 것입니다.

5 **1**문단에서는 벤저민 프랭클린의 어려운 성장 환경에 대해, **2**문단에서는 벤저민 프랭클린의 시간 관리 방법에 대해, **3**문단에서는 벤저민 프랭클린의 자기반성에 대해, **4**문단에서는 벤저민 프랭클린의 강한 행동력에 대해 소개하고 있습니다.

6 이 글에서는 벤저민 프랭클린의 성공 비결로 철저한 시간 관리와 자기반성, 행동력을 제시하였습니다. 그는 하루의 계획을 세워 시간을 효과적으로 사용하였고, 삶의 원칙을 세워 실천하기 위해 늘 반성하며 실천 여부를 점검했습니다. 또한 강한 행동력으로 번개가 전기라는 사실을 증명해 낸 뒤에 사람들에게 도움을 주는 피뢰침을 발명하였습니다.

7 (1) '근면'은 '부지런히 일하여 힘씀.'이라는 뜻입니다.
(2) '수양'은 '몸과 마음을 갈고닦아 품성이나 지식, 도덕 따위를 높은 수준으로 끌어올림.'이라는 뜻입니다.
(3) '비결'은 '세상에 알려지지 않은 자기만의 뛰어난 방법.'이라는 뜻입니다.
(4) '절제'는 '정도에 넘지 않도록 알맞게 조절하여 제한함.'이라는 뜻입니다.
(5) '경계'는 '옳지 않은 일이나 잘못된 일을 하지 않도록 주의함.'이라는 뜻입니다.

비주얼 과학 교과서 개념 **087 쪽**

(1) 전기   (2) 전류

(1) '물질 안에 있는 전자의 움직임으로 생기는 에너지.'를 '전기'라고 합니다.

(2) '물질 안에서 흐르는 전기.'를 '전류'라고 합니다.

- **글의 종류** 기사문
- **글의 특징** 리튬 이온 배터리의 한계를 극복하기 위해 개발된 신형 배터리의 종류를 소개하는 글입니다.
- **주제** 신형 배터리의 종류와 전망

089~090 쪽

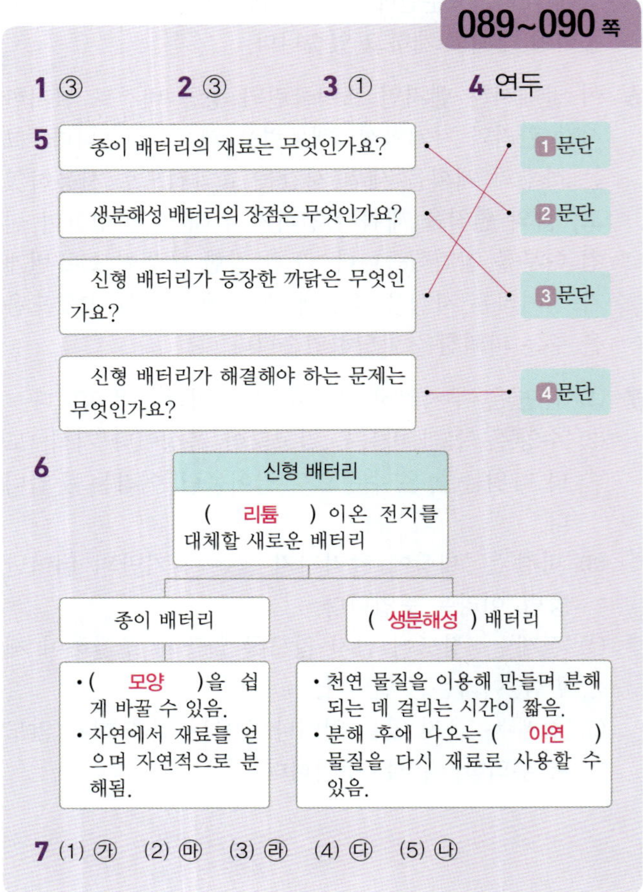

1 이 글은 신형 배터리의 종류를 소개하며, 더 편리하고 안전한 신형 배터리가 계속하여 등장할 것으로 전망하고 있습니다.

2 2 문단에서 종이 배터리는 모양을 자유롭게 구부릴 수 있을 뿐 아니라, 나무에서 재료를 구해 자연 분해되기 때문에 환경 오염을 발생시키지 않는다고 했습니다.

오답 풀이

① 3 문단에서 생분해성 배터리는 토양에서 분해된 후 아연 물질을 얻을 수 있으며, 아연 물질을 통해 또 다시 생분해성 배터리를 만들 수 있다고 했습니다.
② 1 문단에서 리튬 이온 전지는 휴대 전화나 노트북과 같은 전자 기기에 사용된다고 했습니다.
④ 3 문단에서 생분해성 배터리는 천연 물질인 키틴에 아세트산 수용액을 합성시켜 만든다고 했습니다.
⑤ 4 문단에서 몸의 열을 이용하여 전기를 만드는 배터리도 신형 배터리의 하나라고 했습니다.

3 앞부분에서는 신형 배터리의 종류를 나열했고, 뒷부분에서는 신형 배터리의 한계를 설명했습니다. 따라서 ㉠에 들어갈 말은 앞에 오는 내용에 대해 예외적인 내용이나 조건을 덧붙이는 말인 '다만'이 알맞습니다.

4 4 문단에 따르면 신형 배터리는 만드는 비용이 비싸다는 단점이 있으므로 만드는 데 비용이 저렴한 신형 배터리를 개발해야 합니다.

오답 풀이

미진: 1 문단에 따르면 열과 충격에 약해 수명이 짧고 폭발의 위험이 있는 것은 리튬 이온 전지입니다.
경수: 4 문단에 따르면 아직 리튬 이온 전지만큼 상용화된 신형 배터리는 없다고 했습니다.

5 1 문단에서는 리튬 이온 전지의 위험성을 들어 신형 배터리의 등장 배경을 제시하고 있고, 2 문단에서는 모양을 쉽게 바꿀 수 있는 종이 배터리를, 3 문단에서는 자연에서 쉽게 분해되는 생분해성 배터리를 소개하고 있습니다. 4 문단에서는 신형 배터리의 한계와 긍정적인 전망에 대해 제시하고 있습니다.

6 신형 배터리는 리튬 이온 전지를 대체할 새로운 배터리입니다. 신형 배터리에는 모양을 쉽게 바꿀 수 있고, 자연에서 재료를 얻어 자연 분해되는 종이 배터리, 갑각류의 키틴을 이용해 만들어 분해가 빠르고, 재활용이 가능한 생분해성 배터리 등이 있습니다.

7 (1) '균일'은 '한결같이 고름.'이라는 뜻입니다.
(2) '지속'은 '어떤 상태가 오래 계속됨. 또는 어떤 상태를 오래 계속함.'이라는 뜻입니다.
(3) '순환'은 '주기적으로 자꾸 되풀이하여 돎. 또는 그런 과정.'이라는 뜻입니다.
(4) '합성'은 '둘 이상의 것을 합쳐서 하나를 이룸.'이라는 뜻입니다.
(5) '대체'는 '다른 것으로 대신함.'이라는 뜻입니다.

비주얼 과학 교과서 개념   **091** 쪽

(1) 극   (2) 회로

(1) '전지에서 전기가 드나드는 양쪽 끝.'을 '전지의 극'이라고 합니다.

(2) '전기 부품을 연결하여 전기가 흐르도록 한 것.'을 '전기 회로'라고 합니다.

06 멀티탭의 연결 구조

- **글의 종류** 설명문
- **글의 특징** 전기 회로에서 저항의 직렬연결과 병렬연결의 구조와 특징을 통해 가정에서 사용하는 멀티탭의 저항 연결 구조를 설명하는 글입니다.
- **주제** 멀티탭의 연결 구조와 그 까닭

093~094쪽

1 ②　　**2** ⑤　　**3** 저항　　**4** ④

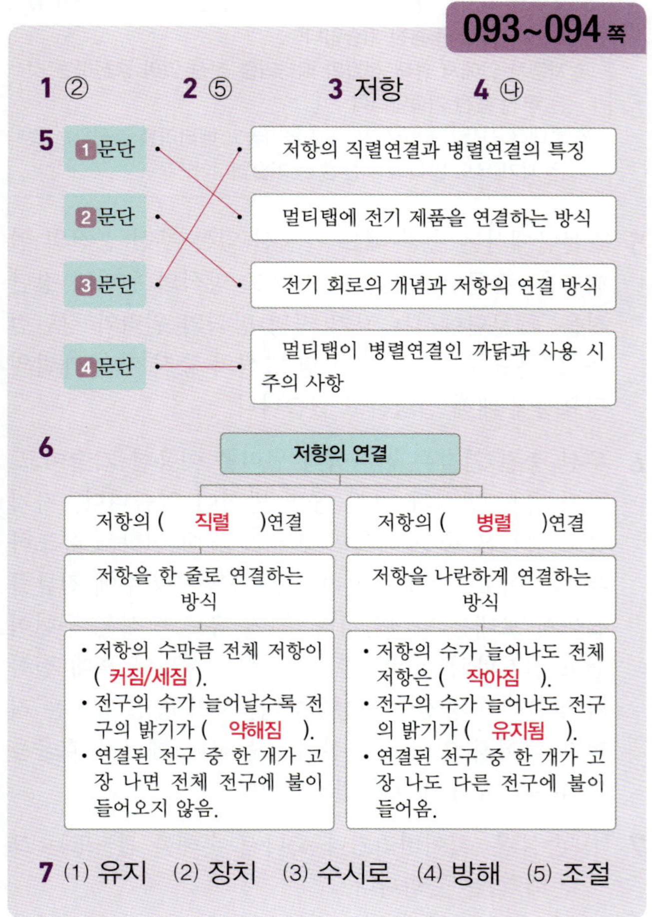

7 (1) 유지　(2) 장치　(3) 수시로　(4) 방해　(5) 조절

1 이 글은 멀티탭에 저항을 연결하는 구조와 멀티탭을 병렬연결로 만드는 까닭을 설명하고 있습니다.

2 3문단에서 저항을 병렬로 연결하면 저항의 수가 늘어날수록 전체 저항이 작아진다고 했습니다.

> **오답 풀이**
> ① 2문단에서 저항은 전구와 같이 전류를 흐르는 것을 방해하는 요소라고 했습니다.
> ② 1문단에서 멀티탭의 콘센트는 한 줄로 연결되어 있으나 전기 제품들을 병렬연결한다고 했습니다.
> ③ 3문단에서 여러 개의 전구를 직렬로 연결하면 전구가 많아질 수록 저항이 세져서 전구의 밝기가 약해진다고 했습니다.
> ④ 4문단에서 멀티탭의 콘센트에는 많은 전기 제품을 연결하지 않는 것이 좋다고 했습니다.

3 저항은 전기 회로에서 전류의 흐름을 방해하는 요소이며, 전선의 길이나 굵기에 영향을 받습니다.

4 전구를 병렬로 연결하면 전류가 흐를 수 있는 길이 많아져 한 개의 전구가 고장 나더라도 다른 전구에는 불이 들어옵니다.

> **오답 풀이**
> ㉮ 전구 한 개가 고장 났으나 다른 전구에는 불이 들어온 것이므로 저항의 병렬연결입니다.
> ㉰ 고장 난 전구 한 개가 다른 전구의 불을 켜지지 않게 하거나, 다른 전구의 밝기에 영향을 미치지 않았으므로 저항의 병렬연결입니다.

5 1문단에서는 멀티탭에 전기 제품을 연결하는 방식을, 2문단에서는 전기 회로의 개념과 저항 연결 방식을, 3문단에서는 저항의 직렬연결과 병렬연결의 특징을, 4문단에서는 멀티탭이 병렬연결인 까닭과 멀티탭 사용 시 주의 사항을 제시하고 있습니다.

6 저항의 연결 방식은 직렬연결과 병렬연결이 있습니다. 직렬연결은 저항을 한 줄로 연결하는 방식으로 저항의 수만큼 전체 저항이 커집니다. 또 전구의 수가 많아질수록 전구의 밝기가 약해지며 연결된 전구 중 한 개가 고장 나면 전체 전구에 불이 들어오지 않습니다. 저항의 병렬연결은 저항을 나란하게 연결하는 방식으로 저항의 수가 늘어나도 전체 저항은 줄어듭니다. 또 전구의 수가 늘어나도 전구의 밝기가 유지되며, 연결된 전구 중 한 개가 고장 나도 다른 전구에 불이 들어옵니다.

7 (1) '유지'는 '어떤 상태나 상황을 그대로 보존하거나 변함없이 계속하여 지탱함.'이라는 뜻입니다.
(2) '장치'는 '어떤 목적에 따라 기능하도록 하는 기계나 도구.'라는 뜻입니다.
(3) '수시로'는 '아무때나 늘.'이라는 뜻입니다.
(4) '방해'는 '남의 일을 간섭하고 막아 해를 끼침.'이라는 뜻입니다.
(5) '조절'은 '적당하게 맞추어 나감.'이라는 뜻입니다.

비주얼 과학 교과서 개념　　**095쪽**

(1) 직렬　　(2) 병렬

(1) '전기 회로에서 두 개 이상의 전지나 전구를 한 줄로 이어 연결하는 방법.'을 '직렬연결'이라고 합니다.

(2) '전기 회로에서 두 개 이상의 전지나 전구를 여러 개의 줄을 사용해 나란히 연결하는 방법.'을 '병렬연결'이라고 합니다.

07 무선 충전 기술

- **글의 종류** 설명문
- **글의 특징** 무선 충전 기술인 자기 유도 방식과 자기 공명 방식의 원리를 설명하고, 자기 공명 방식의 기술을 개발하는 것의 중요성을 제시하는 글입니다.
- **주제** 무선 충전 기술의 원리

097~098 쪽

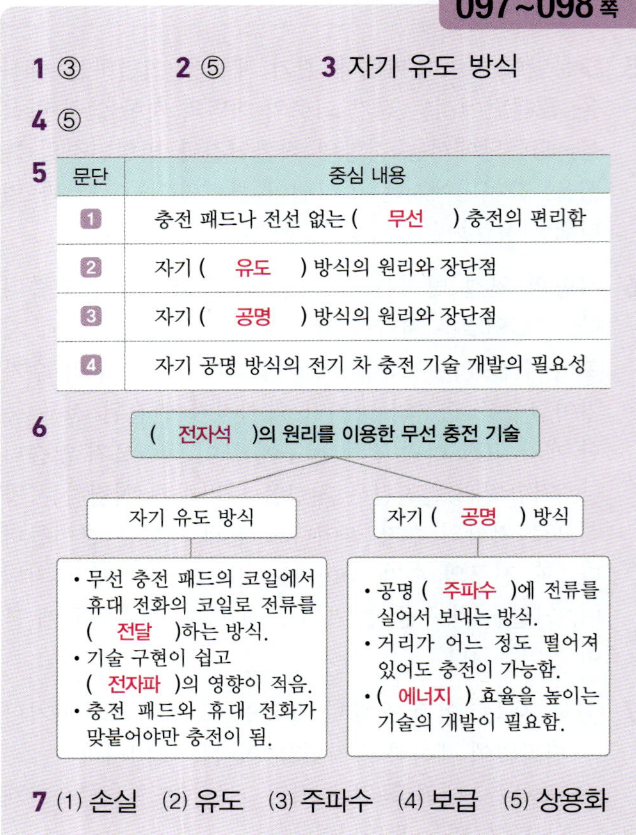

1 ③　　　**2** ⑤　　　**3** 자기 유도 방식

4 ⑤

5

문단	중심 내용
1	충전 패드나 전선 없는 (**무선**) 충전의 편리함
2	자기 (**유도**) 방식의 원리와 장단점
3	자기 (**공명**) 방식의 원리와 장단점
4	자기 공명 방식의 전기 차 충전 기술 개발의 필요성

6

(**전자석**)의 원리를 이용한 무선 충전 기술

자기 유도 방식
- 무선 충전 패드의 코일에서 휴대 전화의 코일로 전류를 (**전달**)하는 방식.
- 기술 구현이 쉽고 (**전자파**)의 영향이 적음.
- 충전 패드와 휴대 전화가 맞붙어야만 충전이 됨.

자기 (**공명**) 방식
- 공명 (**주파수**)에 전류를 실어서 보내는 방식.
- 거리가 어느 정도 떨어져 있어도 충전이 가능함.
- (**에너지**) 효율을 높이는 기술의 개발이 필요함.

7 (1) 손실　(2) 유도　(3) 주파수　(4) 보급　(5) 상용화

---

1 무선 충전 기술의 두 가지 방식인 자기 유도 방식과 자기 공명 방식의 원리를 설명하고, 각각의 장단점을 설명하고 있습니다.

2 무선 충전 기술에는 자기 유도 방식과 자기 공명 방식이 있습니다. 두 방식 모두 코일에 전류가 흐르면 주변의 금속 물질이 자석의 성질을 띠는 전자석의 원리를 이용한 것입니다.

> **오답 풀이**
> ① **4**문단에서 자기 공명 방식은 충전 중에 에너지 손실이 커서 에너지 효율을 높이는 기술의 개발이 필요하다고 했습니다.
> ② **2**문단에서 자기 유도 방식은 무선 충전 패드를 사용하여 충전하는 방식이라고 했습니다. 자기장의 진동을 이용하여 충전하는 것은 자기 공명 방식입니다.
> ③ **2**문단과 **4**문단에서 구현이 쉽고 전기차 충전에 활용하는 방식은 자기 유도 방식이라고 했습니다.
> ④ **3**문단에서 자기 공명 방식은 무선 충전 패드가 필요하지 않다고 했습니다.

3 전동 칫솔을 충전 패드에 포개어 충전하는 방식으로 자기 유도 방식을 이용한 사례입니다.

4 무선 인터넷을 이용하여 휴대 전화로 드라마를 보는 것은 무선 통신을 이용하는 기술입니다.

> **오답 풀이**
> ① 코일이 설치된 바닥은 전기 차의 충전 패드이므로 자기 유도 방식의 무선 충전 기술에 해당합니다.
> ② 스마트 시계를 충전 패드에 올려놓고 충전하는 것은 자기 유도 방식의 무선 충전 기술입니다.
> ③ 자동차 안에서 휴대 전화의 배터리를 전선 없이 충전하는 것은 무선 충전 기술입니다.
> ④ 휴대용 선풍기를 충전기 위에 올려놓고 배터리를 충전하는 것은 자기 유도 방식의 무선 충전 기술입니다.

5 **1**문단에서는 충전 패드나 전선 없는 무선 충전의 편리함을, **2**문단에서는 자기 유도 방식의 원리와 장단점을, **3**문단에서는 자기 공명 방식의 원리와 장단점을, **4**문단에서는 자기 공명 방식의 충전 기술 개발의 필요성에 대해 설명하고 있습니다.

6 무선 충전 기술은 전자석의 원리를 이용한 기술이고, 자기 유도 방식과 자기 공명 방식이 있습니다. 자기 유도 방식은 충전 패드의 전류를 휴대 전화로 유도하는 방식이고, 자기 공명 방식은 공명 주파수에 전류를 실어서 보내는 방식입니다. 자기 유도 방식은 구현이 쉽고 전자파의 영향이 적지만 충전 패드와 휴대 전화가 맞붙어야 충전이 가능합니다. 자기 공명 방식은 거리가 떨어져 있어도 충전이 가능하나 에너지 효율을 높이는 기술의 개발이 필요합니다.

7 (1) '손실'은 '잃어버리거나 축나서 손해를 봄. 또는 그 손해.'라는 뜻입니다.
(2) '유도'는 '사람이나 물건을 목적한 장소나 방향으로 이끎.'이라는 뜻입니다.
(3) '주파수'는 '전파나 음파가 1초 동안에 진동하는 횟수.'라는 뜻입니다.
(4) '보급'은 '물자나 자금 따위를 계속해서 대어 줌.'이라는 뜻입니다.
(5) '상용화'는 '물품이나 기술 따위가 일상적으로 쓰이게 됨. 또는 그렇게 만듦.'이라는 뜻입니다.

비주얼 과학 교과서 개념　　**099 쪽**

(1) 전자석　(2) 영구 자석

(1) '전기를 이용하여 만든 자석.'을 '전자석'이라고 합니다.
(2) '항상 자석의 성질을 지니는 자석.'을 '영구 자석'이라고 합니다.

08 스마트 그리드가 필요하다

- **글의 종류** 논설문
- **글의 특징** 현재 전력망의 문제점을 바탕으로 이를 해결할 수 있는
  스마트 그리드의 도입을 주장하는 글입니다.
- **주제** 스마트 그리드 도입의 필요성

101~102쪽

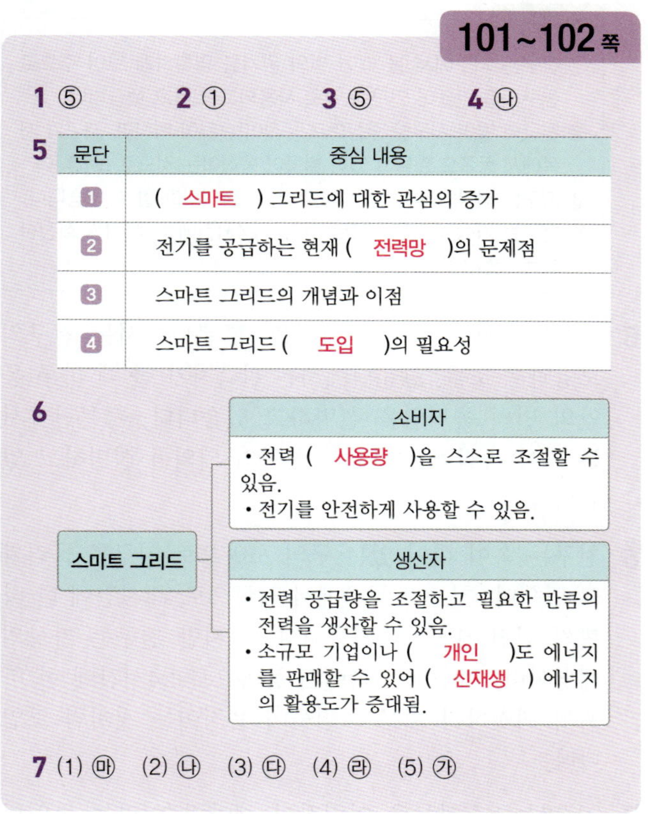

1 ⑤   2 ①   3 ⑤   4 ④

5
문단	중심 내용
1	(스마트) 그리드에 대한 관심의 증가
2	전기를 공급하는 현재 (전력망)의 문제점
3	스마트 그리드의 개념과 이점
4	스마트 그리드 (도입)의 필요성

6

스마트 그리드	소비자	• 전력 (사용량)을 스스로 조절할 수 있음. • 전기를 안전하게 사용할 수 있음.
	생산자	• 전력 공급량을 조절하고 필요한 만큼의 전력을 생산할 수 있음. • 소규모 기업이나 (개인)도 에너지를 판매할 수 있어 (신재생) 에너지의 활용도가 증대됨.

7 (1) ⑪   (2) ④   (3) ④   (4) ④   (5) ②

1 이 글은 현재의 전력망에서 나타나는 문제점을 바탕으로 이를 해결할 수 있는 스마트 그리드의 도입을 주장하고 있습니다.

2 2 문단에서 현재의 전력망에서는 생산한 후 쓰지 않고 남은 전력을 저장할 수 없어 버리게 된다고 했습니다. 따라서 현재의 전력망에서는 전력이 낭비됩니다.

> **오답 풀이**
> ② 3 문단에서 스마트 그리드를 사용하면 화재나 누전 사고를 예방할 수 있다고 했습니다.
> ③ 4 문단에서 스마트 그리드는 환경 오염 문제의 대안이 된다고 했습니다.
> ④ 2 문단에서 현재의 전력망에서는 필요한 최대 전력의 양보다 10퍼센트 더 많이 생산한다고 했습니다.
> ⑤ 3 문단에서 스마트 그리드를 사용하면 소비는 실시간으로 전력 사용량과 전기 요금을 확인할 수 있다고 했습니다.

3 스마트 그리드의 핵심은 소비자와 전력을 생산하는 회사가 실시간으로 정보를 주고받는 것이므로 소비자와 전력을 공급하는 회사가 원활하게 연결되는 것이 중요합니다.

> **오답 풀이**
> ① 소비자가 아닌 기업이나 개인이 전력을 만들어 공급합니다.
> ② 소비자들은 전기 요금을 실시간으로 확인하여 전력 사용량을 조절할 수 있습니다.
> ③ 공장이나 사무실, 상업 시설처럼 전기를 많이 사용하는 곳일수록 전기를 효율적으로 사용할 수 있는 스마트 그리드가 필요합니다.
> ④ 소비자들이 필요한 만큼 전기를 생산하는 시스템일 뿐, 소비자의 전력 사용을 강제로 조절하는 시스템은 아닙니다.

4 소비자가 전력을 공급하는 회사로부터 정보를 주고받아 실시간으로 전력 사용량과 전기 요금을 확인해 원격으로 가전제품을 제어할 수 있는 것은 스마트 그리드의 이점입니다. 하지만 각 가전제품의 전력 사용량을 직접 찾아보는 것은 스마트 그리드와 관련이 없습니다.

5 1 문단에서는 스마트 그리드에 대한 관심이 증가하는 상황을, 2 문단에서는 현재 전기를 공급하는 전력망의 문제점을 제시하고 있습니다. 이어 3 문단에서는 스마트 그리드의 개념과 스마트 그리드가 소비자와 생산자에게 주는 이점을 설명하고, 4 문단에서는 이를 근거로 스마트 그리드를 도입하자고 주장하고 있습니다.

6 스마트 그리드를 도입하면 소비자는 실시간으로 전력 사용량과 전기 요금을 확인해 전력 사용량을 조절할 수 있습니다. 생산자는 스마트를 그리드를 통해 소비자에게 쉽게 접근할 수 있어 소규모 기업이나 개인도 전력을 만들어 판매할 수 있습니다. 이에 따라 소규모 신재생 에너지 기업이 증가하고, 생산량이 불규칙한 신재생 에너지의 활용도를 증대시킬 수 있습니다.

7 (1) '제어'는 '기계나 설비 따위가 목적에 알맞은 작용을 하도록 조절함.'이라는 뜻입니다.
(2) '원격'은 '멀리 떨어져 있음.'이라는 뜻입니다.
(3) '정전'은 '오던 전기가 끊어짐.'이라는 뜻입니다.
(4) '대안'은 '어떤 일에 대처할 방안.'이라는 뜻입니다.
(5) '현황'은 '현재의 상황.'이라는 뜻입니다.

비주얼 과학 교과서 개념   **103쪽**

(1) 절약   (2) 안전

(1) '전기를 아끼기 위해 지켜야 할 수칙.'을 '전기 절약 수칙'이라고 합니다.

(2) '전기를 사용할 때 위험이 생기거나 사고가 나지 않도록 지켜야 할 수칙.'을 '전기 안전 수칙'이라고 합니다.

01 천구란 무엇인가

- **글의 종류** 설명문
- **글의 특징** 가상의 개념인 천구와, 별들이 움직이는 것처럼 보이는 까닭에 대해 설명하는 글입니다.
- **주제** 천구와 하루 동안의 별의 움직임

107~108 쪽

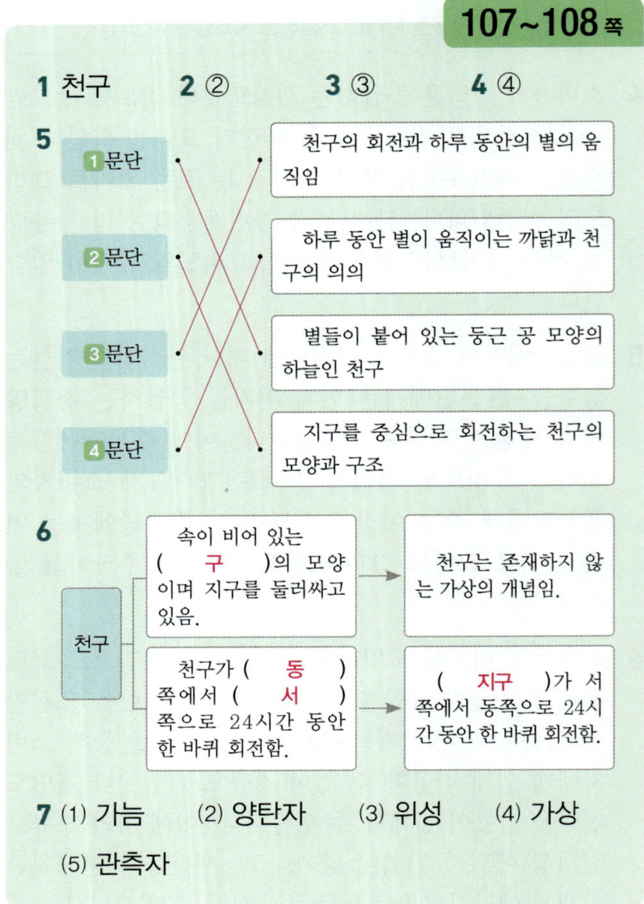

1 이 글은 가상의 개념인 천구를 중심으로 하루 동안의 별의 움직임을 설명하고 있습니다.

2 2문단에서 천구는 속이 빈 구의 모양으로, 천구의 중앙에는 지구가 있으며 천구가 지구를 둘러싸고 있다고 했습니다.

> **오답 풀이**
> ① 3문단에서 천구는 동쪽에서 서쪽으로 회전한다고 했습니다.
> ③ 2문단에서 원래 별은 스스로 빛을 내는 항성만을 의미하지만, 천구에서 별은 항성과 행성, 위성을 모두 포함한다고 했습니다.
> ④ 4문단에서 천구는 실제로 존재하지 않는 가상의 존재라고 했습니다.
> ⑤ 3문단에서 지구 북쪽에 있는 관측자는 별이 나타나는 모습과 별이 사라지는 모습을 모두 볼 수 있다고 했습니다.

3 3문단에서는 천구로 인해 별이 하루 동안 움직인다고 하였고, 4문단에서는 천구가 존재하지 않는 가상

의 개념이라고 했습니다. 그러므로 반대되는 내용의 두 문단을 이어 주는 말은 '그러나'가 알맞습니다.

4 3문단에 따르면 모든 별은 자신의 자리를 차지하며 다른 별들과 일정한 거리를 유지한다고 하였으므로, 시간이 지나도 별들 사이의 거리는 변하지 않을 것입니다.

> **오답 풀이**
> ① 천구는 지구에서 볼 때에 별의 위치를 명확하게 보여 주므로 천구의를 만들어 연구 도구로 사용되고 있다고 했습니다.
> ② 천구의 별이 지구를 중심으로 움직이는 것이 아니라, 지구가 서쪽에서 동쪽으로 돌고 있어 별들이 움직이는 것으로 보입니다.
> ③ 지구는 태양의 빛을 받는 행성이므로 별이라고 할 수 없습니다.
> ⑤ 천구는 가상의 개념이므로 지구가 24시간에 한 바퀴씩 회전한다는 것을 알 수 있습니다.

5 1문단에서는 천구의 개념을, 2문단에서는 천구의 모양과 구조를, 3문단에서는 관측자가 볼 때 하루 동안의 별의 움직임을 설명하고 있습니다. 4문단에서는 별이 움직이는 까닭과 천구의 의의를 설명하고 있습니다.

6 천구는 속이 비어 있는 구의 모양으로 지구를 둘러싸고 있으며, 천구가 동쪽에서 서쪽으로 24시간에 한 바퀴씩 회전한다고 하였습니다. 하지만 천구는 가상의 개념이며, 지구가 서쪽에서 동쪽으로 24시간에 한 바퀴씩 회전하기 때문에 별들이 움직이는 것처럼 보입니다.

7 (1) '가늠'은 '사물을 어림잡아 헤아림.'이라는 뜻입니다.
(2) '양탄자'는 '짐승의 털이나 인조 털실로 굵고 두껍게 짠 넓은 천.'이라는 뜻입니다.
(3) '위성'은 '행성의 끌어당기는 힘에 의하여 그 둘레를 도는 천체.'라는 뜻입니다.
(4) '가상'은 '사실이 아니거나 사실 여부가 분명하지 않은 것을 사실이라고 가정하여 생각함.'이라는 뜻입니다.
(5) '관측자'는 '눈이나 기계로 자연 현상을 관찰하는 사람.'이라는 뜻입니다.

비주얼 과학 교과서 개념   **109 쪽**

(1) 태양   (2) 별

(1) '태양계에서 가장 크고 밝은 천체.'를 '태양'이라고 합니다.

(2) '스스로 빛을 내는 천체.'를 '별'이라고 합니다.

싼샤 댐이 지구에 미치는 영향

- **글의 종류** 기사문
- **글의 특징** 싼샤 댐으로 인해 지구의 자전 속도가 느려질 수 있다는 주장을 각운동량 보존의 법칙으로 설명하는 글입니다.
- **주제** 싼샤 댐으로 인한 지구 자전 속도의 변화

111~112쪽

1 ④　　2 ④　　3 ②　　4 각운동량

5
문단	중심 내용
1	(싼샤) 댐에 대한 과학자들의 흥미로운 분석
2	지구 (자전) 속도와 자전축에 영향을 줄 수 있는 싼샤 댐의 규모
3	싼샤 댐이 지구의 자전 속도에 영향을 미치는 (까닭)
4	지구 자전 속도의 변화가 주는 영향

6
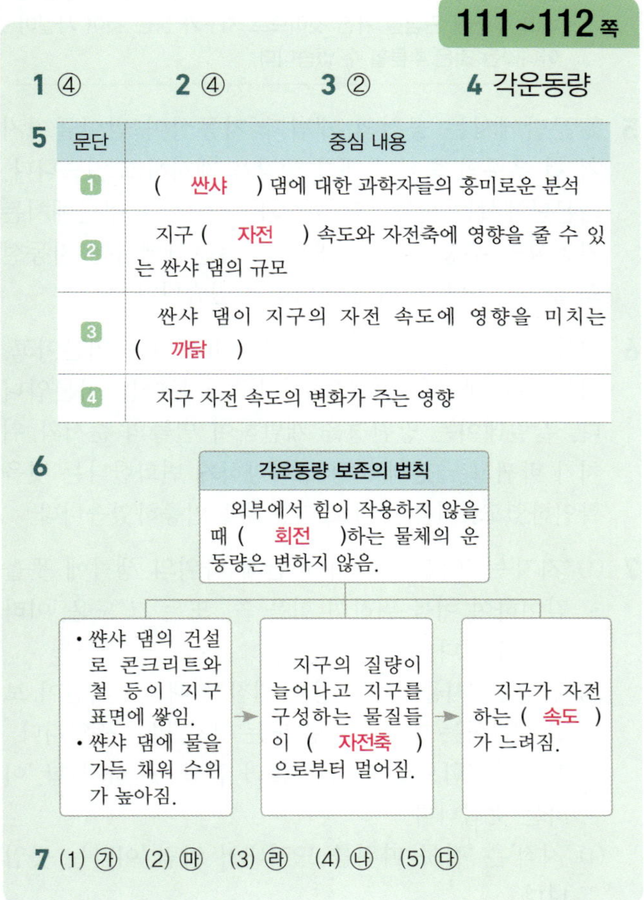

각운동량 보존의 법칙

외부에서 힘이 작용하지 않을 때 (회전)하는 물체의 운동량은 변하지 않음.

- 싼샤 댐의 건설로 콘크리트와 철 등이 지구 표면에 쌓임.
- 싼샤 댐에 물을 가득 채워 수위가 높아짐.

→ 지구의 질량이 늘어나고 지구를 구성하는 물질들이 (자전축)으로부터 멀어짐.

→ 지구가 자전하는 (속도)가 느려짐.

7 (1) ㉮　(2) ㉺　(3) ㉣　(4) ㉯　(5) ㉡

1 싼샤 댐으로 인해 지구의 자전 속도와 자전축이 변화하는 것에 대한 해결 방안은 제시되지 않았습니다.

① 1문단에서 싼샤 댐이 지구의 자전 속도를 늦추고 자전축을 변화시킬 수 있다고 했습니다.
② 2문단에서 싼샤 댐의 저수 용량은 한반도 전체 댐의 저수 용량을 합친 것의 2배가 넘는다고 했습니다.
③ 싼샤 댐이 지구의 자전에 영향을 미친다는 것은 미국 항공우주국 과학자들의 주장입니다.
⑤ 3문단에서 싼샤 댐이 지구의 자전 속도를 늦출 수 있는 까닭을 각운동량 보존의 법칙으로 설명했습니다.

2 3문단에서 회전하는 물체가 가지는 운동량인 각운동량은 외부에서 힘이 작용하지 않을 때에는 변하지 않는다고 했습니다. 그래서 물체의 질량과 회전축으로부터 물체를 이루는 물질의 거리는 회전 속도에 영향을 줍니다.

① 3문단에서 싼샤 댐의 수위가 높아지면 지구를 구성하는 물질이 지구 자전축으로부터 더 멀어진다고 했습니다.
② 4문단에서 달의 위치는 지구의 자전 속도에 변화를 주는 원인 중 하나라고 했습니다.
③ 2문단에서 싼샤 댐에 물을 가득 채우면 순간적으로 자전 속도가 느려질 수 있다고 했습니다.
⑤ 1문단에서 싼샤 댐의 규모는 세계 최대라고 했습니다.

3 우리의 일상이 크게 변화하지는 않는다고 했으므로 '몹시 마음을 쓰며 애를 태움.'이라는 뜻의 '노심초사'가 어울립니다.

4 회전축으로부터 물체 표면까지의 거리가 회전 속도를 변화시키는 것은 회전하는 물체가 가지는 운동량인 각운동량을 보존하기 위해서입니다.

5 1문단에서는 싼샤 댐에 대한 과학자들의 흥미로운 분석을 제시하였고, 2문단에서는 지구 자전 속도와 자전축에 영향을 줄 수 있는 싼샤 댐의 규모를, 3문단에서는 싼샤 댐이 지구의 자전 속도에 영향을 미치는 까닭을, 4문단에서는 지구 자전 속도의 변화가 주는 영향을 설명하고 있습니다.

6 각운동량 보존의 법칙은 외부에서 힘이 작용하지 않을 때 회전하는 물체의 운동량이 변하지 않는다는 것입니다. 따라서 싼샤 댐의 건설과 수위로 인해 각운동량이 커지기 때문에 각운동량을 유지하기 위해 지구의 자전 속도는 느려지게 됩니다.

7 (1) '가량'은 '정도의 뜻을 더해 주는 말.'이라는 뜻입니다.
(2) '수위'는 '강, 바다, 호수, 저수지 따위의 물의 높이.'라는 뜻입니다.
(3) '저수'는 '물을 인공적으로 모음. 또는 그 물.'이라는 뜻입니다.
(4) '보존하다'는 '잘 보호하고 간수하여 남기다.'라는 뜻입니다.
(5) '근소하다'는 '얼마 되지 않을 만큼 아주 적다.'라는 뜻입니다.

비주얼 과학 교과서 개념　　**113쪽**

(1) 자전축　(2) 자전

(1) '지구가 스스로 회전할 때 중심이 되는, 남극과 북극을 이은 가상의 선.'을 '자전축'이라고 합니다.
(2) '지구가 자전축을 중심으로 하루에 한 바퀴씩 서쪽에서 동쪽으로 도는 것.'을 '지구의 자전'이라고 합니다.

- **글의 종류** 설명문
- **글의 특징** 천동설과 지동설에 대해 설명하며 천동설에서 지동설로 발전하기까지의 과정을 설명하는 글입니다.
- **주제** 천동설에서 지동설로의 발전

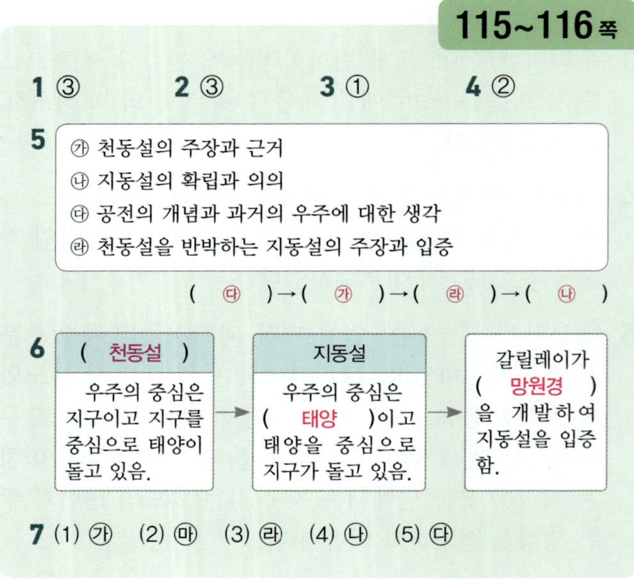

115~116쪽

1 ③　　**2** ③　　**3** ①　　**4** ②

5
- ㉮ 천동설의 주장과 근거
- ㉯ 지동설의 확립과 의의
- ㉰ 공전의 개념과 과거의 우주에 대한 생각
- ㉱ 천동설을 반박하는 지동설의 주장과 입증

(㉰) → (㉮) → (㉱) → (㉯)

6

(천동설)	지동설	갈릴레이가 (망원경)을 개발하여 지동설을 입증함.
우주의 중심은 지구이고 지구를 중심으로 태양이 돌고 있음.	우주의 중심은 (태양)이고 태양을 중심으로 지구가 돌고 있음.	

7 (1) ㉮　(2) ㉭　(3) ㉱　(4) ㉯　(5) ㉰

1 이 글은 태양이 지구를 도는 천동설에서 지구가 태양을 도는 지동설로 발전하기까지의 과정을 시간의 순서대로 설명하고 있습니다.

2 이 글에 지동설의 한계는 제시되지 않았습니다. ❸문단에서 별들의 순서와 위치가 바뀌고, 금성의 모습이 달처럼 변화하는 것은 천동설로는 설명할 수 없는 천동설의 한계입니다.

오답 풀이
① ❷문단에서 천동설은 우주의 중심이 지구이고, 모든 천체는 지구를 중심으로 돈다는 이론이라고 했습니다.
② ❹문단에서 지동설은 우주에 대한 이해를 근본적으로 변화시켰으며, 이는 현대 과학의 기초가 되었다고 했습니다.
④ ❷문단에서 천동설은 과학자 프톨레마이오스가 체계화하였다고 했습니다.
⑤ ❸문단에서 지동설은 16세기에 과학자 코페르니쿠스에 의해 제시되었다고 했습니다.

3 ㉠의 앞부분은 코페르니쿠스가 지동설을 주장했다는 것이고, ㉠의 뒷부분은 갈릴레이가 망원경을 개발하여 지동설을 입증했다는 것입니다. 따라서 비슷한 내용이 연달아 나올 때 쓰는 말인 '또한'이 들어가는 것이 알맞습니다.

4 ❷문단과 ❸문단에 따르면 천동설은 우주의 중심을 지구라고 보았고, 지동설은 우주의 중심을 태양이라고 보았습니다.

오답 풀이
① ❹문단에 따르면 지동설은 처음에 종교의 탄압으로 받아들여지지 않았다고 했습니다.
③ ❹문단에서 지동설은 보편적인 이론으로 자리잡았다고 했습니다.
④ ❸문단에 따르면 지동설은 천동설로는 설명할 수 없었던 현상들을 설명하였습니다.
⑤ ❶문단에 따르면 그리스 학자들은 지구의 둥글다는 것을 발견하고 우주에 관심을 가진 것이므로 지구가 둥근 것이 사실이 아니라는 것은 추론할 수 없습니다.

5 ❶문단에서는 공전의 개념과 지동설이 받아들여지기 전 우주의 중심에 대한 생각을 제시하고 있습니다. ❷문단에서는 천동설의 주장과 근거를, ❸문단에서는 지동설의 주장과 입증 내용을, ❹문단에서는 지동설의 확립과 의의에 대해 설명하고 있습니다.

6 천동설은 지구를 중심으로 태양이 돈다는 이론이고, 지동설은 태양을 중심으로 지구가 돈다는 이론입니다. 갈릴레이는 망원경을 개발하여 별들의 순서와 위치가 바뀌고 금성의 모양이 다양하게 변화한다는 것을 확인하였고, 이를 근거로 지동설을 입증하였습니다.

7 (1) '지지'는 '어떤 사람이나 단체 따위의 생각에 뜻을 같이하여 이를 위하여 힘을 씀. 또는 그 도움.'이라는 뜻입니다.
(2) '관점'은 '사물이나 현상을 관찰할 때, 그 사람이 보고 생각하는 태도나 방향 또는 처지.'라는 뜻입니다.
(3) '탄압'은 '힘으로 억지로 눌러 꼼짝 못 하게 함.'이라는 뜻입니다.
(4) '지적'은 '잘못 따위를 드러내어 알림.'이라는 뜻입니다.
(5) '체계화'는 '일정한 원리에 따라서 낱낱의 부분이 짜임새 있게 조직되어 통일된 전체로 됨. 또는 그렇게 되게 함.'이라는 뜻입니다.

비주얼 과학 교과서 개념　　**117쪽**

(1) 공전　　(2) 주기

(1) '지구가 태양을 중심으로 서쪽에서 동쪽(시계 반대 방향)으로 도는 것.'을 '지구의 공전'이라고 합니다.
(2) '한 천체가 다른 천체의 주위를 한 바퀴 도는 데 걸리는 시간.'을 '공전 주기'라고 합니다.

04 천상열차분야지도

- **글의 종류** 설명문
- **글의 특징** 조선 시대에 만들어진 우리 고유의 천문도인 천상열차분야지도의 내용과 제작 방법, 의의 등을 통해 천상열차분야지도의 가치를 알려 주는 글입니다.
- **주제** 천상열차분야지도의 가치

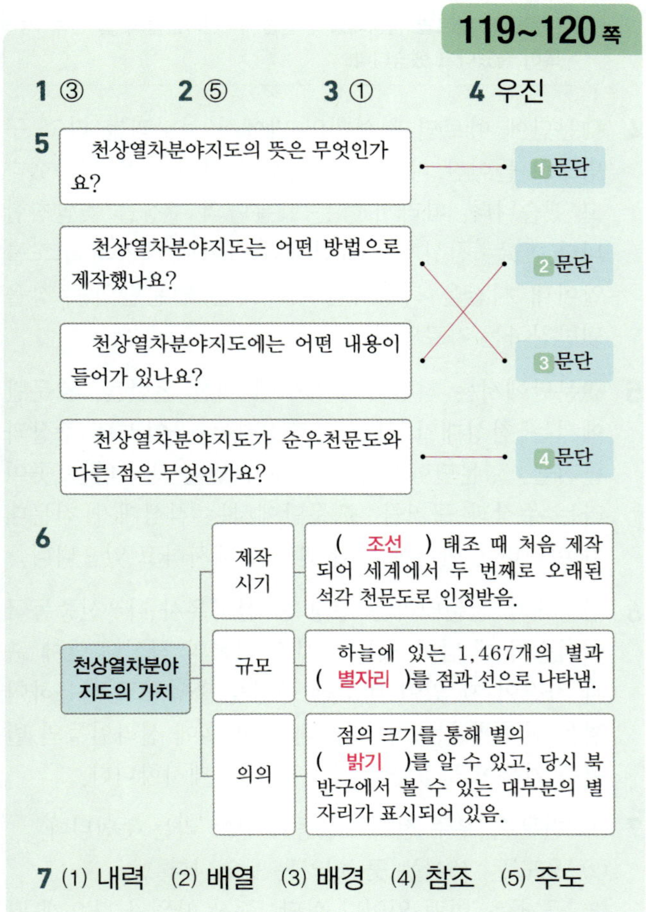

1 이 글은 천상열차분야지도의 뜻과 내용, 제작 시기와 제작 방법, 의의를 설명하고 있습니다.

2 3문단에서 천상열차분야지도에서 가운데 부분에는 조선 시대 초에 바라본 별의 모습이, 그 바깥 부분에는 고구려 시대에 바라본 별의 모습이 나타나 있다고 했습니다.

> **오답 풀이**
> ① 2문단에서 천상열차분야지도는 밝은 별은 큰 점으로, 희미한 별은 작은 점으로 나타냈다고 했습니다.
> ② 3문단에서 천상열차분야지도는 돌에 새겨진 후 종이에 옮겨졌다고 했습니다.
> ③ 4문단에서 천상열차분야지도는 중국의 순우천문도를 베끼지 않은 것이 입증되었다고 했습니다.
> ④ 4문단에서 천상열차분야지도는 세계에서 두 번째로 오래된 석각 천문도라고 했습니다. 세계에서 가장 오래된 석각 천문도는 중국의 순우천문도입니다.

3 4문단에 따르면 천상열차분야지도는 중국의 순우천문도를 베끼지 않은 정확한 별자리 지도라고 했습니다. 따라서 '다른 것과 구별되는 혼자만의 특유한 것.'이라는 뜻을 가진 '독자적'이 알맞습니다.

> **오답 풀이**
> ② '주관적'은 '자기의 생각이나 관점을 기초로 하는 것.'이라는 뜻입니다.
> ③ '규칙적'은 '일정한 질서가 있거나 규칙을 따르는 것.'이라는 뜻입니다.
> ④ '상징적'은 '추상적인 개념이나 사물을 구체적인 사물로 나타내는 것.'이라는 뜻입니다.
> ⑤ '배타적'은 '남을 배척하는 것.'이라는 뜻입니다.

4 이 글은 천상열차분야지도를 고구려의 천문도를 바탕으로 제작한, 정확하고 독자적인 천문도라고 긍정적으로 평가하고 있습니다.

5 1문단에서는 천상열차분야지도의 뜻을, 2문단에서는 천상열차분야지도의 내용을 설명하고 있습니다. 3문단에서는 천상열차분야지도의 제작 시기와 종류, 제작 방법을, 4문단에서는 천상열차분야지도의 의의를 설명하고 있습니다.

6 천상열차분야지도는 조선 태조 때에 제작되었으며, 1,467개의 별과 별자리가 표시되어 있어 규모가 방대합니다. 또 점의 크기를 통해 별의 밝기를 알 수 있고, 당시 북반구의 별자리가 대부분 표시되어 있어 정확성이 매우 뛰어납니다.

7 (1) '내력'은 '지금까지 지내온 경로나 경력.'이라는 뜻입니다.
(2) '배열'은 '일정한 차례나 간격에 따라 벌여 놓음.'이라는 뜻입니다.
(3) '배경'은 '뒤쪽의 경치.'라는 뜻입니다.
(4) '참조'는 '참고로 비교하고 대조하여 봄.'이라는 뜻입니다.
(5) '주도'는 '앞장서서 어떤 일을 이끌거나 지도함.'이라는 뜻입니다.

비주얼 과학 교과서 개념　　121쪽

(1) 별자리　　　　(2) 천문대

(1) '옛날 사람들이 밤하늘에 무리 지어 있는 별에 이름을 붙인 것.'을 '별자리'라고 합니다.

(2) '우주와 별의 현상을 관측하는 곳.'을 '천문대'라고 합니다.

05 경주 첨성대의 정체

- **글의 종류** 논설문
- **글의 특징** 첨성대가 시간을 측정하는 곳이라는 주장과 별을 관측하는 곳이라는 주장을 소개하면서, 첨성대가 천문대임을 밝히는 글입니다.
- **주제** 천문대의 역할을 한 첨성대

123~124 쪽

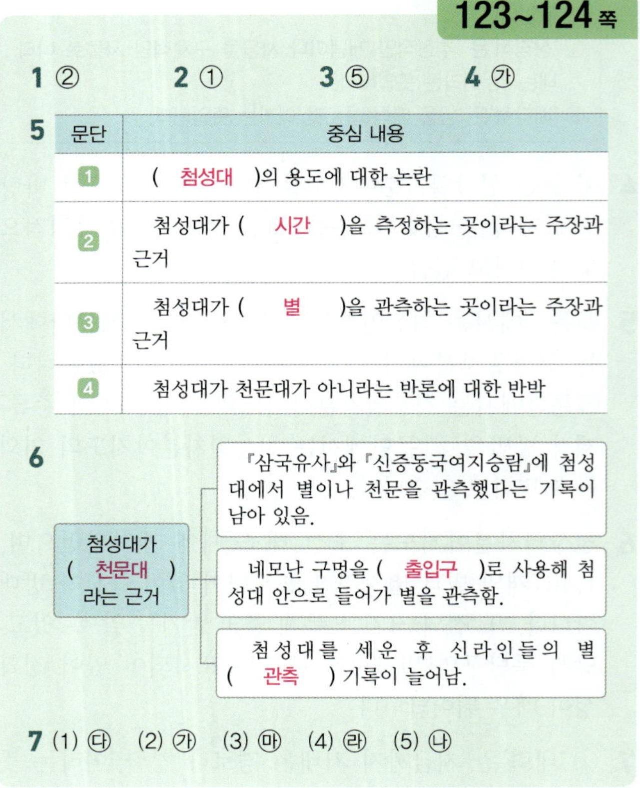

1 ②　　2 ①　　3 ⑤　　4 ㉮

5

문단	중심 내용
1	(첨성대)의 용도에 대한 논란
2	첨성대가 (시간)을 측정하는 곳이라는 주장과 근거
3	첨성대가 (별)을 관측하는 곳이라는 주장과 근거
4	첨성대가 천문대가 아니라는 반론에 대한 반박

6

첨성대가 (천문대)라는 근거

- 『삼국유사』와 『신증동국여지승람』에 첨성대에서 별이나 천문을 관측했다는 기록이 남아 있음.
- 네모난 구멍을 (출입구)로 사용해 첨성대 안으로 들어가 별을 관측함.
- 첨성대를 세운 후 신라인들의 별 (관측) 기록이 늘어남.

7 (1) ㉯　(2) ㉮　(3) ㉰　(4) ㉭　(5) ㉬

1 이 글은 경주 첨성대가 천문대의 역할을 했다는 것을 설명하고 있습니다.

2 **1**문단에서 첨성대는 신라 선덕 여왕 때 세워졌다고 했습니다. 또 **4**문단에서 첨성대를 건설한 후 신라인들의 별 관측 기록이 늘었다고 했습니다.

② **2**문단에서 첨성대는 태양의 고도를 알아내 시간을 측정하였을 것이라고 했습니다.
③ **3**문단에서 『삼국유사』에 첨성대는 '별을 바라보는 시설'이라고 기록되어 있다고 했습니다.
④ **4**문단에서 첨성대는 조선 시대의 천문대인 관천대의 높이와 큰 차이가 없다고 했습니다.
⑤ **3**문단에서 첨성대의 네모난 구멍 아래에는 첨성대가 무너지지 않게 흙과 자갈로 가득 차 있다고 했습니다.

3 **4**문단에 따르면 과거에는 대기 오염이 심하지 않아 어디서든 별을 관찰할 수 있다고 했습니다. 하지만 첨성대를 만든 까닭에 대한 내용은 글에서 찾을 수 없습니다.

① **3**문단에 따르면 첨성대에 대한 기록은 『삼국유사』와 『신증동국여지승람』에서 찾을 수 있습니다.
② 첨성대의 네모난 구멍은 **2**문단에 따르면 태양 빛이 들어오는 창이고, **3**문단에 따르면 별을 관측하러 올라가기 위한 출입구입니다.
③ **3**문단에 따르면 첨성대 밖에서 사다리를 타고 네모난 구멍을 통해 안으로 들어간 다음, 꼭대기로 올라가 별을 관측한다고 했습니다.
④ **4**문단에 따르면 첨성대를 건설한 후 신라인들의 별 관측 기록이 늘었다고 했습니다.

4 **3**문단에 따르면 첨성대 밖에서 사다리를 타고 구멍으로 들어간 다음, 꼭대기로 올라가 별을 관측했다고 했습니다. 따라서 ㉮는 **3**문단의 주장을 뒷받침합니다. ㉯는 첨성대가 그림자의 길이로 태양의 고도를 알아내 시간을 측정하는 곳이라는 **2**문단의 주장을 뒷받침하는 자료입니다.

5 **1**문단에서는 첨성대의 용도에 대한 논란을, **2**문단에서는 첨성대가 시간을 측정하는 곳이라는 주장과 근거를, **3**문단에서는 첨성대가 별을 관측하는 곳이라는 주장과 근거를, **4**문단에서는 첨성대가 천문대가 아니라는 반론에 대한 반박을 제시하고 있습니다.

6 첨성대가 천문대라는 주장은 『삼국유사』나 『신증동국여지승람』에 남아 있는 역사적 기록과 첨성대 안에 흙과 자갈이 차 있어 네모난 구멍을 출입구로 사용하여 별을 관측했다는 점, 첨성대 건설 후에 신라인들의 별 관측 기록이 늘었다는 점을 근거로 제시합니다.

7 (1) '천문'은 '우주 전체의 운동과 변화.'라는 뜻입니다.
(2) '용도'는 '쓰이는 곳.'이라는 뜻입니다.
(3) '근거'는 '어떤 일이나 판단, 주장 따위가 나오게 된 바탕이나 까닭.'이라는 뜻입니다.
(4) '추정하다'는 '미루어 생각하여 판정하다.'라는 뜻입니다.
(5) '정연하다'는 '가지런하고 질서가 있다.'라는 뜻입니다.

비주얼 과학 교과서 개념　　**125 쪽**

(1) 고도　　(2) 그림자

(1) '태양 빛이 평평한 땅과 이루는 각.'을 '태양의 고도'라고 합니다.

(2) '태양 빛이 물체를 통과하지 못해서 그 물체의 뒷면에 나타나는 검은 그늘.'을 '그림자'라고 합니다.

06 한옥의 지붕에 숨어 있는 과학

- **글의 종류** 설명문
- **글의 특징** 여름에는 햇빛을 막고 겨울에는 햿빛을 받아들이는 한옥 처마의 과학성에 대해 설명하는 글입니다.
- **주제** 한옥 처마의 과학적 원리

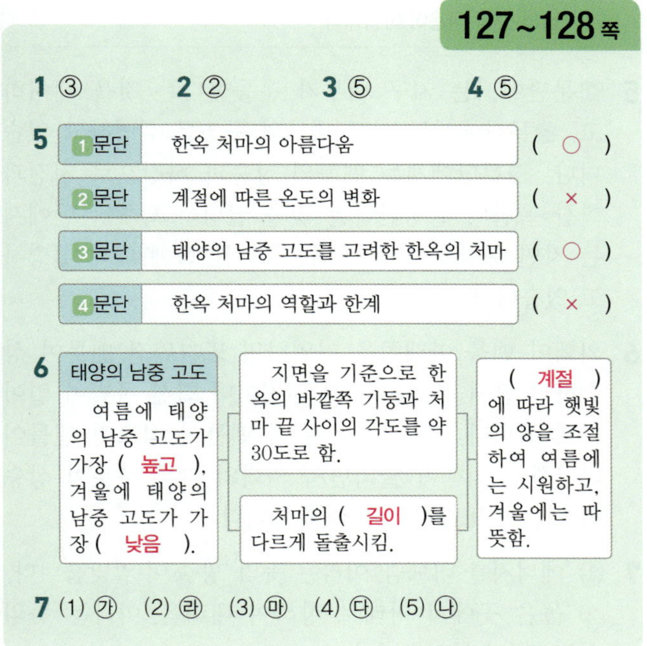

1 이 글은 태양의 남중 고도를 고려하여 만든 한옥의 처마에 대해 설명하고 있습니다. 한옥은 여름에는 햇빛을 차단하고, 겨울에는 햇빛을 받아들이는 과학적인 건축물입니다.

2 3문단에서 한옥의 처마는 바깥쪽 기둥과 처마 끝 사이의 각도를 약 30도 정도로 하여, 햇빛의 양을 조절한다고 하였습니다. 그래서 여름에는 집 안을 시원하게 하고, 겨울에는 집 안을 따뜻하게 하므로 처마의 각도는 방 안의 온도에 영향을 줍니다.

3 ㉠의 앞부분에서 처마가 한옥을 아름답게 한다고 하였으므로 '액세서리 따위로 꾸밈. 또는 그 꾸밈새.'라는 뜻의 '장식'이 들어가는 것이 알맞습니다.

4 2문단에 따르면 지구의 자전축이 23.5도 기울어진 채로 태양을 공전하기 때문에 지구의 위치에 따라 태양의 남중 고도가 달라집니다. 그래서 우리나라의 경우, 여름에는 태양의 남중 고도가 가장 높고 겨울에는 태양의 남중 고도가 가장 낮습니다.

5 1문단에서는 한옥 처마의 아름다움을, 2문단에서는 계절에 따른 태양의 남중 고도를 설명하고 있습니다. 3문단에서는 태양의 남중 고도를 고려한 한옥의 처마에 대해 설명한 후, 4문단에서는 한옥 처마의 역할과 의의에 대해 제시하고 있습니다.

6 북반구에 있는 우리나라는 여름에는 태양의 남중 고도가 가장 높고, 겨울에는 태양의 남중 고도가 가장 낮습니다. 따라서 한옥은 태양의 남중 고도를 고려하여 처마의 각도와 길이를 정했습니다. 한옥의 처마는 계절에 따라 햇빛의 양을 조절하는 역할을 해 여름은 시원하게, 겨울은 따뜻하게 보낼 수 있도록 합니다.

7 (1) '부식'은 '썩어서 문드러짐.'이라는 뜻입니다.
(2) '처마'는 '기둥 밖으로 내민 지붕.'이라는 뜻입니다.
(3) '전통'은 '어떤 집단이나 공동체에서 전해 내려오는 사상·관습·행동 따위의 양식.'이라는 뜻입니다.
(4) '돌출하다'는 '쑥 내밀거나 불거지다.'라는 뜻입니다.
(5) '완만하다'는 '경사가 급하지 않다.'라는 뜻입니다.

(1) '태양의 남중 고도'는 '태양이 남쪽 하늘의 가운데에 위치할 때의 고도'라는 뜻입니다.

(2) '계절'은 '규칙적으로 반복되는 자연 현상에 따라서 일 년을 구분한 것.'이라는 뜻입니다.

- **글의 종류** 설명문
- **글의 특징** 맨틀의 움직임 때문에 지진이나 화산 폭발 등의 자연 현상이 발생함을 밝히고, 맨틀의 움직임이 불규칙하여 자연 현상의 예측을 어렵게 만든다는 것을 설명하고 있습니다.
- **주제** 맨틀의 움직임으로 일어나는 지진이나 화산 폭발

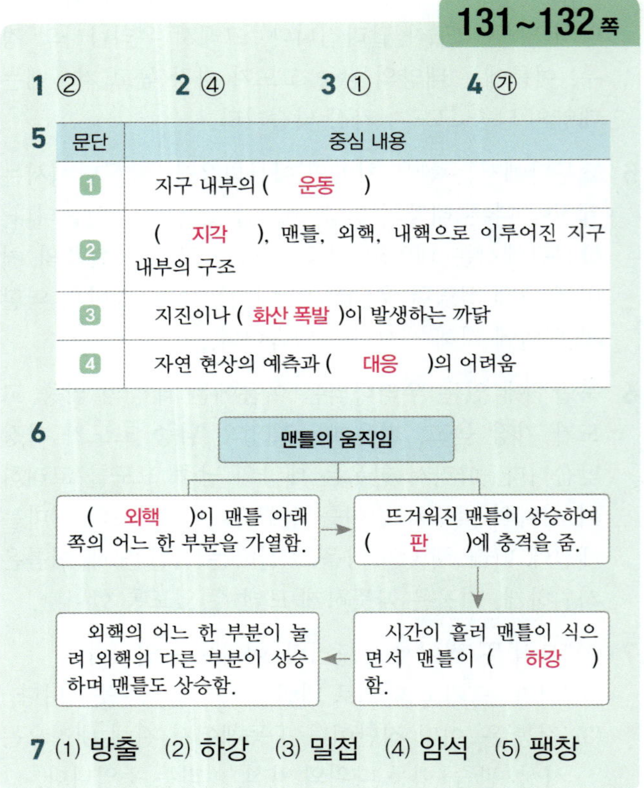

131~132쪽

1 ②   **2** ④   **3** ①   **4** ㉮

5

문단	중심 내용
1	지구 내부의 (**운동**)
2	(**지각**), 맨틀, 외핵, 내핵으로 이루어진 지구 내부의 구조
3	지진이나 (**화산 폭발**)이 발생하는 까닭
4	자연 현상의 예측과 (**대응**)의 어려움

6

맨틀의 움직임

(**외핵**)이 맨틀 아래쪽의 어느 한 부분을 가열함. → 뜨거워진 맨틀이 상승하여 (**판**)에 충격을 줌.

외핵의 어느 한 부분이 눌려 외핵의 다른 부분이 상승하며 맨틀도 상승함. ← 시간이 흘러 맨틀이 식으면서 맨틀이 (**하강**)함.

7 (1) **방출** (2) **하강** (3) **밀접** (4) **암석** (5) **팽창**

1 이 글은 지구의 내부가 움직이는 까닭을 맨틀의 움직임을 통해 설명하고 있습니다.

2 **2**문단에서 맨틀은 주로 암석으로 이루어져 있다고 했으므로 고체 상태입니다. 하지만 단단한 암석인 맨틀의 위쪽과 달리 맨틀의 아래쪽은 말랑말랑한 고체 상태입니다.

> **오답 풀이**
> ① **2**문단에서 지구의 표면을 둘러싼 지각은 흙과 암석으로 구성되어 있다고 했습니다.
> ② **3**문단에서 외핵의 온도는 약 4,000도 이상이라고 했습니다.
> ③ **1**문단에서 지구의 내부는 끊임없이 운동하며 강한 에너지를 방출한다고 했습니다.
> ⑤ **3**문단에서 맨틀의 움직임으로 판이 끊어지거나 판끼리 충돌할 때 지진과 화산 폭발이 발생한다고 했습니다.

3 **2**문단에 따르면 외핵은 액체 상태라고 했습니다. 맨틀이 외핵을 눌렀을 때 외핵의 다른 부분이 상승하는 것은 외핵이 형태가 고정되어 있지 않은 액체 상태이기 때문이라는 것을 추론할 수 있습니다.

4 지구의 내부는 지각, 맨틀, 외핵, 내핵으로 이루어져 있으므로, 지구 내부의 구조를 한눈에 보여 주는 지구의 단면도를 자료로 활용하는 것이 가장 알맞습니다.

> **오답 풀이**
> ㉯ **2**문단에서 지구의 성분을 밝히기는 했으나, 지구가 처음 생겨났을 때와 현재를 비교하지는 않았습니다.
> ㉰ 지구의 표면이 여러 개의 판으로 나누어져 있다는 것은 **2**문단의 중심 내용이 아닙니다.

5 **1**문단에서는 지구 내부가 운동한다는 것을 제시하고, **2**문단에서는 지구 내부의 구조를 설명하고 있습니다. **3**문단에서는 맨틀의 상승과 하강으로 지진과 화산 폭발이 발생한다는 것을 설명하고, **4**문단에서는 자연 현상의 예측과 대응의 어려움에 대해 설명하고 있습니다.

6 외핵이 맨틀 아래쪽을 가열하면 뜨거워진 맨틀이 상승하여 판에 충격을 줘서 지진이나 화산 폭발이 일어나게 됩니다. 또 시간이 흘러 맨틀이 식으면 맨틀이 하강하고 외핵이 눌리면서 외핵의 다른 부분이 상승해 맨틀이 또다시 상승하게 됩니다.

7 (1) '에너지를 내보냄.'이라는 뜻의 '방출'이 알맞습니다.
(2) '높은 곳에서 아래로 향하여 내려옴.'이라는 뜻의 '하강'이 알맞습니다.
(3) '아주 가깝게 맞닿아 있음. 또는 그런 관계에 있음.'이라는 뜻의 '밀접'이 알맞습니다.
(4) '지각을 구성하고 있는 바위와 같은 단단한 물질.'이라는 뜻의 '암석'이 알맞습니다.
(5) '부풀어서 부피가 커짐.'이라는 뜻의 '팽창'이 알맞습니다.

비주얼 과학 교과서 개념 **133쪽**

(1) **지각**   (2) **내핵**

(1) '지구의 바깥쪽을 차지하는 부분.'을 '지각'이라고 합니다.

(2) '지구의 가장 안쪽을 이루는 부분.'을 '내핵'이라고 합니다.

01 생명을 살리는 프린터

- **글의 종류** 기사문
- **글의 특징** 3차원 프린터와 의료 기술이 결합한 3차원 바이오 프린팅 기술에 대해 알려 주며, 3차원 바이오 프린팅 기술에 대한 기대를 나타낸 글입니다.
- **주제** 3차원 바이오 프린팅 기술의 발달과 이에 대한 기대

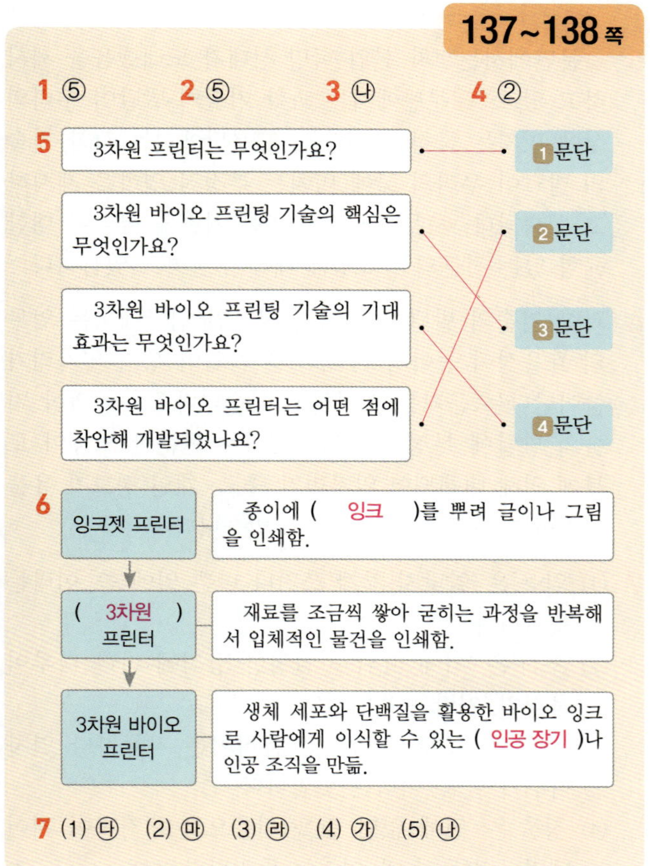

1 이 글은 3차원 바이오 프린팅 기술의 발달과 이에 대한 긍정적 전망을 전달하고 있습니다.

2 2문단에서 일본의 한 교수는 프린터의 잉크 입자의 크기가 인체 세포의 크기와 비슷하다는 점에 착안해 3차원 바이오 프린터를 개발하였다고 했습니다.

① 3문단에서 바이오 잉크를 만들 때 세포나 단백질만으로는 인쇄가 어렵기 때문에 부수적인 재료를 섞어 부드럽고 형태를 구성하기 쉽게 만든다고 했습니다.
② 2문단에서 3차원 프린터는 제조업에서 주로 활용되다가 의료 분야에 도입되었다고 했습니다.
③ 1문단에서 3차원 프린터는 재료를 쌓아 굳히는 과정을 반복해 물건을 인쇄한다고 했습니다.
④ 4문단에서 3차원 바이오 프린팅 기술로 만든 인공 뼈나 인공 피부를 치료에 이용한다고 했습니다.

3 4문단에 따르면 3차원 바이오 프린팅 기술은 장기 기증자가 부족한 문제를 해결한다고 했으므로 환자에게 이식할 장기가 부족하다는 것을 알 수 있습니다.

㉮ 이 글은 3차원 바이오 프린팅 기술에 대해 긍정적으로 전망하고 있습니다.
㉢ 3차원 바이오 프린터의 핵심은 바이오 잉크라고 했으며, 인쇄 방법을 바꾸었는지는 이 글에서 알 수 없습니다.

4 3차원 바이오 프린팅 기술은 장기 기증자가 부족한 문제를 해결하고, 인간이 질병과 노화를 극복하는 데 도움을 주므로 '일석이조'가 어울립니다.

5 1문단에서는 3차원 프린터의 개념과 인쇄 방법을, 2문단에서는 의료 분야에 3차원 프린터가 도입되어 만들어진 3차원 바이오 프린터를, 3문단에서는 3차원 바이오 프린팅 기술의 핵심인 바이오 잉크를 설명하고 있습니다. 4문단에서는 3차원 바이오 프린팅 기술을 활용한 인공 장기 이식에 대한 기대를 나타내고 있습니다.

6 잉크젯 프린터는 종이에 잉크를 뿌리는 방법으로 인쇄하고, 3차원 프린터는 재료를 쌓아 굳혀 입체적인 물건을 인쇄합니다. 3차원 바이오 프린터는 생체 세포와 단백질을 활용한 바이오 잉크를 사용하여 인공 장기나 인공 조직을 만듭니다.

7 (1) '구현'은 '어떤 내용이 구체적인 사실로 나타나게 함.'이라는 뜻입니다.
(2) '착안'은 '어떤 일을 주의하여 봄. 또는 어떤 문제를 해결하기 위한 실마리를 잡음.'이라는 뜻입니다.
(3) '인공'은 '사람의 힘으로 자연에 대하여 가공하거나 작용을 하는 일.'이라는 뜻입니다.
(4) '제조업'은 '물품을 대량으로 만드는 사업.'이라는 뜻입니다.
(5) '기증자'는 '남에게 어떤 것을 거저 주는 사람.'이라는 뜻입니다.

(1) '병을 고치고 건강을 지키는 데에 쓰이는 기술.'을 '의료 기술'이라고 합니다.
(2) '생체의 기능이나 구조를 인위적으로 조작하는 기술.'을 '바이오 기술'이라고 합니다.

- **글의 종류** 논설문
- **글의 특징** 과학 기술의 발달이 인간의 삶에 미치는 영향에 대해 상반되는 두 가지 주장을 소개하고, 과학 기술의 발달로 발생하는 문제에 대한 논의가 필요하다고 주장하는 글입니다.
- **주제** 과학 기술의 발달에 대해 우리 사회가 나아가야 할 방향

141~142 쪽

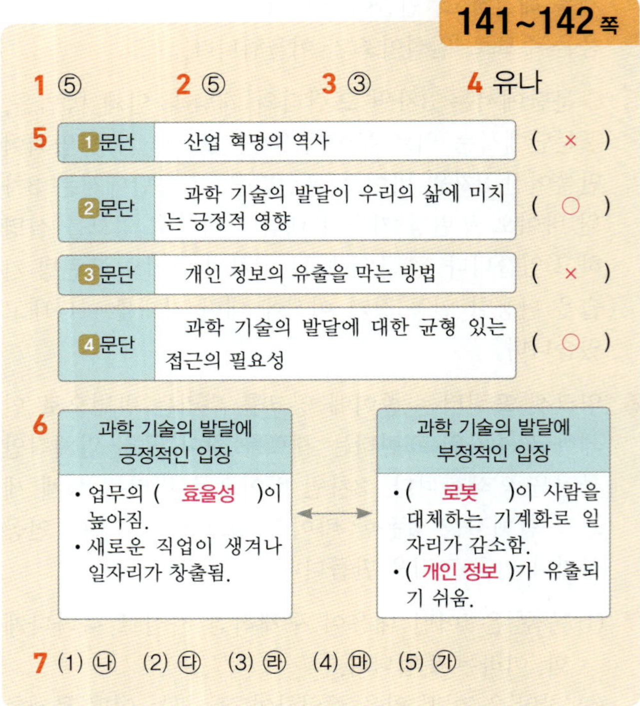

1 ⑤　　**2** ⑤　　**3** ③　　**4** 유나

5
1문단	산업 혁명의 역사	(×)
2문단	과학 기술의 발달이 우리의 삶에 미치는 긍정적 영향	(○)
3문단	개인 정보의 유출을 막는 방법	(×)
4문단	과학 기술의 발달에 대한 균형 있는 접근의 필요성	(○)

6

과학 기술의 발달에 긍정적인 입장	과학 기술의 발달에 부정적인 입장
• 업무의 (**효율성**)이 높아짐. • 새로운 직업이 생겨나 일자리가 창출됨.	• (**로봇**)이 사람을 대체하는 기계화로 일자리가 감소함. • (**개인 정보**)가 유출되기 쉬움.

7 (1) ㉯　(2) ㉢　(3) ㉣　(4) ㉤　(5) ㉤

1 이 글은 과학 기술의 발달이 우리의 삶에 미치는 영향을 제시하며, 과학 기술의 발달로 인해 발생하는 문제에 대해 윤리적이고 사회적인 논의가 필요하다고 주장하고 있습니다.

2 3문단에서 인터넷을 이용하면서 개인 정보를 제공하기 때문에 타인의 개인 정보를 악용하는 범죄가 증가하고 있다고 했습니다.

오답 풀이

① 3문단에서 음식 주문을 받는 일이나 음식을 가져다주는 일 등 단순한 노동은 점점 기계가 대체하고 있다고 했습니다.
② 1문단에서 빅 데이터를 바탕으로 사물을 손쉽게 조작할 수 있게 되었다고 했습니다.
③ 2문단에서 택시 기사의 사례를 들어 과학 기술이 업무를 편리하게 하도록 돕는다고 했습니다.
④ 1문단에서 4차 산업 혁명은 로봇이나 인공 지능과 같은 정보 통신 기술이 사회 전반에 융합되어 일어나는 변화라고 했습니다.

3 2문단에 따르면 모바일 앱 프로그래머, 자율 주행 차량 개발자, 인공 지능 전문가, 데이터 분석가 등의 직업은 과학 기술의 발달로 21세기에 새로 등장했다고 했습니다.

4 글쓴이는 과학 기술이 더 이로운 방향으로 발전하기 위해서 과학 기술의 발달로 발생하는 문제에 대한 사회적이고 윤리적인 논의가 필요하다고 했습니다.

오답 풀이

소희: 과학 기술이 인간의 일자리를 빼앗기도 하지만, 새로운 일자리를 만들기도 합니다.
서진: 과학 기술의 발달은 긍정적인 측면뿐만 아니라 부정적인 측면도 있으므로 양쪽 모두 고려해야 합니다.

5 1문단에서는 4차 산업 혁명 시대가 도래했음을 제시하고 있고, 2문단에서는 과학 기술의 발달이 우리의 삶에 미치는 긍정적 영향을, 3문단에서는 과학 기술의 발달이 우리의 삶에 미치는 부정적 영향을 제시하고 있습니다. 4문단에서는 과학 기술의 발달에 대한 균형 있는 접근의 필요성에 대해 주장하고 있습니다.

6 과학 기술의 발달에 대해 긍정적인 입장에서는 업무의 효율성이 높아지고, 새로운 직업이 생겨 일자리가 늘어난다는 근거를 제시하고 있습니다. 반면 과학 기술의 발달에 부정적인 입장에서는 단순한 노동이 로봇에 의해 대체되어 일자리가 줄고, 개인 정보가 유출되기 쉽다는 근거를 제시하고 있습니다.

7 (1) '악용'은 '알맞지 않게 쓰거나 나쁜 일에 씀.'이라는 뜻입니다.
(2) '조작'은 '기계 따위를 일정한 방식에 따라 다루어 움직임.'이라는 뜻입니다.
(3) '주행'은 '주로 동력으로 움직이는 자동차나 열차 따위가 달림.'이라는 뜻입니다.
(4) '창출'은 '전에 없던 것을 처음으로 생각하여 지어내거나 만들어 냄.'이라는 뜻입니다.
(5) '융합'은 '녹아서 합하여짐.'이라는 뜻입니다.

비주얼 과학 교과서 개념　　**143 쪽**

(1) 기계화　　　(2) 인공 지능

(1) '사람이나 동물이 하는 노동을 기계가 대신함. 또는 그렇게 함.'을 '기계화'라고 합니다.

(2) '인간의 지능이 가지는 학습, 추리, 적응, 논증 따위의 기능을 갖춘 컴퓨터 시스템.'을 '인공 지능'이라고 합니다.

내신과 수능의 빠른시작!
중학 국어 빠작 시리즈

비문학 독해 0~3단계
독해력과 어휘력을
함께 키우는
독해 기본서

문학 독해 1~3단계
필수 작품을 통해
문학 독해력을 기르는
독해 기본서

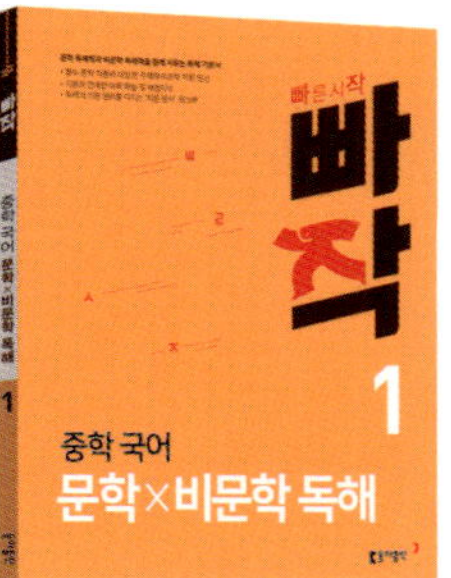

문학X비문학 독해 1~3단계
문학 독해력과
비문학 독해력을 함께 키우는
독해 기본서

고전 문학 독해
필수 작품을 통해
고전 문학 독해력을 기르는
독해 기본서

어휘 1~3단계
내신과 수능의
기초를 마련하는
중학 어휘 기본서

한자 어휘
중학 국어 필수 어휘를
배우는 한자 어휘 기본서

서술형 쓰기
유형으로 익히는
실전 TIP 중심의
서술형 실전서

첫 문법
중학 국어 문법을
쉽게 익히는 문법 입문서

문법
풍부한 문제로 문법 개념을
정리하는 문법서

정답과 해설

빠작

초등 비문학 독해 **통합과학**

믿고 보는 동아출판
초등 교재
기초학습서부터 교과서 개념 다지기, 과목별 전문서까지!
초등학교 입학 전부터, 예비 중등까지!
초등학생에게 꼭 필요한 영역을 빠짐없이! 동아출판 초등 교재 라인업
BEST
2022 개정 교육과정
초등 1~2학년 공부 단력
초능력
맞춤법 + 받아쓰기
쉽고 빠른 맞춤법 학습
받아쓰기 단계별 연습
국어 교과서 어휘 학습
초등 국어
1·2
동아출판
초능력
비주얼씽킹 과학
초능력
비주얼씽킹 초등 한국사
초능력
수학 연산
초능력
국어 독해
초능력
급수 한자
초등 영역별 기초학습서
초능력 국어 / 수학 / 과학 / 한국사 / 한자
초고필
비문학 독해1
5~6학년
예비 중등
초고필
지금 유리수의 사칙연산 을 해야 할 때
5~6학년
초고필
지금 국어 문법 을 해야 할 때
초고필
지금 국어 어휘 를 해야 할 때
초고필
지금 한국사 를 해야 할 때
반편성 배치고사 + 진단평가
예비 중등
초고필 국어 / 수학 / 한국사
적중 반편성 배치고사 + 진단평가